新方墨 之 翻译之技与翻译之道（翻译家卷）

编委会

主任：阎晶明
成员：朱寒冬
　　　王山军
　　　胡军真
　　　崔艾颐
　　　刘杨
　　　王

Fanyi Zhi Ji Yu Fanyi Zhi Dao

新力量
翻译之技
与翻译之道

（翻译家卷）

阎晶明 主编

时代出版传媒股份有限公司
安徽文艺出版社

图书在版编目(CIP)数据

翻译之技与翻译之道(翻译家卷)/阎晶明主编.—合肥:安徽文艺出版社,2014.10(2015.4重印)

(新力量书丛)

ISBN 978-7-5396-4922-1

Ⅰ.①翻… Ⅱ.①阎… Ⅲ.①文学翻译-文集
Ⅳ.①H059-53 ②I046-53

中国版本图书馆 CIP 数据核字(2014)第 081191 号

出 版 人:朱寒冬　　　　　责任编辑:朱寒冬　刘姗姗
特约编辑:王　杨　　　　　装帧设计:许含章

出版发行:时代出版传媒股份有限公司　www.press-mart.com
　　　　　安徽文艺出版社　www.awpub.com
地　　址:合肥市翡翠路 1118 号　邮政编码:230071
营 销 部:(0551)63533889
印　　制:安徽新华印刷股份有限公司　(0551)65859551

开本:710×1010　1/16　印张:21　字数:420 千字
版次:2014 年 10 月第 1 版　2015 年 4 月第 2 次印刷
定价:39.80 元

(如发现印装质量问题,影响阅读,请与出版社联系调换)

版权所有,侵权必究

《翻译之技与翻译之道》
《当代世界艺术空间》
《大师与经典》
《文学世界的激情与梦想》
《文学生长的力量》
《聚焦文学新力量》

新力量

目录

英语

译事七则 |屠 岸| 003

感谢翻译界前辈 |任溶溶| 011

"有人喊 encore,我便心满意足" |李文俊| 015

只有忠实的翻译才有价值 |江 枫 王 杨| 018

关于文学翻译的几句大实话——以丹·布朗小说的翻译为例
 |朱振武| 025

一种翻译方法论 |傅 浩| 032

我译《卡彭塔利亚湾》 |李 尧| 036

英译泰戈尔诗歌的艺术特色 |白开元| 042

大海的第三岸 |杨 炼| 047

我和文学翻译 |马爱农| 053

从《芬尼根的守灵》的标题谈全书的翻译 |戴从容| 061

从翻译王尔德谈起 |萧 易| 067

为了无限抵近而精心"演奏" |马鸣谦| 076

菩提树下论译道 |杜 冬| 085

与品钦正面遭遇 |但汉松| 092

我为什么翻译? |孔亚雷| 102

译事不易 |管舒宁| 108

重现原著的风采：关于《血色子午线》的翻译 ｜冯　伟｜ 115

我译托妮·莫里森《爱》：归回文学的情感本原 ｜顾　悦｜ 121

法语

标准·效果·理想·方法——以加缪的《局外人》为例谈翻译
　　｜郭宏安｜ 129

重译《追忆似水年华》 ｜徐和瑾｜ 142

我译法国新小说 ｜余中先｜ 149

法语文学在台湾翻译出版的进程 ｜阮若缺｜ 155

漫漫翻译路 ｜金龙格｜ 163

译事：作为文学生活的一种方式 ｜黄　荭｜ 171

不可译性的救赎 ｜刘　焰｜ 181

俄语

"翻译是要流汗的" ｜高　莽　王　杨｜ 189

译诗是一次冒险的恋爱 ｜汪剑钊｜ 195

长篇小说《脑残》译后 ｜张晓东｜ 199

德语

字面有深意　得意勿忘言 ｜李双志｜ 207

《浮士德博士》的版本和语言 ｜罗　炜｜ 216

日语

学译谈艺 ｜李长声｜ 223

漫谈日本文学翻译 ｜竺家荣｜ 232

闲话翻译 ｜施小炜｜ 240

翻译之技与翻译之道 ｜李　征｜ 247

归化，异化与原汁原味 ｜周　阅｜ 254

西葡语

翻译《2666》：我进了老年进修班 ｜赵德明｜ 263

《百年孤独》译余断想 ｜范　晔｜ 270

《霍乱时期的爱情》翻译点滴 ｜杨　玲｜ 277

其他小语种

我与特朗斯特罗姆（瑞典语）　|李　笠| 289

寻找气质的吻合：在翻译《格拉斯医生》的日子里（瑞典语）
　　　|王　晔| 299

施辉业：中荷文学翻译要有针对性（荷兰语）
　　　|施辉业　王　杨| 306

译路坎坷通天方（阿拉伯语）　|仲跻昆| 314

译诗感悟（阿尔巴尼亚语）　|郑恩波| 322

英语

译事七则

屠 岸

一

有人把英国电影故事片 Sixty Glorious Years(意为"辉煌的六十年",描述英国19世纪女王维多利亚统治英国60余年的历史)译为《垂帘六十年》,这就产生东西方文化传统错位感。因为英国历史上从未有过"垂帘听政"的政治现象。而且,维多利亚上台就是亲政,并没有什么未成年的幼主要她来辅政,这叫什么"垂帘"?这类翻译中的文化传统错位现象,时有发生。这牵涉到翻译的"归化"和"外化"如何平衡的问题。

笔者素来主张坚守"归化"和"外化"的分寸,即掌握好二者的平衡。比如,莎士比亚头脑里不会有中国春秋战国的影子,因此在莎翁作品的译文中不宜出现"朝秦暮楚"或"楚材晋用"或"秦晋之好"等成语,否则就形成文化传统错位。诸如此类。但是,在这个问题上,也不能绝对化,认死理。

公元前二十几世纪时的埃及人不知道方块汉字;公元前两千年的耶路撒冷城里,以至整个罗马帝国中,没有人知道方块汉字。那么,Pyr-

屠岸

amid 译为"金字塔",Cross 译为"十字架",能认为是文化传统错位吗？不能。因为如果以此为理由来要求翻译，那么不同语种之间的翻译将整个地成为不可能，因为原文和译文本来就是两种不同文化的产物。再者，就这两个译词而言，没有更好的译法可以替代。而这两个词的特点恰恰就是汉字"金"的形态和汉字"十"的结构。我们可以用中国成语"惟妙惟肖"来形容这两个译词的恰当。

二

人名、地名、网名等的翻译，最好根据原文的音来译，这叫"名从主人"原则。例如 Malaysia 译作"马来西亚"，London 译作"伦敦"，都准确传达了原名的发音。但有的译名是根据另一种外文译名转译成中文的，比如俄罗斯首都，俄文是 MOCKBA（应该作"莫斯克伐"）其英文译名为 Moskow，中文译名"莫斯科"即根据英译的读法译出。有的中文译名是长期沿袭来的，原名或译名在历史的长河中有了变化，变得不那么吻合了，却不宜改动，因为已在读者心目中形成了定势。又如俄文"中国"叫做 КИТАИ，源自"契丹"。当我们译俄文作品中遇到 КИТАИ 时，总不能译作"契丹"吧？还有一种有趣的音变现象，比如有的译名出现增字，有的译名出现减字。Russia（用英文代俄文，二者对等）读作"罗西亚"，却译成"俄罗斯"，这个增加的"俄"字是从发 R 音时带出的气流次音，原可忽略不计。另一个，America 读作"亚美利加"，却译成"美利坚"，把

"亚"字减去了。这两个译名,在用汉字译音时有增有减,颇为"自由"。

此外还有张冠李戴的现象。England 读作"英格兰"(英国的一部分),但这个词当做"大不列颠和北爱尔兰联合王国"即英国的同义词时,却读作"英吉利"。"英吉利"其实译自 English,那是"英语"(名词)或"英国的"(形容词)的意思。这能给它戴上"误译"的帽子吗——不必。

由此可见,有了原则,也要灵活运用,不能强制推行。这叫原则性与灵活性相结合。已有的译名,早已约定俗成,是不可以随便更改的。

三

中国自 20 世纪 50 年代以来,就全面推广普通话,当然,并不废止方言。联系到名词翻译,就会引起一些想法。Sofa 译作"沙发",是用的上海方言发音。上海人读"沙"为 so。按普通话,"沙"读 sha,不读 so。Party(舞会)译作"派对",完全是上海音。好似分派一对一对跳交际舞,这是音义双关的好译法。Washington 译作"华盛顿",也是用的上海方言发音。"华"上海音为 wo,恰是英文原词的发音。"华"普通话读作 hua,这就不合原词的发音。Alexandre Dumas 译作"大仲马",而原词中按法语怎么也发不出"仲"字音来。Du 勉强可以"杜"代。但"大仲马"出自林琴南先生的译笔,原来他是福州人,福州方言"仲马"接近法文 Dumas 的读音。还有,英国古代的绿林好汉 Robin Hood,读作"罗宾·胡德",但现在通行的译名是"罗宾汉",这也是上海翻译家的创造。"汉"字沪音接近 Hoo,而用"汉"译这位好汉就比"胡德"恰当得多。这位译家真聪明!

在推广普通话的时代,不能把已有的约定俗成的译名推倒重来。我们还是要尊重已经形成的传统,维护公众已经养成的习惯。

四

自从汉语拼音方案被联合国国际标准化组织接受以来,中国新的地名均以汉语拼音方式向全球推广。这样,北京不再称 Peking,而称 Beijing;台湾不再称 Formosa,而称 Taiwan;澳门虽仍可称 Macau,但更标准的是 Aomen。不过也有例外,香港仍称 Hong Kong,而不叫 Xianggang。

过去有些地名很奇怪的,广州称 Canton,沈阳称 Mukden,厦门称 Amoy,广西的北海称 Pahoi,有些是源自方言发音。但 Canton 读音近似"广东",虽然它实指广州。是不是早年英国人分不清广东与广州,把广州称 Canton,以后就这样沿袭下来了?我才疏学浅,未作调查,不敢妄言。现在好了,按汉语拼音,一清二楚了。

那么,"中国"是否不再叫 China,而要按汉语拼音,叫 Zhongguo 呢?那可不成!China 原本读作"秦啊"(尾音联读作"秦那"),源自中国古代的秦王朝。这个词已是全世界约定俗成的名词,万万改不得!(然而与 China 同音的"支那",却是日本军国主义者对中国的蔑称,必须废止,而且已经废止!它已从人们的记忆中抹去了。)

五

翻译,在人类生活中起什么作用?很多人不知道翻译的重要,有人以为翻译很容易,只要手头有一本字典就万事大吉了。这是极大的无知。如果不认识翻译的作用,就不可能正确认识人类的过去、现在、未来。

如果没有翻译,中国56个民族就是各自孤立的一盘散沙,不可能团结成伟大的中华民族。

如果没有翻译,没有鉴真东渡,日本可能到现在还处在前启蒙时代。

如果没有翻译,没有玄奘取经,古代佛学就不能传到中国,成为中华文化的重要组成部分。

如果没有翻译,外国人不知道李白,中国人不知道莎士比亚。

如果没有翻译,中国人发明的指南针、火药、造纸术、活字印刷术就不可能成为全人类的财富;外国人发明的蒸汽机、火车、轮船,一切电力设施,都不可能为中国人造福。

如果没有翻译,西方民主思想不可能传到中国,孙中山领导的辛亥革命不可能发生。

如果没有翻译,马克思主义不可能传到中国,中国共产党就不可能建立,中华人民共和国就不可能诞生。

鲁迅称翻译家为普罗米修斯,多么精确的比喻啊!没有普罗米修斯,人类就没有火种,将永远生活在黑暗中。没有翻译工作者,人类面对上帝为巴别通天塔而降下的天谴,就不会有解救的良方,将永远生活在蒙昧中。

六

回到前面谈到的国家译名,有人说中国人自称"中国",表示自己是坐镇在世界中央的天朝,说明中国人的自傲或自尊。但从国名的中文译名来看,中国人对别国却充满了善意与尊重。汉字有言,有义,译名中的汉字固然是译音,却又表达一种意义。"英国"为什么不译作"阴国"?"美国"为什么不译作"霉国"?"德国"为什么不译作"歹国"?"义国"

(意大利,过去也译作"义大利",亦称"义国",现在台港还用"义大利"这个译名)为什么不译作"疫国"?这是因为,中国人要从同音字中选出具有最美好含义的字来命名这些国家。用什么字呢?用"英雄"的"英"、"美丽"的"美"、"道德"的"德"、"仁爱"的"爱"、"法理"的"法"、"义勇"的"义"、"芬芳"的"芬"、"祥瑞"的"瑞"、"明智"的"智"、"康泰"的"泰",如此等等。即便"巴西"、"埃及"、"俄罗斯"、"印度"等,也都是用中性汉字,而一概摒除那些不吉利的或带有贬义的汉字。中国人为自己或为下一代下二代取名,不是也要选用美好的或具有某种深意的字眼吗?外国,比如英国,用英文译别国的国名,只用音译,译名中不含有褒贬意义。从中国人译的外国国名,也可看出中国人对外国的善意,对人类的善意,对世界大家庭的美好愿望。

七

当今是全球化时代和信息爆炸时代。可是柴门霍夫发明的Esperanto(世界语)推广无大效。虽然英语已成为许多国家认可的通用语,但世界上还没有产生一种全人类的共同语。因此,翻译的功能依然是人类心灵和物质交通不可或缺的工具。不仅是工具,它本身就是文化。

译 文

雾霭的季节,果实圆熟的时令,
你跟催熟万类的太阳是密友;
同他合谋着怎样使藤蔓有幸
挂住累累果实绕茅檐攀走;
让苹果压弯农家苔绿的果树,

教每只水果都打心子里熟透；
教葫芦变大；榛子的外壳胀鼓鼓
包着甜果仁；使迟到的花儿这时候
开放，不断地开放，把蜜蜂牵住，
让蜜蜂以为暖和的光景要长驻；
看夏季已从黏稠的蜂巢里溢出。
谁不曾遇见你经常在仓廪的中央？
谁要是出外去寻找就会见到
你漫不经心地坐在粮仓的地板上，
让你的头发在扬谷的风中轻飘；
或者在收获了一半的犁沟里酣睡，
被罂粟的浓香所熏醉，你的镰刀
放过了一垄庄稼和交缠的野花；
有时像拾了麦穗，你跨过溪水，
背负着穗囊，抬起头颅不晃摇；
或者在榨汁机旁边，长时间仔细瞧，
对滴到最后的果浆耐心地观察。
春歌在哪里？哎，春歌在哪方？
别想念春歌——你有自己的音乐，
当层层云霞把渐暗的天空照亮，
给大片留茬地抹上玫瑰的色泽，
这时小小的蚊蚋悲哀地合唱
在河边柳树丛中，随着微风
来而又去，蚊蚋升起又沉落；
长大的羔羊在山边鸣叫得响亮；

篱边的蟋蟀在歌唱；红胸的知更
从菜园发出百啭千鸣的高声，
群飞的燕子在空中呢喃话多。

——屠岸译济慈《秋颂》

感谢翻译界前辈

任溶溶

跟上海译文出版社年轻的编辑聊天,我发现她们对老翻译家所知甚少,其中一些翻译家其实还不算太老。真正的老翻译家,像我年轻时读过他们许多译本的翻译界前辈,年轻编辑自然更是一无所知了。但这不能怪他们,因为那些老译本早被新译本取代,读不到了。旧译本被新译本取代,这是很平常的事,而翻译界前辈的译本被取代,简直是在所难免。

为什么呢?

首先,文学翻译是新文学运动的一个组成部分,翻译界前辈有很好的旧文学修养,用白话文写作倒有一个适应过程。用白话译外国文学作品,一上来免不了会用上他们十分熟悉并得心应手的文言词汇。直到"文革"前夕,有一次我和翻译界前辈李青崖老先生谈话,他对我们这些译文编辑颇有意见,说他在译文中有关闺房之事用了一个很雅的词"敦伦",译文编辑一定请他改。他说:"难道要我用粗俗的字眼吗?"可见一些早已不用的生僻文言词汇,直到这时候还活在老先生的脑子里。再加上按过去传统观念,写文章和说话是截然不同的事。文章就得用上漂亮辞藻,也就会用上文绉绉的词汇。新中国成立后老翻译家水夫同志曾对

任溶溶

我说:"你倒聪明,翻译用口语,因此你译的书现在照样可以出版。而我过去译的《青年近卫军》用了不少不口语的词汇,现在不合适,只好把全书重新修订一遍。"我译书确实用口语,一来我是文改工作者,二来我译的是儿童书,每个字都得让小朋友看得懂,真是讨了巧。语言虽在变,但变得慢,用口语翻译也就可以保留得长久些吧。

其次,还有一件事是翻译界前辈一定要碰到的,即有许多外国东西中国原先没有,翻译这些东西就得先给它们取中文名字。如今我们说"饼干"、"蛋糕"、"沙发"、"坦克",太简单了,它们已经成为我们的日常用语,但它们都是翻译界前辈创造出来的词汇,最后约定俗成,大家都用了。也有一些创造出来的词汇过不了关,被淘汰掉,如"德律风"、"烟士批里纯"之类,译本用上这类词,自然不合时宜。除了这些外国东西,还有外国生活用语也是要费心思处理的。试举一个我到现在还难以处理的日本生活用语为例。当两个人第一次见面时,日本人总要说一句:"初次见面。"这句话照译自然不行,最贴切的译法是译成"幸会"。不过这句我们传统的客套话又太文,现在一般场合已经不用,所以也不合适。碰到这话,我只好笼统地译成"你好",也不知有更理想的译法否?翻译上的这种困难,可想而知。

我是个翻译工作者,是个后来人,干这一行还算顺利。但我深感我工作之所以还算顺利,正因为翻译界前辈已经披荆斩棘,给我开出了路。我每想到他们的开拓性工作,总由衷地想对他们说一声:"谢谢!"

译　文

　　果园里这座旧房子,是她爸爸许多许多年以前买下的。他想等他老了,不再出海了,就跟皮皮一块儿住在这里。可他后来不幸被吹下了海。皮皮断定爸爸会回来,于是直接到这威勒库拉庄来等他回家。威勒库拉庄就是这小房子的名字。它里面都陈设好了,就等着她来。夏天一个美丽的傍晚,她和她爸爸那条船上所有的水手告别。他们很爱皮皮,皮皮也很爱他们。

　　"再见,伙计们,"皮皮一个个地亲他们的前额说,"别为我担心。我会照顾我自己的!"

　　她从船上带走了两样东西:一只小猴子,名字叫纳尔逊先生(是她爸爸送给她的);一个大皮箱,里面装满了金币。水手们站在船栏杆旁边看着皮皮,直看到她走得不见了。她头也不回地一直向前走,让纳尔逊先生蹲在她的肩膀上,手里紧紧抓住那个大皮箱。

　　"一个了不起的孩子。"等到皮皮看不见了,一位水手擦着眼泪说……

　　在那个美丽的夏天日子里,皮皮第一次跨过威勒库拉庄的门槛,那天汤米和安妮卡正好不在家。他们到他们奶奶家住了一星期,所以不知道隔壁房子已经住进了人。回家第一天,他们站在院子门口看外面街道,还是不知道有个可以一起玩的小朋友就在身边。他们站在那里正不知道干什么好,也不知道这天能有什么新鲜事,会不会依然是个想不出什么新花样来玩的无聊日子,可就在这时候,嘿,威勒库拉庄的院子门打开,出现了一个小姑娘。这是汤米和安妮卡有生以来看到的最古怪的小姑娘。这一位就是长袜子皮皮,她早晨正要出去散步。她那副模样是这样的:

　　她的头发是红萝卜色,两根辫子向两边翘起,鼻子像个小土豆,上面满是一点一点的雀斑。鼻子下面是个不折不扣的大嘴巴,两排牙齿雪白整齐。她的衣服怪极了,是皮皮自己做的。本来要做纯蓝的,后来蓝布不够,皮皮就到处加上红色的小布条。她两条又瘦又长的腿上穿一双长袜子,一只棕色,一只黑色。她蹬着一双黑皮鞋,比她的脚长一倍。这双皮鞋是她爸爸在南美洲买的等她大起来穿,可皮皮有了这双鞋,再不想要别的鞋了。

叫汤米和安妮卡把眼睛瞪得老圆老圆的却是那只猴子。它蹲在那个古怪小姑娘的肩膀上,身体小,尾巴长,穿着蓝布长裤、黄色上衣,还戴一顶白草帽。

——任溶溶译《长袜子皮皮》

"有人喊 encore,我便心满意足"

李文俊

承中国译协想到将我列入"翻译文化终身成就奖"的褒奖名单,实在受之有愧。因为在中国,水平与我不相上下勤奋更超出于我者,怕是有不下上百位吧。我之所以沾光,也许与改革开放之初,译出的几本外国现代作品正好适合了时代需要不无关系。

我自小喜爱文学,到高中时,亦想唱自己的歌了。但除上海弄堂生活外,一无所知,既无想象力,更缺乏虚构的本领,因此只得借他人酒杯浇自己的块垒。我从小念的是英语,高中以后摸索着读英美文学原作(那时上海旧书店可真不少),觉得还是现当代美国文学比较对自己口味,便与三两同学,合作译出美共作家霍华德·法斯特的两部作品《最后的边疆》《没有被征服的人》,向出版社投稿,不料都被接受。前一本出版于1952年,后一本于1953年。平心而论,尽管这位作家后来因斯大林问题脱党遭到批判,但前期那几本历史小说还是颇有可取之处的。

从复旦新闻系毕业,集中到京,我在中宣部一训练班学习了大半年,被分配到作协筹建中的《译文》编辑部。由于接触外来投稿与拜读所约名家的译稿(傅雷、周作人、丽尼,等等),又得到朱海观、萧乾等老编辑的点拨,复因常去拜访钱锺书、冯至、朱光潜、王佐良、金克木、吴兴

李文俊

华等大家，多少熏上了一些书卷气，时间一久，也俨然挤入了学术界的行列。经过"文革"，对人生又多了些历练。从此时起，便接上编内部书时练就的底功，自己开始翻译起福克纳来。尽管有钱锺书先生"愿你得到上帝的保佑"的告诫，我还是一而再、再而三地译出了福克纳的几部代表作。还因译《押沙龙，押沙龙！》与写一本《福克纳评传》，心劳日拙，终于憋出一场大病，九死之后方得一生。这以后歇了一阵，我又译出他的《随笔》与编写出一本包括其《大森林》在内的《威廉·福克纳》。

这以后，我就成了堂·吉诃德式的自由骑士。既译托·斯·艾略特的诗剧《大教堂凶杀案》，也译仰慕已久的简·奥斯丁的《爱玛》（仍与那位中学同学合作，我们从"少年游"熬成了"双白头"，可惜他已于前几年因病归天）；既译加拿大老太太艾丽丝·门罗的短篇集，也为孩子们译出《秘密花园》与《小熊维尼》（尽管已有任溶溶前辈的优秀译本），还译了绝难付梓出版的数百首英美诗歌。我最得意的一件事便是：与编辑部同人合编的一本《外国文学插图精鉴》在积压多年之后，终于得以出版。我还想要向诸读者提醒一句，我是到63岁才退休的。这之前，我每天都需做满8小时的编辑工作。

最近，因海明威版权到期，我又应约复译了《老人与海》。我最不能理解的一件事就是：译家何以必得贬低别人以求抬高自己呢。应该说，在我之前此书的译本都很不错，我的译本仅仅是由我自己演绎的一次演出而已。能听到有人喊一声"encore",我便心满意足。至于中国翻译界应走什么正确道路,那是该向衮衮诸公请示的事。我只是个每天译几百字消遣消遣,周末跟老太太讨上几张钞票到对面地摊上去淘宝捡漏的老头儿。

译　文

　　窗框的影子显现在窗帘上,时间是七点到八点之间,我又回到时间里来了,听见表在嘀嗒嘀嗒地响。这表是爷爷留下来的,父亲给我的时候,他说,昆丁,这只表是一切希望与欲望的陵墓,我现在把它交给你;你靠了它,很容易掌握证明所有人类经验都是谬误的。这些人类的所有经验对你祖父或曾祖父不见得有用,对你个人也未必有用。我把表给你,不是要让你记住时间,而是让你可以偶尔忘掉时间,不把心力全部用在征服时间上面,因为时间反正是征服不了的,他说甚至根本没有人跟时间较量过,这个战场不过向人显示了他自己的愚蠢与失望,而胜利,也仅仅是哲人与傻子的一种幻想而已。

　　表是支靠在放硬领的纸盒上的,我躺在床上倾听它的嘀嗒声。实际上应该说是表的声音传进我的耳朵里来。我想不见得有谁有意去听钟表的嘀嗒声的。没有这样做的必要。

　　——李文俊译福克纳《喧哗与骚动》

只有忠实的翻译才有价值

江 枫　王 杨

记者(王杨)：江老师,首先祝贺您获得"翻译文化终身成就奖"。现在回过头去看,您在几十年翻译经历中感触最深的是什么?

江枫：谢谢。这是我获得的第二个翻译终身成就奖,第一个为16年前所得,是"彩虹翻译终身成就奖",那是由下而上逐级评选推荐的结果,这次的"翻译文化终身成就奖"是由上而下的承认。颁奖,无非是一种提倡,是要让有志于文学翻译的从业人员特别是青年知道,要做点有益于国家民族的翻译工作,不可相信翻译可以不求忠实、随心所欲。

一个人有点虚荣心,一生得一次终身奖也就满足了,因为总有一天要乘风归去。但我仍看重这个第二次,是想要利用这种重复突出其并非偶然,并仍然要说:文学翻译要形似而后神似,"离形得似"是有害的。

记者：您是否可以具体谈谈您的主张?

江枫：翻译是社会行为,只有忠实的翻译才有价值。文学是语言艺术,文学作品之所以是文学,不仅在于表达什么,更要看是以怎样一种方式表达。当李白抬头望月低头思乡,有感而构思,不论多么美妙也不是诗,直到出现语言形象"床前明月光,疑是地上霜。举头望明月,低头思故乡",才成为诗。使某种构思得以物化成型,能够引发想象和联想的

江枫

语言成分,就是一首诗的语言形式。

记者:您怎么看待文本忠实?

江枫:有人曾用德里达的"延异"和"文本意义不确定"说解构掉了忠实,我并不是很认同这种说法。不是某个外国人或某个名人说过,就可当做真理,作为立论的根据。如果"文本的意义不确定",人类就不可能有今天的文明!难道 $E = MC^2$ 也能通过口耳传承?如果"延异"是普遍而必然的现象,难道孔老夫子当年说"有朋自远方来,不亦乐乎"所表达的是完全不同的意思?其实,德里达自己也不相信"延异",他相信文本意义确定。铁的证据是,他自己就在不断地书写文本。

至于能否忠实到百分之百,我的回答是肯定的。百分之百忠实的翻译是翻译的主流。比如说,威廉·卡洛斯·威廉斯的《红色手推车》一诗:

so much depends	有那么多要
upon	依靠
a red wheel	一辆红色手
barrow	推车
glazed with rain	被雨水淋得
water	晶亮
beside the white	在一群白鸡
chickens.	近旁。

我说这译文的忠实度不低于98%，这98%就是今天的100%。有理想的现实主义者，追求理想，接受现实，但不止步于现实。这种忠实也许就是德里达所谓的：忠实的不忠实、不忠实的忠实，即现实的忠实。有人否定翻译能有定本，但如果不能以更好的一本加以代替，这就是定本。再如雪莱的：

> 他们已死，死去的再不回还——苦难
> 坐在洞开的墓穴旁呼唤遍了他们——
> 苦难是个头发苍白、眼神憔悴的青年，
> 他们，是亲人、朋友和情人的姓名，
> 他呼唤，有气无力——他们都已离去，
> 傻瓜，全都已死去！只有虚空的名字，
> 只有这熟悉的景物，我的痛苦——
> 只有这些个坟墓——依然如故。
> 别再哭泣，哦苦难，我最亲爱的朋友！
> 你不会听从劝慰，我毫不感到诧异！
> 因为我曾看见，你和他们从你家门口
> 一道观赏宁静的夕阳，而这场地
> 也曾同样怡人、宁静，只是十分短暂，
> 如今你的头发已苍白，你的希望已远，
> 只有这熟悉的景物，我的痛苦——
> 只有这些个坟墓——依然如故。

动人的诗！这白发青年的痛苦岂是他一己的哀怨。如果对诗和译诗有正确的认识,有类似的文化素养、审美趣味和语言驾驭能力,每个译者都可做到如此。但是,诗只能由真正的诗人翻译,不只要能写,更要有正直善良的诗人品质。

记者:您对我国当前的文学翻译现状有什么看法?比如说诗歌的外译中和中译外。

江枫:就我所知是貌似繁荣,质量堪忧。比如最近出版的《狄金森诗选》某个翻译版本把 In such an Earth as Ours 译成"在我们这个大地",无论何时何地都把 Earth 译做"大地",就无从正确理解和译出这首诗。又如市场上还出现了一种"《鲁拜集》新译",一开篇就别出心裁把意为"唤醒"的标题 awakening,译成"梦醒时分",更把这首诗译成了比原文难理解的:醒看旭日逐星淡,更兼黑夜出霄汉,晨曦一缕万丈光,投向苏丹塔楼冠。

正确理解是正确翻译的前提,也该是正确评论的前提。对于中译外,也有个理解问题,对原作和译入语都一样。由于国家的提倡和促进,近年来中译外活动空前活跃,不断有成果问世,但是"译外"毕竟是供外国读者读的,不能满足于关起门来自封老大。数量有了,质量如何,就成了最近一次典籍翻译研讨会关注的议题。恰巧,会前我应邀从台湾讲学归来,在台湾师范大学遇到的朱纯深教授向我推介一篇文章,正有助于了解外国学者对我国典籍外译质量的评价。作者是英国汉译英教授和翻译家 Brian Holton,他认为:难得有几个中国翻译家对英语细腻处能理解到写得出可被当做英语作品读的译文。Holton 教授在原文中还说: The egregious……is one of the worst offenders; though he has the impudence to style himself 'the greatest living Chinese – English translator', he is the worst possible role model and a pernicious influence on younger scholars and students in China……In one of the quoted examples, what does his 'mirrored hair' mean, exactly? Are we talking about brilliantine here? Holton 还引"少年不识愁滋味"译文为例:

While young, I knew no grief I could bear

I'd like to go upstair

I'd like to go upstair

To write new verses, with a false despair。

他说,译文荒谬。这是押韵至上的译文,而这批评,对我们每一个运用非母语工作的翻译者都有警醒意义。

译文质量堪忧的原因是多样的,除了神似论,还有一些可以商榷的论点,如"翻译总是一种创造性叛逆"、"最根本的特点是改变了原作者赋予原作的形式","在古今中外文学史上,正是文学翻译的创造性叛逆,才使得一部又一部文学杰作得到了超越时空的传播"。事实是,译诗是有规律可循的而且屡试不爽。

记者:有人说"诗是在翻译中丢失的东西",对此您怎么看?

江枫:诗,恰恰是翻译过后除了表面信息还留下了美和言外之意的那种东西。弗罗斯特是说 Poetry is what gets lost in translation,原话并没有错,问题是把意为"换种说法"的 translation 错译成了"翻译"。在同一种语言里,确实没有完全等同的同义词可说,但在不同语言之间,倒一定会有。是的,"诗,就是换一种说法就会失去的那种东西",这强调的正是诗对于语言形式的依存,所以,文学翻译必须用与译入语尽可能对等的词语再现原作语言形式,形似而后神似。

记者:几十年翻译经历中您感触最深的是什么?

江枫:还是丁玲的"一本书主义"有道理。一个文学翻译工作者,不必多,一生留下一部能够传之久远的译作就不虚此生。每当我看到《诗经》有些名句像"如可赎兮人百其身"译成 If he could live again,/Who not have been slain? "岂曰无衣与子同袍"译成 Are you not battle-dressed? /Let's share the plate for breast,都会觉得遗憾。如果没有质量,即使是书销中外几千本,诗译万国惟一人,又有什么价值?

译　　文

哦,船长!我的船长!我们险恶的航程,已经告终,
我们的船安渡过惊涛骇浪,我们寻求的奖赏已赢得手中,
港口已经不远,钟声我已听见,万千人众在欢呼呐喊,
目迎着我们的船从容返航,我们的船威武,而且勇敢,
可是,心啊!心啊!心啊!
哦,殷红的血液,在流泻!
在甲板上,那里躺着我的船长,
他已倒下,已死去,已冷却。
哦,船长!我的船长!起来吧,请起来听听这钟声;
起来——旌旗,在为你而招展——号角,在为你而奏鸣,
为你,两岸挤满人群——为你,无数花束、彩带、花环
为你,熙攘的人群在呼唤,转过他们多少张殷切的脸;
这里,船长!亲爱的父亲!
你头颅下边,是我的手臂!
这是在甲板上的一场梦啊,
你已倒下,已死去,已冷却。
我的船长,他不作回答,他的双唇惨白,寂静无声,
我的父亲不能感觉我的手臂,他已没有脉搏、生命,
我们的船,已安全抛锚碇泊,航程已完成、已告终,
胜利的船从险恶的旅途归来,我们寻求的已赢得手中。
欢呼,哦,海岸!轰鸣,哦,洪钟!

可是我,却轻轻移动悲伤的步履,
在甲板上,这里躺着我的船长,
他已倒下,已死去,已冷却。
　　　——江枫译惠特曼诗《哦,船长!我的船长!》

关于文学翻译的几句大实话
——以丹·布朗小说的翻译为例

朱振武

译介丹·布朗之艰辛

丹·布朗到目前为止共完成出版了5部长篇小说,原版出版的先后顺序是《数字城堡》《天使与魔鬼》《骗局》《达·芬奇密码》和《失落的秘符》。中国大陆引进的先后顺序则是《达·芬奇密码》《数字城堡》《天使与魔鬼》《骗局》和《失落的秘符》。许多在国外走红的作品译介到中国后并不走红,虽然原因很多,但一个重要因素就是翻译,有的译本并不能简单地说翻译错了,而是不适合中国读者阅读。能在大陆畅销,能让汉语读者喜爱,能让他们一气呵成地读完,翻译自然是一个重要因素。

我很喜爱布朗的作品,除了作品本身因素外,还有一个原因,那就是我们两个年龄相仿,他只比我小一岁;我们两个专业背景相似,都是英语语言文学;职业相同,都是大学英语教师,教授英美文学和写作;都下过海,他去唱摇滚,我去经商,都是为了谋生。我来译布朗的作品算是对等。我可以更多更深地理解、读懂他和他的作品,然后相对忠实地译给中国读者。所不同的是,布朗是在自由地跳舞,而我是戴着枷锁跳舞而已。

朱振武

读过丹·布朗小说的人都知道，系统的专业知识是其主要特色之一。《达·芬奇密码》的读者就无不为作者广博的知识所折服，《骗局》亦不例外。小说涵盖了海洋学、冰川学、古生物学、天文学、地质学、天体物理学、气象学以及航天科学和军事科学等领域的专门知识，同时还涉及到美国国家航空航天局、美国全国勘测局、美国太空署北极科研基地、三角洲特种部队等多个美国政府的高度秘密机构。丹·布朗曾就小说中有关的各方面知识请教过大批的专家学者和专业工作人员，术语之多、之专、之新、之难都是文学翻译中比较少见的。《达·芬奇密码》出版之后，丹·布朗还对之进行了多处修改。这些都给翻译工作带来了很大困难。我曾戏谑地跟一家出版社的老总说："一将功成万骨枯，一书译罢满头秃。"话虽是笑着说出，但个中苦涩与艰辛是不言自明的。完成一部作品的翻译很难，但让译作在目标语读者中喜闻乐见则更难。在审美意象、思维和视角上与原作保持相似性，为读者奉上既符合汉语读者阅读习惯又忠实原作内容和风格的译文，则是难上加难。

文学翻译涉及很多方面，它的意象、修辞、典故、思想情感、语气语调等对译者的要求很高。说得稍微专业些，译本在一个全新的语境中得以畅行，自然离不开译者的苦心孤诣和辛勤笔耕，离不开译者在翻译过程中的美学理念和各种思维的综合运用。从丹·布朗作品的翻译实践来看，将美学理念与审美思维有机结合起来，并将之运用到文学翻译实践当中去,从而在最大程度上使译入语文本接近源语文本,极力提高二者的相似性,是文学翻译者所应追求的目标之一。文学翻译是语言信息与美感因素的整体吸纳与再造。文学语言既有指义性,又有审美性,其美学特质——形象性、情感性和音乐性,是与整个文学的艺术特点相适应的。长期以来,受华夏文化传统思维和审美心理的影响,汉语形成了独特的艺术魅力:以意统形,概括灵活,言简意丰,音韵和谐。译者如果能把原作者的思想感情、语气语调乃至节奏韵律都淋漓尽致地表现出来,那原文的美感才能得到完美体现,也才能真正赢得汉语读者。

举个例子,《天使与魔鬼》里面有个词是"Hassassin",是作者自己造的词,我触类旁通,创造了"黑煞星"的译法。"Hassassin"与"黑煞星"在发音上几乎完全吻合,且"黑煞"很容易让人联想到麻醉剂的烈性,"黑煞星"这一形象则能让人联想到杀手的狠毒与恐怖,有音义兼得之妙。翻译的灵感来自于译者全身心的投入,主、客观因素相结合,使译者的情感汇聚到最佳点,其智慧得以充分地发挥,产生灵感,获得新的感悟、形象和概念。因此,译家需要协调原作的语言风格和阅读的审美视角,做到既能进入到原作的审美视角和原作者所臆造的想象空间,又能充分考虑到译入语读者的接受视角,找到相应的表述方式。由于语言的表层意义和所指意义、形式和内容之间会有一定的区别,因此,我们在忠实字面意义的同时要视语境而定,不能机械照搬,不能丢失主信息。美感体验源于审美距离,译者在确定审美视角后要充分考虑意义的空间距离,对其进行灵活的调配,使阅读空间获得敏感性,这样,审美的效果才能在译文里得到更好的传递。

文学翻译那些事儿

记得翻译《骗局》之前,有网友问我接下来要翻译什么作品,我回答说:"打算翻译 Deception Point,暂时翻译成'圈套'吧。"结果一个多月后市面上就开始兜售标着译者为朱振武的所谓丹·布朗的最新力作《圈套》了。无奈,我们最后决定将 Deception Point 译成"骗局"。这样的事情还真不少。丹·布朗的中译本本本都有盗版,就在我家楼下卖,我拿他们也没有办法。应该说,我国译界目前还有不少滥竽充数的现象。有人一天能翻译好几万字,有人能翻译多种甚至十几种语言的作品,那我只能自叹弗如。翻译家傅雷到了后期,工作之外一天也只不过翻译两千多字。几个钟头,连专业打字员都很难打到几万字,更别提译者还要揣摩原文并转换成与原文风格相似的地道汉语了。当然,从网上拉下来"改译"或是照着从前的译本"重译"的不在考量之内。有人"翻译"速度的确奇快无比,但这样的人往往有个共同特点,就是从不"翻译"没有译本的书。至于能翻译多种外语,这样的人在我们国家极少,能读懂几种语言的人还是有一些的,但离翻译文学作品的程度往往还有距离。这种现象的出现有时出版人也有责任。我曾经总结过出版社的"译事八型":"译者的选择:随意型;译者的权益:轻视型;作品的选择:盲目型;译品的质量:粗糙型;编辑的工作:马虎型;时间的限制:紧逼型;后期的制作:隐秘型;作品的宣传:羞涩型。"当然,现在情况总是在向好的方面发展。我也曾提出倡议,对前辈持敬重之情,对后辈有奖掖之举,对同辈无相轻之意。共同努力,扬清激浊,繁荣文化事业,提高翻译水平,营造译界的和谐。

几句大实话

我在大学教书,因此免不了要研读谈翻译的书。谈翻译的书,特别是谈文学翻译的书一般有两大类,一类是纯粹探讨翻译理论的书,大都不好读；一类是单纯探讨翻译技巧的书，多是纸上谈兵。真正的翻译家似乎都不大有兴趣研究翻译理论或探讨翻译技巧，有的也多为"丛残小语"，形不成"门派"，国外翻译界大体也是这种情况。美国翻译家克利福德·E.兰德斯的《文学翻译实用指南》令我眼前一亮，觉得他说的都是掏心窝子的话。兰德斯就是要揭开隔开翻译理论与实践的薄窗纱，那么我也接着说几句大实话。

记得在纽约大学访学时，汉学家 Moss Roberts（中文名罗慕士）就跟我说，作为一个英语使用者，他绝不会把母语译成外语。兰德斯也是如此，他特别强调把源语译成母语，认为把母语译成外语往往是费力不讨好的事。仅就文学翻译而言，译者需要对两种语言的相关知识都了然于胸，流畅的母语表达和扎实深厚的源语基础是必备条件，但对母语的熟谙显然是重中之重。

文学翻译是一门艺术，我在给研究生开设的翻译课上曾总结过"译事十诫"（一戒言词晦涩，佶屈聱牙；二戒死译硬译，语句欧化；三戒望文生义，不求甚解；四戒颠倒句意，不看重心；五戒前后不一，一名多译；六戒无凭无据，不查辞书；七戒格式混乱，不合规矩；八戒草率成文，不加润色；九戒抄袭拷贝，惹祸上身；十戒应付差事，不负责任）和译事十法（一曰贴：紧贴原作；二曰换：切换自如；三曰化：回归本土；四曰粘：前后呵护；五曰减：删减冗赘；六曰添：增字添词；七曰合：合并散句；八曰断：切断长句；九曰注：注疑释典；十曰诠：力求晓畅）。但这些东西不可能穷尽文学翻译中的各种事项，更称不上指南或诀窍，因为文学翻译对译者主观能动性的要求是非常高的。

翻译有多种，而只有文学翻译对人要求最高，也只有文学翻译才能使译者品尝创造性想象的优美体验。文学翻译也有为名、为利或为消遣的，但大多数人都是从精神层面出发，追求的是一种精神的旨趣和审美的理想。文学翻译有其独特品格,除了需要译者对源语和目标语均应精通以外,还要对两种语言的文学、文化包括民族思维方式等方面的知识都十分熟稔。文学翻译的风格至关重要,有灵活生动极具可读性的译文,也有矫揉造作、僵硬古板、剥离了源语艺术和灵魂的蹩脚译文。文学翻译需要与时俱进,很多文学作品就要不时地重译,不同时代的译者都应有自己的声音,而且优秀译著的生命力可能会超过原作。正如兰德斯所说:"希腊人只有一个荷马,我们则有很多。"文学翻译该怎样起步,道理再简单不过了:动手。选材也很重要,"粪土之墙不可污",好的译品也要用于好的作品。译者既要有丰厚的语言文化功底,也要具备奉献精神和使命感。昂贵的相机造就不出摄影师,一书架的词典也成就不了翻译家。

有的人做文学翻译想从翻译理论入手,其实,翻译理论和翻译实践是两回事,有些理论还会使译者无所适从。我们强调忠实源语,但过于拘泥于原文的"愚忠",其实是没有真正读懂原文。任何句子都有其特定语域,不能只见树木不见森林,孤立处理之,机械对等实是文学翻译的大忌。认为熟谙语法、词汇且有词汇量就足以做一个称职的文学译者了,那是天真至极,对文化的深刻理解才是关键,因为文化构成、改变和制约着语言。

译　文

　　黑煞星站在石道的尽头,手中的火把还在熊熊燃烧。火把的烟味、苔藓的泥味和东西腐烂的臭味全都古怪地混合在一起。周围一片寂静。一道铁门横在他面前,看上去跟这石道一样年代久远,虽然锈迹斑斑却依然牢固。他站在黑暗里等待着,满怀信心。

　　差不多到时间了。

杰纳斯许诺过里面一定会有人来开门。敌人内部的背叛令黑煞星感到大为惊讶。为了执行这个任务,他本打算在门口等上整晚的,现在看来,这大可不必。他这是在为决绝果断的人效劳。

几分钟后,恰在指定的时间,门的那边传来了一大串钥匙叮叮当当相互碰撞的声音。接着,在一阵金属和金属之间相互摩擦的刺耳声中,好几把锁脱开了。一个接一个地,三个硕大的门闩吱吱嘎嘎地打开了。这些锁吱嘎作响,好像几百年没用了似的。最后,三把锁全打开了。

随后,一片寂静。

正如事先约定的那样,黑煞星耐心地等待了五分钟。之后,他浑身涌起一股力量,他猛地一推,门开了。

——朱振武、王巧俐、信艳译《天使与魔鬼》

一种翻译方法论

傅 浩

不知始于何时,也许从一开始,翻译就被分为两极,一为直译,一为意译。后世的翻译理论一般都跳不出这二分法,什么形似与神似、异化与归化,都不过是换个角度,换个说法的假名或变相而已,其所指实际是一回事。然而,不仅如此,这些理论的共同之处还在于,它们都只提出了两极,而忽视了中间,以及判定何为直译、何为意译的具体标准。

我虽不敏,但在长期的翻译实践中也有所感悟,对经验有所总结,经过不断的修正,现在又斗胆提出自己的一种想法:贴与离。理论有两种,一是出于批评、用于批评的批评理论,一是出于实践、用于实践的实践理论。我的想法算是一种出于实践、用于实践的翻译方法论吧。同样,我无法也无意跳出传统的二分法,只不过试图在两极之间找到一些可操作的东西而已。

贴与离,是从译文出发,相对于原文而言的。举个例子来说吧,现在有个流行的"段子",把英语"How are you?"和"How old are you?"分别译为"怎么是你?"和"怎么老是你?"这有什么不对呢? 实际上,这是古今中外在外语学习和翻译中常用的一种逐字对译的方法,英文叫做"crib",主要是为初学者和不懂外语者提供方便的。美国人厄内斯特·

费诺罗萨听受其两位日本老师森海南和有贺永雄讲解中国古诗时所作的笔记就是如此。中国古代译佛经的第一步也是如此,隋代印度僧人三藏达摩笈多所译《金刚经》就属此例。西方学习和翻译古希腊语、拉丁语文献和《圣经》等也是如此,首先由懂外语的人提供"crib",然后再由母语较好的人在此基础上加工润色。可以说,这种"crib"是最贴近原文的,却未必是正确的。首先,看词法。"how"可以是"怎么",也可以是"怎样"或"多么"。根据上下文判断,译"怎么"是选错了词义,而词义选择的正确与否与译者的功力有关。其次,看句法。经过修正措词的译文应该是:"怎样是你?"和"多么老是你?"此所谓"词典翻译",哪怕每个词的义项都选对了,却由于拘泥于原文句式或词序而仍未确切达意。按照汉语语法,正确的语序应该是:"你是怎样?"和"你是多么老?"这有点儿像初学汉语的老外讲话,虽然语法正确,中国人却不这么说。所以,还要看习惯说法。中国人一般会省略系动词"是";问年龄时一般不说"老"而说"大",那么,对应于原文的习惯说法应该是"你怎样?"(或"你好吗?")和"你多大啦?"最后,若是还要考虑文体,那就得根据语境再做调整,例如,还可以说"别来无恙乎?"或"近况如何?"和"您今年高寿?"或"请问芳龄几何?",等等。

傅浩

如上所示,译文从紧贴原文开始,逐步远离,直到恰当的位置,其间至少涉及四项标准:词法、句法、习惯说法和文体。措词拘泥于词典(尤其是翻译词典,例如英汉词典,而非纯原文词典)释义、句式照搬原文的偏于贴;句式合乎译入语规范、含义对应其习惯说法的偏于离。所谓直译与意译、异化与归化的分水岭也就应该在此之间。我国某些译者所英译的中国古诗往往令以英语为母语的读者莫名其妙或忍俊不禁,原因主要就在于,尽管译文在词法、句法方面都合乎规则,但人家习惯上不那么说。反过来,习惯说法也会影响到词法和句法甚至文体。熟悉习惯说法者莫过于说母语者。诗人威廉·巴特勒·叶芝就反对印度作家用英语写作,认为除了用母语,任何人都无法带着乐感和活力思维写作。这也是我不敢轻易从事汉译外的主要原因。

由于文化的差异,不是任何表达都能在译文中找到对应的习惯说法的。许多时候都需要译者有所创造,这时就需要做到文从字顺,起码在词法和句法上合乎译入语规范。然而,创造也要有限度,不能脱离原文。实际上,翻译中的创造,严格说是一种摹仿,而非凭空的臆造。译文就像风筝,离得再远,也要与原文有关联。不顾原文的任意创造,就像断了线的风筝,就不再是翻译,而是创作了。埃兹拉·庞德根据费诺罗萨的笔记和翟理斯的译文所"译"的中国古诗可以说某些部分已超出了离的极端。

译文与原文在字面上和含义上的相似程度往往不一致。二者可以说时合时分。二者重合的时候较少,容易处理,可以不论;不合的时候较多,就需要调焦。例如,用成语对译成语,属于离的手段,往往不免削足适履,难以做到恰如其分,就不妨改变策略,尝试用贴近字面的译法。一般读者所欢迎的译文往往偏于离,译者摹仿较少而创造较多,这样的译文给读者传达的原文信息反而较少;译者摹仿较多而创造较少的译文偏于贴,却往往能给从事创作的读者以更多不同文化的信息和陌生化灵感。从事新闻工作的诗人黄灿然说,新闻可以意译,诗非直译不可。我赞同他的说法。但这并不等于说,我译诗主张偏于贴或离。理想的翻译当然应该是对焦清晰、不即不离的。

译　　文

沿着那柳园而下,爱人和我相见;
她那双雪白小脚曾经走过柳园。
她教我从容恋爱,如枝头生长绿叶,
可我,年少又无知,不愿听她劝诫。
在一片河滩野地,爱人和我停留;
她把那雪白小手搭在我的肩头。
她教我从容生活,如堰上生长青草,
可我年少又无知,如今悔泪滔滔。

——傅浩译威廉·巴特勒·叶芝《经柳园而下》

我译《卡彭塔利亚湾》

李 尧

亚历克西斯·赖特的《卡彭塔利亚湾》是我近年来翻译出版的最喜欢的一本书,也是我投入时间和精力最多的一本书。作为一个自己也写过将近20年小说的文学翻译工作者,这本书的纯文学性和新颖的创作手法以及这种手法所表现出的艺术魅力,无疑是我喜欢它的原因之一。而它植根于澳大利亚原住民生活的沃土之上,把古老的传说、神话以及原住民信奉的"梦幻时代"的原始图腾和现实生活的种种矛盾糅合在一起,描绘出一幅幅色彩瑰丽的画卷。然而,从翻译的角度看,正是它的纯文学性、新颖的创作手法以及那一幅幅"难得一见、色彩瑰丽的画卷",让我在翻译它的过程中遇到无数困难,同时也从中再次感悟到翻译的真谛。

如果说作家创作的源泉是生活,文学翻译者"再创作"的源泉就是原著。因此,正如作家只有在生活中摸爬滚打,熟悉作品中每一个人物的思想感情、行为方式、历史渊源、生存背景,才能写出好小说一样,翻译者也只有像作家一样熟悉眼前这本原著包含的上述种种,才能把异国他乡的清泉浇灌出的奇花,移植到我们的土地上再放异彩。刚刚收到西悉尼大学出版社约我翻译《卡彭塔利亚湾》的邀请时,我并不特别在意。

我从事澳大利亚文学翻译30年来,不
但翻译出版过25部澳大利亚很有影
响的文学作品,还翻译过《牛津澳大
利亚历史》,对澳大利亚原住民的历
史与现状有所了解。1988年,我还到
新南威尔士州南太平洋岸边的一个原
住民部落小住,结识了当时已经85岁
高龄的原住民精神领袖之一加布。加
布告诉我,他的母亲是广东人,所以他
对从中国远道而来的我非常热情,没
有丝毫戒备之心。他给我唱原住民的
歌曲,还告诉我许多神秘的关于原住
民"梦幻时代"的知识。此后,我一直

李尧

十分关注澳大利亚原住民的文学艺术,先后翻译了原住民作家凯姆·斯
科特的长篇小说《心中的明天》、原住民青年作家阿尼塔·黑斯博士的
《我是谁?》。这些作品都从不同侧面增加了我对澳大利亚原住民的了
解。与此同时,我翻译的几部白人作家的作品,包括澳大利亚文学大师、
1973年诺贝尔文学奖获得者帕特里克·怀特的长篇小说《树叶裙》、尼
古拉斯·周思的《守望者》、亚历克斯·米勒的《别了,那道风景》《浪子》
都用很大的篇幅描写了原住民在澳大利亚不同历史时期的生活。所有
这一切,都让我产生了一种错觉,以为自己完全有能力胜任这本书的翻
译。特别当我得知亚历克西斯·赖特的曾祖父也是华人之后,不但顿感
亲切,而且信心倍增,似乎因为她也有华人血统,就降低了这本书对于我
的难度。

及至打开朋友尼古拉斯·周思从悉尼寄来的 Carpentaria,刚看了几

页,卡彭塔利亚湾那一泓碧水,就掀起滚滚波澜。

亚历克西斯·赖特说:"我写这本书的时候,并没有梦想谁会读它,我只是想写一个告慰祖宗亡灵的故事,尽管心旌荡漾的时候,也曾希望世界各地的人都能阅读和理解它。但我并没有想到,那就意味着需要有人把它翻译成别的文字。更没有想到,要把这本书里那么多原住民的方言土语以及表现我家乡卡彭塔利亚湾的风土人情、反映我同胞世界观的文字翻译成另外一种语言是何等艰难!"

她说得没错儿。这本书真的有"那么多原住民的方言土语",这是它的特色之一,无可回避。我不由得倒吸了几口凉气。不过,冷静下来,仔细想一想,所谓"方言土语"毕竟是形式和表面的东西。我可以把它们积攒起来,隔一段时间让"伊妹儿"去向作者请教,再回来告诉我,那些话是什么意思。像查字典一样,虽然费事,但并不难。真正困难的是,"卡彭塔利亚湾的风土人情",是"反映我的同胞的世界观的文字",特别是他们古老的传说和神话、他们部落间由来已久的矛盾和现实生活中的冲突。面对这一道道难题,我仿佛走进一片沼泽,步履艰难。这时候,我才意识到自己的浅薄,意识到自己对澳大利亚原住民的认识与理解纯属皮毛。我才清楚地看到对面屹立的是一座蕴藏着澳大利亚原住民文化与历史的品位极高的矿山。

翻译者其实也是个采矿工,把世界文学宝藏采集来,经过艰苦的冶炼,变成属于我们自己的财富。我还算一个勤劳的"矿工",意识到自己在相关领域的知识匮乏后,立刻开始阅读能找到的和澳大利亚原住民有关的书籍。我虽然早就知道,澳大利亚原住民已经在澳洲大陆繁衍生息了四万多年,他们不只分布在加布老人居住的南太平洋沿岸风光秀丽的丛林地带,还居住在澳大利亚西北部吉布森沙漠以北广大的不毛之地——大沙沙漠,居住在北部领地达尔文港以及周边地区类似卡彭塔利亚湾的山水之间。但我对于他们内部复杂的社会结构知之甚少。读了澳大利亚著名的"沙漠艺术家"——原住民吉米·派克的传记《沙漠之子》,我才知道,他们遵循的是一个按照部族和分支部族,或者所谓"皮肤"进行划分的体系。简单地说,那是一种从概念上把整个社会划分成二、四或者八个种类的体系。一个人属于哪个"种类"取决于母亲那个部族。同一个部族的男人或女人只能和与之相对应的那个部族的女人或男人结婚。这样一来,一代代人只能在这两个部族间"循环往复"。循环的结果是,一个人的孙儿孙女又回到祖父、祖母分属的那两个部族。至于姓氏和语言更是复杂得让人看了如坠五里雾中。而我面对的就是在这样一个社会体系中展开的故事。这个故事那样庞杂,人物关系不无混乱,再加上作者将现代派的创作手法融入其中,常常让人摸不着头脑。

"危难时刻",我想起了画家周小平先生。他在澳大利亚土著人部落中生活多年,熟悉他们的语言、社会结构、风土人情,并且用相机和画笔记录下他们的生存状态。我甚至觉得只有像他这样的人才有资格翻译澳大利亚原住民的文学作品。我一遍又一遍地仔细研读、欣赏他的《海参——华人·望加锡人·澳洲土著人的故事》,从中积累一些"间接经验"。渐渐地,我从他用几十年心血和汗水描绘的一幅幅土著人的生活画面中,看清了我要开掘的《卡彭塔利亚湾》这座"矿山"的"矿脉"。沿着这些脉络往前走,我发现原住民生活的地方到处都是故事。每一眼水井、每一块岩石都是故事中的"人物",就连沙丘和树木也有许多传奇。这些故事大多数都是从"梦幻时代"流传下来的。所谓"梦幻时代"是指人类诞生前、混沌初开的时代。刚刚诞生的生命体走过大地,碰到同类。有的变成飞鸟,有的变成走兽。它们经历了千难万险,创造了丰功伟绩。这些业绩被它们走过的大地非常详细地记录下来。后来,关于这些开天辟地的动人故事通过歌曲和舞蹈一代代流传下来,一直流传到海岸，流传到卡彭塔利亚湾。了解了这些，亚历克西斯·赖特笔下的蛇神、海怪、鱼群、鹦鹉、巨浪滔天的大海、拔地而起的龙卷风都在我的眼里一下子变得那么鲜活、那么生动，都成了一种象征，都充满生命的活力。而与之血肉相连的故事中的人物，也骤然间变得栩栩如生，跃然纸上。他们一个个走到我的面前，开始用心灵和我对话。只有这时，我才懂得了他们的喜怒哀乐、爱恨情仇；我才走进他们的内心世界，听到他们灵魂的声音，也只有这时，我才具备了翻译这本长篇小说的能力。

由此可见，文学翻译，绝不是一般意义上的翻译；文学翻译家，也绝不是普普通通的翻译匠。作为"再创作"的艰难过程，文学翻译必须遵循文学艺术的客观规律，文学翻译家必须像作家那样，熟悉自己翻译（创作）的对象，熟悉他们的生活，才有可能翻译出一本好书。我花了两年多的时间翻译《卡彭塔利亚湾》，不能说译得多好，但我从中学到了许多有用的东西：一是对澳大利亚原住民有了更多的了解，二是对文学翻译本身有了更深刻的理解，尽管在这条路上，我已经脚步不停地跋涉了30多年。

译　文

一个部落齐声呼喊：我们已经知道你的故事了。

钟声到处回响。

教堂的钟声呼唤信徒们到泰布伦克尔。天堂之门将在那里打开，但是对坏人大门紧闭。钟声召唤天真无邪的黑人小姑娘从一个遥远的村落走来，在那里，叼着橄榄枝的白鸽永远不会落地。星期日，从教堂回家的小姑娘们环顾四周，语气平淡地宣布：阿迈戈登来了。

从老祖宗的故事中流传下来的那条大蛇——一个比暴风雨中

的乌云还大的怪物，满载他自己创造的"穷凶极恶"，从星星上盘旋而下。如果你一直用飞翔在大地之上、苍穹之下的鸟儿的眼睛观察，就会看见它的动作十分优雅。俯瞰大蛇湿淋淋的身体，你会看到它在古老的太阳照耀下闪闪发光。那是远在人类学会思考问题之前。那是几十亿年前，它从天而降，肚子贴地，在卡彭塔利亚湾潮湿的泥土之上笨重地爬来爬去。

这条富有创造力的大蛇一头扎到地下，穿过滑溜溜的泥滩，身后留下的地洞塌陷下来，发出雷鸣般的响声，形成深深的峡谷。海水翻滚着滔滔巨浪，沿大蛇留下的"尾迹"，潮水般涌来，原先湛蓝的波涛，很快就变成黄色的泥汤。那泥汤注入蜿蜒曲折的沟壑，形成一条条弯弯曲曲的大河，流淌在海湾辽阔的平原。大蛇爬过海水漫过的平原，爬过盐碱滩，爬过盐渍的沙丘，穿过红树林，进入内陆，然后又回到大海。它在沿海岸线的另外一个地方冒出头，又向内陆爬去。在它的"尾迹"创造了许多条河流之后，它又创造了最后一条。这条河和以前的河流相比，不大也不小，它对那些压根儿就不知道它的人颇为不满，而且绝不会因此而表示歉意。这也正是大蛇在巨大的石灰岩地下河床网络下面居住的地方。人们说，那儿地质酥松，气孔很多，什么东西都能渗入。清新的空气，宛如贴在河边居民身上的一层皮肤。

——李尧译亚历克西斯·赖特《卡彭塔利亚湾》

英译泰戈尔诗歌的艺术特色

白开元

为纪念泰戈尔诞辰150周年,5年前我着手翻译诗人的8个英文集子,即《吉檀迦利》《新月集》《飞鸟集》《园丁集》《情人的礼物》《渡口集》《采果集》和《游思集》,2010年9月译完,相继由中国广播电视出版社出版。

出版社在每个译本中附上英语原作,并希望我为每首诗写简析。我从泰戈尔英文作品选第一卷的附录中寻找原作。附录中有每首诗的孟加拉语原作题名和所属集名,用英文字母标出。原作若是歌词,附录中就用英文字母拼出其首行。我手头的孟加拉语泰戈尔全集和歌曲大全也有索引,所以很快就找到与英译诗原作对应的孟加拉语诗集。

泰戈尔8个英语集子的孟加拉语原作,从散文集《随想集》中选了19首散文,从剧本《坚固堡垒》《虚幻的游戏》《忏悔》《国王》《天赐良缘》《离别时的诅咒》《待在地狱》《迦尔纳和贡蒂的对话》中选了18首歌词。此外,除了选译的《毗湿奴颂歌》《保乌尔民歌》《印地语情歌》和少量直接用英语创作的诗,其余的孟加拉语原作无论是抒情诗、叙事诗还是《歌曲大全》的歌词,全有严谨的格律形式。

在翻译和撰写简析的漫长过程中,我逐渐领悟到泰戈尔诗歌的艺术风格和审美思考。

泰戈尔出身于书香门第,排行第14,几位兄长是蜚声孟加拉文苑的诗人和戏剧家。泰戈尔受兄长的影响和家庭艺术氛围的熏陶,从小酷爱文学,广泛涉猎国内外名著,汲取了丰富的艺术营养。他从8岁开始写诗,经过40余年的磨炼,到50多岁开始翻译诗歌,已能驾轻就熟地运用各种诗歌艺术手法。

白开元

泰戈尔自己翻译原作,无一例外地采用散文诗体。诗人从小学习英语,读过包括莎士比亚在内的诸多著名诗人的佳作,曾两度到英国短暂进修,可说是精通英语。但英语毕竟不是他的母语,读懂英语诗和用英语写诗终归是两码事。诗人显然明白,把他的孟加拉语诗歌译成英语格律诗,是他力所不逮的。所以,他采用散文诗体裁把原作译成英语。

但在不多的几首译作中,依然残留格律诗的框架。比如《吉檀迦利》第79首四个诗段的最后一句都是:"让我一刻也不忘记,让我在梦中在苏醒时都满怀悲戚。"《新月集》的《仙境》三个诗段的最后一句都是:"在阳台的角落里,栽罗勒草的花盆放的地方。"复沓手法的运用,增强了诗歌的旋律,给读者留下深刻印象。而在第35、第36、第57等诗作中,则采用排比或递进手法,节奏和谐明快。

诗人的英译本之所以风靡世界,原因之一是诗人成功调动诸多诗歌要素进行翻译,让读者从译文中体会到美感。

拟人手法在泰戈尔英译本中随处可见。诗人赋予季节时辰、日月星辰、神妖动物、花草树木以及抽象概念以人性,构成寓言式的艺术氛围。比如在《吉檀迦利》中:"今天,夏天来到我的窗口,气喘吁吁。"(第5首)

"我的歌儿舍弃了她的全部首饰,她没有衣饰的傲气。"(第7首)诗人通过天地万物之口,表达人生体验,倾诉情感。

诗人擅长把主观情愫贯注于具象,形成别具情味的意象。如《吉檀迦利》第一首"你一再倒空我的心杯,又一再斟满崭新的生命"。心杯的意象是用印度传统美学的模具铸造出来的,形象地诠释了心灵和生命的内在联系。《渡口集》第6首中,"爱的电光"这个意象,彰显爱的巨大功能,体现诗人以爱改造世界、完美世界的人生追求。

象征手法是泰戈尔英译本的艺术特点之一。《游思集》上篇第17首是一首典型的象征诗。小岛、作物、大河、木船、村姑分别是人的栖息地、人一生的成就、岁月之河、时光之舟和驾驶时光之舟的神祇的象征。每个人一生的成就、痛苦和欢乐、奉献的爱,可以装载在时光之舟上,一代代传承下去。但时光之舟上没有人的"立足之地",每个人必然被岁月遗弃,不久就消失在遗忘的深渊里。

把泰戈尔诗歌的英译本孟加拉文与原作比较,不难发现,诗人不是逐词逐句地进行翻译,而是大刀阔斧地改写,与原作相比,英译诗的篇幅均有所缩小。《采果集》第45首至48首是一组悼亡诗,原作是十四行诗,纪念诗人的妻子穆丽纳里妮,全诗弥漫着哀情。诗人翻译时未作背景介绍。第48首这样写道:"女人啊,把美和整洁送回我孤清的生活吧,一似你在世时把它们带到我家里/清扫蒙尘的时间的碎片,把水灌满空罐,恢复被忽视的一切/然后,推开神庙里面的门,点燃蜡烛,让我们在大神面前静静地相会。"

原作中的"爱妻"在译文中改为"女人",译作中全无悲伤的情绪,完全可以理解为抒写别后团圆喜悦心情。这种灵活的改动,虽然在内容上略微与原作脱节,却扩充了诗的容量,给读者留下再创作的巨大空间,从而增大诗的内涵。

泰戈尔把他的作品译成英文时，充分考虑了西方读者的审美需求。

泰戈尔信奉梵教，梵教的典籍是古典奥义书，奉创造大神"梵天"为唯一真神。梵教和西方人信奉的基督教，是完全不同的宗教体系，"梵天"和"上帝"也是完全不同的宗教概念。他原作中的"梵天"，直译应为 brahma，但诗人却译为 Lord 或 God，只为印度人熟知的"梵天"变成了西方读者耳熟能详的"上帝"了。

泰戈尔在英译诗中把印度的一些专有名词作了技术处理。比如《园丁集》的第 78 首。原作中青年农民为他的水牛起的名字是"布吐"。诗人翻译时把它改为 my darling（我的宝贝），令读者感到非常亲切。《采果集》第 25 首中写道："黎明尚未来临，长夜之龙仍以阴凉黧黑的身体缠住天空之前，晨鸟是从哪儿找到黎明的歌词的？"原作系《献祭集》中的第一首，诗人把原作中的"长夜之蟒"译成了"长夜之龙"，避免在读者中可能引起反感。

泰戈尔英译本淡化了个性，强化了共性；淡化了民族性，强化了世界性。比如《吉檀迦利》的第 35 首："在那里，心儿无畏，头颅高高地昂起；在那里，知识是自由的；在那里，世界没有被狭小的内宅的院墙割裂；在那里，话是从真理深处说出来的；在那里，不倦的奋斗向圆满伸出手臂。在那里，理性的清泉没有干涸在僵死的陋习的荒漠之中；在那里，灵魂由你引领，奔向不断拓宽的思想和行为——步入那自由的天堂，天父啊，让我的祖国觉醒吧！"这首诗的孟加拉语原作是《祭品集》第 72 首。诗人在原作中祈求大神猛击殖民统治下的"印度"，使之变得像译文中说的那样美好。可在英译本中将"印度"译成了"我的祖国"，这种模糊化的处理使诗跳出国家的阈界，具有了世界共性。

作为一个杰出诗人，泰戈尔在深刻了解西方文化传统和审美情趣的基础上，娴熟地运用诗歌技巧，把他的原作进行脱胎换骨的再创作，提炼成一首首融和哲理、富于美感的佳作,赢得外国读者的广泛认可,为他摘取诺贝尔文学奖开辟了道路。

泰戈尔的成功经验告诉我们:诗歌最好由诗人本人翻译。译者若不是诗人,起码也应知晓并能运用诗歌技巧。翻译不宜拘泥于"信达",应尽力做到"神似",而不是"形似"。无论是诗人或别的译者,都应对读者所在国的文化传统和语言叙事方式有全面了解,遣词造句契合读者的审美习惯,译作才能为读者接受。

这或许就是泰戈尔英译本为有志于把中国文学作品推向世界的我国译者提供的有益启示。

译 文

5

请允许我在你身旁闲坐片刻,过一会儿,我再完成手头的工作。

不对你的脸凝视,我的心不知道休息和安逸;置身于劳作,似在无边的劳碌之海中漂泊。

今天,夏天来到我的窗口,气喘吁吁。一群慵懒的蜜蜂在花林的宫中弹曲。

今天是与你四目相对静坐的美好日子,在恬静、无尽的闲暇里,唱支生命的赞歌。

7

我的歌儿舍弃了她的全部首饰,她没有衣饰的傲气。妆饰会妨碍你我的合一;它们会阻隔我和你;它们的叮当声淹没你的谆谆教诲。

我诗人的虚荣,在你的面前羞死。啊,大诗人,我匍匐在你的足前,让我把我的生命变得朴实、正直,像一管苇笛,让你吹出优美的乐音。

——白开元译泰戈尔《吉檀迦利》

大海的第三岸

杨 炼

"诗不可译",这是一句套话。稍专业点儿的人,会引用美国诗人弗洛斯特的名言:"诗就是翻译中失去的。"此话如此流行,以至好莱坞都借它做了电影名。但,它们真像表面看来那么不容置疑吗?深究一下,事实是:译文并非原作,也无须企图复制原作。诗之译文,必须是诗,又必须是"另一首诗"。它是一种合金,由原作诗人和译作诗人共同浇铸而成。原作越精美严谨,对译作要求高,铸造"合金"的难度越大。"不可译"、"翻译即失去",其实太简单了。该问的是:怎么译?如何迎向那"不可能"——且从不可能开始?

瓦尔特·本雅明总是聪颖过人。他称翻译为"第三种语言",既不同于原文,又不同于普通外文,而是两者之外独具一格的东西。正像铜锡混合成青铜,避开了铜之脆和锡之软,却变得既硬且韧,像另一种元素,让伟大的商代艺术家,熔铸成华美的镇国之宝。换个实在些的比喻,翻译不是砍树,而是植树。砍下的树桩,挪到另一片土地上,也死定了。而植树者是"潜泳者",她(他)沿着叶梢、叶脉、树干、树根潜回作品源头,又从原创经验中,带着对原作构成的全部理解,用另一种语言生长出译文之树。这同根异株,形象当然不同,却又活生生一派神似。"第三种语言"好像在说:诗歌的大海不仅有两岸,更有第三岸。它在诗人和译者的良性对话

杨炼

中,让来自不同的语言敞开自身,按最佳配方被再"发明"一次。这化学之变美丽、神奇、迂回曲折,非亲历者不能尽享其妙。由是,在一次英国 BBC 文学采访中,当我说"诗歌翻译同时是失去和获得"时,那位著名主持人竟然惊奇地瞪大了漂亮的眼睛。

中英诗歌翻译的"传统"堪称丰富,且代表了译诗的两种极端方式:阿瑟·威利式的文笔流畅和庞德式的观念独创。前者翻译的唐诗,有公认的英诗之美,其韵律、节奏、形式工整,活似出自英语母语诗人之手。大约因为形式挑战的严峻,威利稍稍回避在思想、文笔上"双线作战",而更乐意翻译白居易之类平白流畅的作品。和他相反,大诗人庞德的兴趣,恰恰聚焦于最艰深的语言学本质。他从汉字的构成引申出"意象"观念,强调用具体、结实的形象涵括思想,一举改造了英诗整个面目。当德语的里尔克还津津乐道于"天使"、"玫瑰"等空泛象征,英语的艾略特已砸下"黄昏像个麻醉了的病人躺在手术台上"了。威利和庞德两位大师并不知道,他们几乎超前一个世纪,开启了今天全球化语境里的中英交流之门。中文和英文,一个 3000 年从未间断自身之内的创造性转型,一个作为国际通用交流媒介,覆盖了地球上最大的面积(唉,如今中国街头,不冒一声"拜拜",谁还会分手告别呢)。因此,中英交流的思想意义,远超出两个语种,而令全球化处境显形,更启发着每个人应对这处境的方式。这场时间和空间的对话,碰撞、探测、交汇出的,正是 21 世纪人的存在。

大海的第三岸是就"诗歌探测大海"而言,"诗歌探测大海"意在指出两个层次:具体诗作和它们的"原版"——在精神困境中思索的人生。中国的20世纪,除了风暴还是风暴,别说港湾,连平静些的海面也没有。但不止于此,今天,被全球利益化、玩世不恭化逼近(注意:这"逼近",是被逼着互相靠近之意)的世界上,哪个文化能洁身自好、优雅独处?用任何语言写下的每首诗,都是一架深海探测器,用语言这根震颤的探针,穿透自身的大海,遥感探测着每个大海的海底地震。诗人互译,就是探针尖端的轻轻一碰。这里的"互译"是广义的,它不拘泥于固定诗人的"一对一",而更着眼于中英两个语种之间,"相遇"的各种可能性。一种更广义、却恰合其本意的"一对一"。"同根异株"的诗歌玉树,来自人生又还原为人生,让人类在"根"上互相读懂。因此,这本书绝非泛泛的文化观光,其实是一个命运共同体。诗歌以其开阔,回馈创造者,并荣膺"唯一的母语"之名。

过去历年来中英诗人交流的成果显著:2004年,中英诗人首次在中国山东万松浦书院互译。2005年,在苏格兰"湾园"艺术中心互译。2006年,中坤诗歌发展基金会组织的帕米尔之旅上,诗人对此项目进行深入探讨。2007年,在安徽黄山组织的中英诗人互译对话(我还记得,和尼日利亚诗人奥斐曼比较非洲口头文学音乐性和汉语音调那个美妙的瞬间)。2008年,在英国威尔士和伦敦举行的"黄山"诗歌节——世界上首次在中英两语种间举行的诗歌节,英语诗人来自英国、美国、新西兰、尼日利亚,展示出被不同文化背景"改造"了的英文书写。之后的大动作,是2008年到2012年,历时4年多,由我和英国诗人威廉姆·赫伯特(William Herbert)牵头,由当今中诗英译最强译者布莱恩(Brian Holton)和中文诗歌批评家秦晓宇加盟,共同主编的《玉梯》英译当代中文诗选。它厚达近400页,从原作选择、全书结构,到译文完成度,都堪称一部"极端之书"。它通过诗歌,翻开了当代中国现实、思想、文化的一切层次。全书6个部分,基于6种诗歌形式:抒情诗(直接和古典中国最重要的诗歌传统建立"创造性对话");叙事诗(直面传统汉语诗的最弱项);组诗(以结构完成思想的深层表述);新古典诗(骄傲的"形式主义");实验诗(汉字观念艺术);长诗(从语言学的海底,穿透层层海流,直到现实的风暴尽收眼底)。《玉梯》被称为过去30年中国的"思想地图",恰如英国资深诗刊《诗歌评论》的主编菲奥娜·辛普森称赞"黄山诗歌节":"每个细节都建立在对诗歌的深刻理解上。"没错。因为这"理解"的地基,正是几年来进行的诗人互译。这一系列持续深化的活动,被我称为"思想-艺术项目"。没有它,急剧变化的"中国"这部大书,很难被打开,更别说读懂了。诗歌其实在赋予我们把握人生的形式。通过翻译,让我们潜入、品尝着对方那个大海的滋味,更清晰了自己之所在。啊,同时拨动两个大海的波浪,我们飞鱼似的身体多么畅快!

毋庸讳言,诗人译诗有弱项有长项。弱项是外语能力。很少有诗人顶着"翻译家"的头衔,因此,无需避讳我们外语的局限。但,更该关注的是我们的长项:那就是对任何诗意疾如闪电的深彻领悟。这颇像我的另一个命题:"一座向下修建的塔"。那领悟,自顶上灌下,驱策着诗人的浑身器官,向语言敞开。一串"不得不":苛刻的阅读、残酷的追问、再创造的痛苦和快感。无数"为什么":这个结构、形式、节奏和意味如何互动?在随意找路的自行车上飞翔惯了的诗人,现在成了火车司机,铁轨上有任何石头,只能撞上去。我们的工作与别人想象的漂亮身段相反,下的其实是极笨的功夫。两个诗人(有时加一个快递语言的"通译")头挨头,眼盯眼,紧抓笔记本,生怕漏掉任何一丝信息。这哪是阅读?明明是手术室,一个个意象、一行行句子,解剖一首诗的肌理骨骼,还要再吹一口仙气,让它活过来。触发这首诗的人生感受是什么?它的历史背景、文学传承、文化挑战是什么?阐释权并不总在原作诗人手里,因为"探针"刺探得同样专业。谁想靠一句"诗不能解释"推托,或靠躲进意象游戏藏拙,逃不过那架显微镜。这里有两个关键词:一、深刻的(Profound);二、专业的(Professional)——请注意它们的英语谐音——令无论翻译或被译的诗人,同样经受考验。好在,我们做这件事的前提,就是乐意经受这考验。看看自己的作品,在他者审视下,还是否有意义?是被审读砸成了碎片,抑或一个大海汹涌进另一个大海?检验结果也确实有趣:原作越缺乏想法,翻译越容易。一堆原料,可供译者任意"炒菜",且经常译作比原作更有味道。反之,从形式到内涵精密讲究的原作,则逼得译者绞尽脑汁、左冲右突,还常常自叹弗如。举我自己的例子,帕斯卡尔·帕蒂的《镜兰》很聪明,她激我:"这首诗,只有你能翻译"。唉,拿到手才知道那句话什么意思!诗中圣·琼·佩斯式的长句,绚丽繁复又张弛有致的意象,被英语语法灵活而不失严谨地掌控着,却正点到中文语法松散的"死穴"。比如一句:"the fossil - flowers with stone petals and sulphur stems",谐音中两个"f"和六个"s",绞缠如两条响尾蛇。我只能以中文"化石花有石花瓣"("化石"、"石花"音响对照)来应对。肖·奥布莱恩的《另一个国家》,把一首酸涩的政治诗,用严格的韵脚变得极其精美,我也不能落了下风。乔治·塞尔特斯的《水》,韵式 AB 纠缠、顿数一丝不苟,译文必须全场紧逼盯人。他的《疯人院》更绝,一个犹太背景的诗人写的英语诗中,竟用上了一个令人笑不出来的德文词"身体好"。天哪!这怎么办?我灵光一现,把它译成了"二战"特色的日本侵华语言——"强壮大大的"。

  参与中英互译的诗人,大半是中壮年一代作者。这里有年龄因素,他们代表了一个语种的"此在",其人生经验、思考成熟,创作能量最足。但更重要的,是我们亲历的全球化语境(或者我该说"困境"),让我们懂得这深度交流,不仅重要,而且必须。自人类有诗歌史以来,诗人首次如此自觉:大海只有一个。你或者跃入它游得更深更好,或者干脆就不沾水。互译的潜台词是互相检验:多重文化系统参照下,一个诗人的创作还是否"有效"?全球化的推土机,碾平了此前一切群体依托:民族、国家、文化、语种、意识形态甚至东西方分野,只剩下"一个人和宇宙并肩上路"(拙作《叙事诗》)。而这条路,并非仅仅"向外"走向世界,更是"向内",世界的分量归根结底又都落到一个人身上。这才是互译之真义:我们字斟句酌、一层层分享的,正是每个文化深处追问自我的能量。它聚焦于这"第三种语言"中,让发现"大海的第三岸"既超越地理也超越狭隘的文化心理,而归纳出"人"共同的精神历程。那么,"第三岸"是不是正从海底和天空,同时挖掘和俯瞰着我们？我形容过,网络生态犹如大海,文化是船,而诗是船底的压舱石。诗歌稳住那条船,不准它东摇西晃、随波逐流。"大海的第三岸"上,只要你感到一首诗的"好",它就是你的。任何志愿者,写、译、评、读,哪怕初学外语擦过译诗,都正在"第三岸"上登陆。它,在,我,们,内,部。一条跨越时空、连绵不断的海岸线,正在织成诗人互译的世界网络,这才是真正的、辉煌的"思想 – 艺术项目"。

译　文

一

冬天,老高光灯塔说着
海风的语言
和电子:冷解开自己,一片
接一片,绕着抽泣的边沿。

春天,它又一次发现阳光,
从它铅皮遮盖的眼球
削落云朵如鸥鸟,大地的风喃喃
贴紧塔内的平台,口吃而锐利。

但在夏日迟暮和黑暗中它吐露
自己的方言:猝然如一口楼梯的深井
寂静如一条门廊被灯的开关
一抖,它教我如何去听。

——杨炼译 Bill Herbert《仲夏光的夜屋》

我和文学翻译

马爱农

走上翻译之路

我一直觉得自己是个幸运的人,比较早就找到了愿意一生从事的工作,并在事业起步时得到最有力、最无私的帮助。20世纪80年代,很偶然的一个机会,一位朋友从日本带给我一本红封面的英语小书《绿山墙的安妮》,说这本书在日本深受欢迎,其中部分篇章被选入语文教材。当时我是大学英语系三年级学生,读过一些英语文学原著,但对这个红头发姑娘的故事并不熟悉。没有想到的是,我一读就再也放不下来。安妮飘然灵动的想象力深深地吸引了我,那些充满童趣和幽默的情节让我喜爱,加拿大爱德华王子岛的美丽风光令我陶醉和向往,一个强烈的念头占据了我的心:这么好的作品,为什么不把它翻译过来,让更多中国读者看到呢?

也是偶然的机会,那一年我在大学选修了编辑学,老师教我们如何策划图书、申请选题,于是我满怀热情地写了《绿山墙的安妮》的选题计划,报给中国文联出版公司。选题得到批准后,我就以高涨的热情开始翻译这本书。我的祖父是商务印书馆的一位老译审,一辈子从事翻译工

马爱农

作,得知这一消息专门从北京赶到南京,为我指点、把关。那个暑假,在火炉似的南京,面对要翻译的第一本书,我的心情非常虔诚,但翻译技法却是稚嫩和笨拙的。祖父在另一个房间伏案工作,用红笔在我的译稿上逐字修改,几乎每句话都经过他的调整和润色,经过修改的稿件总是通红一片。祖父说话不多,并不给我长篇大论地上课,但偶尔会点拨几句,"宾语不要放得太远"、"连词不要用得太多"……经过近两个月的努力,书稿终于完成,我恭恭敬敬地抄写一遍,交给了出版社。

那两个月里我学到了太多太多的东西,可以说为我一生的事业打下了基奠,我尝到了翻译的快乐,也初步感受到翻译既是一门学问也是一项技能,需要不断地用心揣摩,总结规律,也需要用大量的实践去积累经验,提高技巧。

翻译是一种快乐

20多年来,翻译,尤其是文学翻译,带给我的快乐是无穷的。阅读文学作品,如同透过一扇扇窗口观察别人的生活,获得别样的人生体验。而翻译文学作品,则让你潜入作者内心,进入他的思维轨迹和情感氛围,喜怒哀乐都与他同步,感同身受地体会文学大师的精神活动。对我来说,这种忘我的陶醉远远超过阅读,超过欣赏戏剧和电影。《绿山墙的安妮》使我深深迷恋翻译,从此欲罢不能,这些年来几乎从未停止过文学翻译。

美国作家安妮·普鲁的《船讯》,使我感受到在荒凉粗犷的纽芬兰,那些认真生活的普通人之间的脉脉温情。爱伦·坡的短篇小说让我透过大师的眼睛,窥探人类精神领域晦暗的、深不可知的层面。翻译弗吉尼亚·伍尔夫《到灯塔去》的那几个月,我跟随作家沉浸在对女性意识和生命本质的探究之中……而带给我更多快乐的,是我翻译的那些儿童文学和青少文学作品。《绿山墙的安妮》《花季的安妮》《小王子》《绿野仙踪》、"哈利·波特"系列、《五个孩子和它》《黑骏马》《古堡里的月亮公主》《玉女神驹》《地海巫师》《寂静的星球》《汤姆的午夜花园》《对女巫低语》《咯咯精的招数》《猫头鹰王国》……

我翻译的文学作品,有些是流传不衰的经典名著,有些是当代作家的最新作品,作为译者的我,不仅在拿到新出版的样书时体会到成就感和满足感,更在翻译的过程中享受无尽的喜悦,一次次遨游在作家用想象力构建的奇妙国度里,跟书中人物一起经历种种有趣的冒险,和他们一起欢笑、一起忧愁、一起愤怒和恐惧。我模仿他们说话,替他们表达思想,我尽可能地把信息和情绪传递过来,让译文的信息和情绪尽可能地接近原著。霍格沃茨神秘幽深的过道、魁地奇比赛时背景中的城堡和蓝天、小王子星球上的那朵玫瑰花、爱德华王子岛的红色土壤和蓝色大海、绿野仙踪里的那条黄色小路……都曾那么清晰地出现在我的眼前。

我理解的文学翻译

就像我上面说的,翻译,就是尽可能地传达原作者所要表达的意思,而文学翻译,除了传达内容之外,还要把原著里的情绪、氛围和意境也有效地传达过来,使中文读者通过译文,得到与英语读者读原文时相同的信息和感受。

一直以来,大多数人理解的翻译标准是"信,达,雅"三个字,而我认为,一个"信"字足矣。这里的"信",不只是文字的忠实,而且是情绪、情境、风格、技艺等诸多方面的忠实。翻译是一种再创作,这话不假,但这种创作是有框架的,译者发挥想象,调动情绪,遣词造句,只有一个目的,让他的译文尽可能地与原作相吻合,尽可能地填满由原作者设定的框架,任何不足与外溢都不是合格的译文。做到了"信",也就是充分表达原作的内容、情绪、氛围、意境。他流畅,你也要流畅;他简洁,你也要简洁;他啰唆,你也要啰唆;他优美,你也要优美;他生涩,你也要生涩;他结结巴巴,你也要跟着结巴起来。

美国乡巴佬和英国绅士绝对不能用同样的口吻说话,狄更斯和海明威也绝不能用同样的文笔去传达,翻译爱伦·坡时所表达的情绪,当然也跟翻译《哈利·波特》时完全不同。如果翻译儿童文学作品,却把孩子们之间充满童趣的对话变成大人腔调,那么不管多么流畅优雅,都不是"信";如果原文塑造的是一个粗人形象,到了译文里却变得温文尔雅,说起话来文绉绉,也不是"信";如果原文的基调是晦暗沉郁的,翻译过来却变得轻捷明快,更不是"信"。

文学翻译工作者

怎样才能成为一个好的文学翻译工作者呢?我认为首先要喜欢文学,喜欢读书,喜欢文字,喜欢翻译。文学翻译是一门清苦而寂寞的工作,只有真正喜欢的人,才能耐得住寂寞,踏下心来细细揣摩,并从中得到乐趣。很难想象一个并不爱好文字的人,能够充分体会和传达文学作品的精妙。

做文学翻译,想象力的作用非常重要。只有自己想象出原作中的一切,看见那些画面,听见那些声音,感觉到那些情绪,才能准确而有效地把它们传达出来。大量阅读文学作品可以锻炼和提升想象力,增强文学的感悟力。不爱读书的人,势必也译不好书。

扎实的中英文功底更是不可缺少的。有些人以为英语好就能做好翻译,其实中文好同样非常重要。好的英语能帮助译者准确深刻地理解原文,但如何传神到位地表达出来,就需要译者有深厚的中文素养。句子要贴切、灵动、传神,选词要准确、表现力强,所有这些都有赖于平时的阅读积累。许多英语专业的学生进入大学之后就很少再读中文作品,这对于从事文学翻译来说是很不利的。

翻译的实践和技巧

翻译同时也是一种技能,可以熟能生巧,翻译的实践比理论更重要。只有大量接触两种文字,从事两种文字之间的转换,才会在不知不觉中积累经验,并总结出许多规律性的东西。空谈理论的人,很难做好翻译。作为出版社的编辑,我曾几次约请在大学里教授翻译理论的老师翻译文学作品,结果却大失所望,有的甚至做退稿处理。

翻译技能的提高主要在于自己的实践,但有时候别人的点拨也很重要。除了祖父给我的启蒙指点,后来在翻译实践中我也几次得到前辈老师们的教诲,有时一个点拨会令我豁然开朗,让翻译进入一个新的层次。比如,那一年我和马爱新翻译《男孩彭罗德的烦恼》,由我们出版社的老编辑陈馥担任责任编辑,她看完稿件之后跟我说的几句话,我一直受益至今。她说,英语里,他是 he,她是 she,它是 it,放在一起说并不重复,指代关系很清楚,不会引起误解,而放在中文里,尤其是在对话中,只有一个读音"tā",这时候就不能完全跟着原文走,而要把具体的指代对象交代清楚——"记住,不要让'他'、'她'、'它'打架!"我在译文里用了一个"邮递员",陈馥老师说,彭罗德的那个时代,不应该说"邮递员"而应该说"邮差"。我羞愧地说:"哎呀,我不知道。"她说:"你不知道'邮差'吗?你肯定知道,之所以没想到,是因为没有完全进入作品那个时代的氛围。"从那以后,我在翻译和审读译稿时会经常提醒自己,不要让"他"、"她"、"它"打架,不要出现脱离作品语境、"格格不入"的词语……

去年春天,我参加蒙特利尔蓝色都市文学节,在会上介绍了我这些年所做的文学翻译和对翻译的感受。会后一位教授对我说:你很幸运,一直在做自己喜欢的事情,并不是每个人都有这么好的运气。

是啊,我愿意沿着这条路一直走下去,不辜负上天赐予的这份好运。

译 文

以下是奎尔一生中几年的经历,奎尔出生于布鲁克林,在一堆阴郁的州北城镇中长大。

一身荨麻疹,三天两头闹肚子,他挣扎过了童年;在州立大学,他一只手捂着下巴,用微笑和沉默掩饰痛苦。他跌跌绊绊地活到三十多岁,学会了把感情同自己的生活分开,不指望任何事情。他食量大得惊人,喜欢熏猪蹄和黄油马铃薯。

他的工作:自动售货机的发糖员,一家便利商店的通宵服务员,三流新闻记者。三十六岁,满怀失去亲人的悲痛和爱情受挫折的失意,奎尔离开美国去了纽芬兰——他祖辈生活的那块礁石。他以前从未去过那里,也从未想过要去。

一个多水的地方。奎尔怕水,不会游泳。父亲曾一次次掰开他死命攥住的手,把他扔进游泳池、小河、湖水和海浪中。奎尔尝够了咸腥味和水草的滋味。

小儿子学不会狗刨,父亲从这一件事上看到其他失败像恶性细胞一样繁殖起来——口齿不清;坐不端正;早上起不来;态度不对头;志向和能力不行;总之是一切方面的失败。他自己的失败。

奎尔走路蹒跚,比周围的孩子高出一个头,为人软弱。他知道这一点。"啊,你这个蠢货。"父亲说,他自己可不是个无足轻重的人。哥哥迪克是父亲的爱子,奎尔一走进房间,迪克就做出呕吐的样子,嘘着朝他说:"猪油脑袋、鼻涕虫、丑猪、疣猪、笨蛋、臭气弹、放屁桶、肥油包。"对他拳打脚踢,直到奎尔抱着脑袋缩成一团,在油地毡上啜泣。一切都源于奎尔最主要的一个失败,长相的失败。

他的身体像一块巨大的长方形湿面包,六岁就长到了八十磅重,到十六岁整个人都埋在一堆肉里。脑袋像一个大容量的鲥鱼斗,没有脖子,发红的头发皱巴巴地朝后长着。五官皱缩得像被吮过的手指尖。眼睛是塑料色的。特大的下巴像块畸形的隔板突出在脸的下部。

他爸爸生他的时候,某种异常的基因闪现了一下,像封了火的煤堆里突然爆出一颗火星,造成了他巨大的下巴。小时候他想了许多办法转移别人的视线,比如用右手飞快地捂住下巴。

他最早意识中的自己是一个遥远的人:那边,视线的中心是他的家庭;这里,在远得几乎看不见的地方是他自己。十四岁前,他一直想象自己是出生时被换错了,在某个地方,他真正的父母抚养着那个换错的婴儿,时时刻刻想念着他。后来,他在一盒旅游纪念品中,翻出了几张他爸爸及其兄弟姐妹在船上的照片。有一个女孩似乎与其他孩子格格不入,她眯着眼睛眺望大海,好像能看到一千英里以南的目的港。奎尔从他们的头发、腿和胳膊中认出了自己。那个穿着缩小的毛衣,手叉在胯上,一副顽皮相的胖小子便是他爸爸。照片背面用蓝铅笔写着:"离开老家,1946年。"

——马爱农译安妮·普鲁《船讯》

从《芬尼根的守灵》的标题谈全书的翻译

戴从容

我第一次接触《芬尼根的守灵》(以下简称《守灵》)是在 1995 年,当时准备写一篇关于乔伊斯的课堂报告,《守灵》是乔伊斯为数不多的长篇之一,属于必读书,于是我就这样在毫无准备的情况下打开了这部很多人认为不可读的书。不少人大概也是在类似情况下开始《守灵》之旅的,从这点说,是乔伊斯的名声成就了《守灵》。

这种毫无准备的阅读对多数著作来说并无大碍,甚至是常态,但是以这种方式阅读《守灵》往往读不完 3 页,因为《守灵》是一部需要借助参考资料来阅读的书。乔伊斯自己也知道这一点,还在创作的时候,他就不断向资助他的韦弗女士、向包括贝克特在内的他的那些追随者、向《守灵》的法语译者解释书中许多词语的含义。如今,他的解释性笔记已经成为《守灵》研究不可或缺的参考资料。幸运的是,经过 70 多年,而不是他自己所说的 300 年的共同研究,《守灵》的很多词句都被或多或少地破译了出来,这在一定程度上应当归功于当代便捷的信息交流手段。

不过,如果不想淹没在成堆的解读书籍中,乔伊斯也给了读者另外一条解读线索,那就是听。他在《守灵》中明确说"她自由写下的东西,如果对照耀的眼睛来说是惊恐,对分析的耳朵来说就是充满希望"。他常常给别人朗诵《守灵》,不少人听了之后说他们明白了,虽然读的时候看不懂。

戴从容

之所以会这样，是因为《守灵》中不少词语的拼写改变了，但是读音却仍然相近。事实上，在文艺复兴之前，并没有统一的标准英语发音和书写，古英语和中古英语中的许多拼写是依据当地的发音，这就造成了古英语和中古英语中一个字可以有不同的写法。《守灵》根据发音造字，不求拼写的一致，正是回到英语形成的早期阶段。通过重归这种读写原则，乔伊斯在一定程度上把语言拉回到了它们久远的过去。

《守灵》的标题正是利用这一原理创造出来的。表面看"Finnegans Wake"可以译为"芬尼根们苏醒"，但实际上，这个标题是对19世纪50年代流行的一首爱尔兰民谣"Finnegan's Wake"的改写，其中的Finnegans（芬尼根们）与民谣中的Finnegan's（芬尼根的）发音完全相同。对于一个爱尔兰读者来说，如果只听不看，他完全会以为自己接下来听到的将是那首早已耳熟能详的民谣；而对一个只看不读的外国读者来说，则会把标题简单翻译为"芬尼根们苏醒"。但事实上，这个标题的翻译曾让中国研究者大费周章，至今没有定论，丁振祺还在1998年撰文讨论了已有的各类译法。看似普通的标题之所以在翻译上引起如此大的混乱，是因为《守灵》的标题其实是典型的《守灵》自造语言的例子，翻译中遇到的困难正是《守灵》翻译困境的体现。

这个标题是乔伊斯经过苦思冥想才确定的。在提笔创作的很长一段时间里，他都称这部作品为"正在进行中的作品"，这同样是一个富含深意的标题。事实上，无论研究者解读到何种地步，《守灵》都将永远是一部"正在进行的作品"，因为乔伊斯通过他的造词方式赋予了《守灵》前所未有的解读多重可能性，却没有设定解读的限度。拿"baubletop"来说，这个词可以解为 Babel Tower"巴别塔",上帝变乱人的语言之前人类共同建造的通天塔,但今天这个词更常用来指语言的混乱。"巴别塔"这个词在《守灵》中以各种变体不断出现,在乔伊斯的心目中《守灵》就是一座巴别塔,既变乱了我们已有的语言,又带给我们通天的希望。不过,至此"baubletop"的解读并未结束。黑尔马特·本赫姆在《〈守灵〉德语词典》中提出 Bau 是德语词,意思是"建筑",同时这个词中显然也包含着英语的"top",意思是顶部或顶点。两者因此可以合解为"建筑的顶部"。这个翻译似乎更合乎上下文,因为该句说的是一个傲慢的大建筑师从顶部跌落。不过,这个顶显然不只是建筑物的顶,也是建筑艺术的顶点,这完全符合易卜生的戏剧《大建筑师》中主人公索尔尼斯精神和身体的双重坠落,而《大建筑师》正是《守灵》反复提及的一部作品。此外"baubletop"中还包含英语"bauble",意思是华而不实的小件装饰品、无价值的东西,这或许是乔伊斯对《守灵》的自嘲,甚至是对一切人类创造的嘲讽。不过,"baubletop"的解读仍未穷尽。如果其中的"bau"可以单解,那么"let"(让)是否可以单解,是否可以再解读出"able"(能够)、"audible"(听得见的)、"bubble"(水泡)、"tabletop"(桌面)、"doubleton"(所发 13 张牌中某一花色仅两张的牌)?因为根据《守灵》的造词法,这些解读都是可能的。而且如果放到其他语种下,是否会有更多的解释?由于这一句中的其他词语很多都可以做类似的多重解读,全句除了可以看出有东西坠落外,具体的细节都无法确定,这就使"baubletop"的众多解读都有了可能性。这样的解读方式使《守灵》成了名副其实的"正在进行的作品",书的出版并不意味创作的结束,反而正是读者创作的开始。本雅明在《译者的任务》中说"即便有着固定含义的词语也会经历一个成熟的过程",乔伊斯同样洞见到文学作品身后的成熟过程,而《守灵》的造词法正是"点燃了作品的永恒生命之火"。就这点来说,"正在进行中"的标题准确概括了文本永恒衍生的可能性。

不过,乔伊斯最终还是选择了"Finnegans Wake",因为"正在进行中的作品"只说出了《守灵》的一个状态,而"Finnegans Wake"同时将个体与群体、民俗与政治、历史和未来联系了起来。"Finnegans Wake"的视觉层面"芬尼根们苏醒"指向爱尔兰19世纪至20世纪初的民族解放运动,群体的苏醒象征着民族的复兴。而Finnegans与Fiannias(芬尼亚们)和Fenians(芬尼亚会会员们)字形相近,前者是爱尔兰传说中中世纪早期一群随时等待共主召唤、起来保家卫国的爱尔兰勇士,后者是1858年成立于美国的爱尔兰民族主义者团体,以爱尔兰的独立为目标。《守灵》的创作开始于1922年,正是爱尔兰自由邦建立的那一年。这对善于把自己的创作与各种历史事件结合在一起从而获得神秘联系的乔伊斯来说无疑具有重要的意义。对他来说,他的创作伴随着爱尔兰民族独立的开始,经历了之后的内战、冲突和波折。虽然《守灵》结束于爱尔兰共和国成立之前,但乔伊斯已经用"wake"(醒来、苏醒)指出爱尔兰成为独立民族的曙光已经出现。

但是,如果《守灵》只停留在现代政治层面,它不会具有今天这样丰富的生命力。在《死者》中写下"该是动身去西方旅行的时候"时,乔伊斯就明白现代生活不可能与爱尔兰普通民众的历史分道扬镳。一部永恒的作品不能只记载精英们的政治活动,而必须与普通的爱尔兰民众几千年来的生活传统联系在一起,这个传统不管好坏,无需评价,它是人类的经历,是集圣人与野兽于一身的人类不可避免的命运。作为"Finnegans Wake"的声音层面的"芬尼根的守灵"指向个体泥瓦匠芬尼根的故事,他因为酒醉从墙上跌落死去,却因为他的守灵仪式上发生争斗,有人将酒洒在他身上而复活。芬尼根的故事也是数千年普通爱尔兰人的生活经历。他酗酒是乔伊斯眼中爱尔兰人国民性的体现,他的守灵将读者引向爱尔兰几千年的民间传统,他的歌谣是民间文化世代不衰的传扬方式。

就这样,乔伊斯以天才的语言能力,将"Finnegan's Wake"稍加变形,成为"Finnegans Wake",就举重若轻地使作品标题同时获得了丰富深远的历史、文化和政治内涵。而这不过是《守灵》全书词语变形的一斑,类似的内涵丰富的变化在《守灵》中俯拾皆是。不仅变形了的词语如此,未变化的词语由于乔伊斯改变了语法和上下文的关系,同样有可能在原来的含义之外加入其他意义。比如 Firebugs（纵火犯）同样有必要解读为"Fir Bolga"，爱尔兰语中的"袋人"，即爱尔兰传说中的第三代殖民者。因为这一段也在讲述爱尔兰的历史，爱尔兰的不少殖民者都被潜藏在叙述之中。面对这样的作品，翻译已经不仅仅是两种语言之间的转换，《守灵》的翻译早已超越了翻译的范围，需要译者研究乃至创作。

在翻译《芬尼根的守灵》的一开始，我曾设想通过词语变形将标题的各层含义都囊括其中，但是由于找不到能够完全对应的中文，最后决定选择其中的一个含义。至于为什么选择《芬尼根的守灵》而不是《芬尼根们苏醒》，是因为我觉得在"守灵"中包含着乔伊斯对生命更深邃而宏大的思考。一个关心爱尔兰民族独立的读者可能更青睐"苏醒"，但我觉得，当乔伊斯把《守灵》写成一条河，从"河水奔流"开始，结尾于向远方的无尽流淌，他更想传达的是人类历史流淌在来自遥远的古代而又向茫茫的未来延伸的河流之中。这河流既是时间之河，也是群体之河。不是河中搏击的少数伟人，而是这条大河才是真正的历史和生活。每个人，如同都柏林酒店老板一家一样，都是裹挟在滔滔人潮中的一滴水珠，组成了奔流不息的人类历史。在这一点上，作为民间传统的"守灵"远比作为政治比喻的"苏醒"更给人传统感，更让人感受到时间的魅力。在乔伊斯最杰出的短篇《死者》中，他觉得死者在隔着窗户望着屋内的人群，而"守灵"这个词再次把死者与生者、历史与现在联系在一起，用《死者》结尾处的话说，"雪花穿过宇宙轻轻落下，轻轻落下，就像他们最终的坠落，落在所有生者和死者的身上"。

（注：本文为作者戴从容在翻译过程中所写，该书出版时定名为《芬尼根的守灵夜》。）

译　　文

幸运的是这个问题|探求|抱怨还有另外一个角度|棱角|康德。是否有哪个家伙，随处可见的那种，也许是为了什么好处某个沉闷的夜

晚才被平静地提起——有着普通家伙的所有常见特征,四十岁左右,胸部扁平,有些虚张声势,惯于在阐述复杂事物时用中间省略法推理,是他伟大的凤阳|芬尼根朝代的后裔,只不过是另一个之子,事实上,曾盯着一封极其普通、写有地址、贴着邮票的信封看了相当长一段时间?应该承认,这只是外表:它的脸是它的财富,呈现出它相貌中所有不完美的完美;它仅仅展示了市民或军人的外衣,遮盖着随便哪种缺少激情的裸露,或者伤痕青紫的赤裸可能碰巧把自己藏到信封下面。然而如果仅仅把注意力集中在任何文件的字面意义甚至心理学内容上,以致令人痛心地忽视为它提供详情的封装着它的事实本身,这种作法对健全理智(并且再加上最真实的品味)的伤害,正如同某个家伙在可能通过另一个家伙被介绍给,比如说,后者熟识的一位女士时,后者结果变成了需要他来介绍的朋友,而该女士正忙于展示祖先|在前的|姐妹精心制定的上楼|在那里礼仪,径直跑开了,突然清楚地看到她完全赤身裸体,宁愿在伦理礼仪的事实面前闭上他那视力不佳的|拼命眨眼眼睛,即她毕竟,就眼下的空间来说,穿着某种无疑成套的|定冠词进化服装,不谐调的产物,吹毛求疵的批评者可能把它们描绘成,或者不是完全必要,或者这里那里有点儿让人生气,但是尽管如此,无疑|突然充满地方色彩和个人香气,而且,也暗示着大量更多的东西,可以被拉长、扩大,如果需要或愿意,可以把它们那些奇怪得似乎巧合的部分分开,他们现在不正是这样,好让行家的巧手更好地检查,你们不知道吗?谁打心眼里怀疑女人气的裁缝|服装一直在那儿,或者比现实更奇怪,怀疑女性化的小说与此同时也在那儿,只不过有点儿朝后|背拱?或者那个可以与这个分开?或者两者那时可以被同时审视?或者每一个都可以离开其他的依次被拿起来考虑?

——戴从容译乔伊斯《芬尼根的守灵夜》

从翻译王尔德谈起

萧　易

一、插图版的由来

《谎言的衰落：王尔德艺术批评文选》是我翻译的第一部著作，回想当年翻译这部书籍的甘苦，不禁感慨倍生。2002年，我在美国印第安纳州开始翻译这部书籍，次年在加拿大多伦多完工。书不算厚，但为之花费的心血良多，如今，我恐怕再也不可能为单独一部书籍花费这么多的心血了。

这部文选收集了王尔德的5篇艺术批评文章，其中4篇被合称为《意图集》。原著本身不附带图片，而我却自作主张把它做成了一部附有155张图片的书籍，理由何在呢？难道是为了赶国内的时髦，不管三七二十一，把书籍都做成东扯西拉的插图本吗？其实不然。最重要的理由是，在翻译的过程中，我意识到王尔德针对艺术的大多数评论都不是信口开河，而是有的放矢，如果不了解他的评论背景，很多语句就无从理解，更谈不上产生共鸣。对于翻译者来说，倘若不根据文章一一对照相关图片，根本不可能对那些复杂含混的语句产生明晰的理解，很可能会

萧易

留下诸多遗憾,乃至贻笑大方。

在这部书中,这样的例子简直数不胜数。譬如,王尔德在书中提到许多历史名画,如丁托列托的《圣乔治从毒龙手上救回埃及公主》、朗克雷的《意大利聚餐》、伦勃朗的《耶稣受难图》、罗马诺的《塞弗拉斯和普罗克里斯》、维诺内塞的《圣海伦娜之梦》、乔尔乔涅的《牧歌》和柯罗的《山林水泽仙女》,等等。跟《蒙娜丽莎》不一样,以上这些名画中国读者多半只有耳闻,无从想象其具体情形,就连艺术史专业的学生,恐怕也不能逐一说出其场景。从目前的国内译本来看,相当多的翻译错误都源于译者对艺术史的缺乏了解,尤其是对这些名画缺乏认识。坦率地说,如果不花工夫去研究艺术史,那么即便是母语为英语的人,也不可能翻译出一部像样的王尔德艺术批评集。更有甚者,王尔德在提到历史上的名画时,往往并不直接指出,相反,他使用的是一种隐喻的语言,稍有疏忽,你就会以为他是在泛泛而谈,而并非谈论一件具体的作品。

在翻译这部书的过程中,我就很多问题跟一位英裔老教授进行了咨询和探讨,对王尔德的这种隐喻描述留下深刻的印象。譬如,在关于乔尔乔涅的《牧歌》的段落中,我曾遇到一个相当头痛的难题,王尔德的原文是:On that little hill by the city of Florence, where the lovers of Giorgione are lying, it is always the solstice of noon, of noon made so languourous by summer suns that hardly can the slim naked girl dip into the marble tank the round bubble of clear glass……这里面提到了一个女孩把"the round bubble of clear glass"浸入大理石水池,但这个"the round bubble of clear glass"(直译为"清晰玻璃制成的圆泡")是什么东西,长什么样呢?我把

原文拿给英裔教授看,他也无从想象,反过来问我,会不会是一种鱼竿上的浮子?我对这个答案不满意,于是跑到图书馆里去查找各种画册,经过一番不易的搜寻,终于被我找到了答案。

其解密过程是这样的。首先,王尔德的第一句话是:"在佛罗伦萨附近的小山包上,乔尔乔涅的情人们正躺在那里,时间永远是正午……"我认定这是在讲述乔尔乔涅的一幅画,但并没有直接提到画名,于是只能尽量翻阅一切文艺复兴时期的画册。我在各种画册中反复搜寻跟乔尔乔涅有关的绘画,最终认定一幅名叫《牧歌》的作品就是王尔德描述的对象。在这幅绘画上,有一个女性手提玻璃水壶,在从水池中汲水,于是真相大白,这里的"玻璃水泡"其实是个水壶,但为了尊重原文,我还是把这句话翻译成了"苗条的裸女不情愿地将纯净的圆形玻璃水泡浸入大理石水槽中去打水"。而在中国文学出版社出版的《王尔德全集》中,这句话却被翻译成了"苗条的裸体少女懒得把她清澈而润泽的头发浸到大理石水池中",跟原文已经完全不符。

类似的问题还有很多,为尽可能准确地表达作者的意图,我竭力寻找相关的背景绘画,常常驱车数百公里到不同的图书馆搜寻画册,尤其是那幅罗马诺的《塞弗拉斯和普罗克里斯》,画家本人和画作都少有人知,而书中关于这幅画的描述又占据了相当的篇幅。我费尽心思,踏破铁鞋,终于在印第安纳大学布鲁明顿校园的艺术图书馆中找到了这幅画,解答了很多疑惑。

出于这些个人的翻译体验,我跟编辑进行商谈,希望能把这部书籍做成插图版,可以澄清翻译上的很多问题,更重要的是,只有通过这样的插图本,读者才能真正领悟王尔德评论的精髓。

二、王尔德翻译现状

前几日，跟一位编辑谈及王尔德的翻译，编辑的反应是，关于王尔德的译著在大陆已经出版了很多种，似乎有炒冷饭之嫌。的确，话是不假，在书店里，王尔德的面孔并不罕见，可是随手翻阅几页，就不禁让人废然兴叹。就拿中国文学出版社出版的《王尔德全集》来说，据说还是一部相对可靠的译著，但也硬伤累累，颇有误人子弟之嫌。根据这些走样的翻译，又怎么可能指望读者会对王尔德的思想有一个准确的认识呢？最不幸的是，这部书籍是众多译者的合成本，其中即便有好的译者，在名声上也会受到他人劣译的牵累。所以，大陆对王尔德的翻译不是太多，而是不够，尤其缺乏的是由单独译者翻译的完整的严谨之作。

当然，有些错误是情有可原的，就拿上文中谈到的画册问题来说，如果手头没有足够的资料，确实很难准确地传达作者的原意。翻译是一项艰苦的工作，译者本人并不敢因为曾经在查找资料上享有一些特殊条件，就信口评讥他人。然而，也有很多基本的文学常识和艺术史错误，只要稍做认真查询，就可以避免，在这方面，译者是不该给自己寻找过多借口的。国内的翻译目前似乎有一种传统，对一切典故或术语都不假思索地随意翻译，不去查询任何背景资料，要么就是译者本人全无人文学科的素养，根本区分不出何为典故。更有甚者，遇到难处，干脆就直接开天窗绕过不译，当其不存在，也是一种翻译上的捷径。

我手中的王尔德译著不多，就拿现有的两部书籍来谈谈，一部是《王尔德全集》，另一部是《狱中记》。在《王尔德全集》中，《圣经》中关于"长子继承权"的典故被译错。王尔德说："我们的确是退化的种族，为一碗'真相'出卖了自己的长子继承权。"而《王尔德全集》中翻译的是:"我们确实是一个堕落的种族,出卖我们生来就享有的权利,去换取一团乱糟糟的事实。""have sold our birthright for a mess of facts",这里的 mess 不是"乱糟糟",而是指"一份食品",该典故出自《圣经·创世记》第 25 章,饥渴的以扫为了一碗红豆汤,把长子名分卖给了他的弟弟雅各,这是一个比较出名的圣经故事。《圣乔治从毒龙手上救回埃及公主》是一幅名画,讲述的是一则著名的西方神话,在《王尔德全集》中被译成了《圣乔治送埃及公主逃离撒旦》;伦勃朗的《耶稣受难图》是一幅素描,不是油画,所以原文说,"Rembrandt never painted this sketch, and he was quite right."("伦勃朗从未给这幅素描着过色,他做得十分正确。")而在《王尔德全集》中,这句话正好被译成了相反的意思:"伦勃朗在创作这幅画时,没有先作任何素描,他这样做是对的。"再看《王尔德全集》里《笔杆子、画笔和毒药》中的这句:"《杰纳斯风标》《原告一方》和《凡·文克鲁姆斯》都是他荒诞不经的假面之作,在这些假面之下,他尽力地或掩藏自己的严肃性,或表现自己的轻浮。"事实上,这三个都不是文章名,而是文中作者的假名,我的翻译是:"贾纳斯·韦瑟库克、埃格莫特·邦墨特、范·文克温姆斯是他的一些怪异面具,他选择在这些假名底下隐藏他的严肃或暴露他的轻浮。"更有甚者,在这篇《笔杆子、画笔和毒药》中,米开朗基罗被翻译成迈克尔·安吉洛,他的名画《特尔菲女先知》被译为《德尔斐女巫》。像这些实质性的错误,都足以误导不懂英文的中国读者,如果在此基础上做研究或写论文,就愈发南辕而北辙了。

再看《狱中记》,我没有完整阅读这部书籍,只看了我感兴趣的一两篇文字。在 Robert Ross 写给 More Adey 的信中,草率的问题还是比较严重的。有些可能是笔误,如:"Operated on yesterday——come over as soon as possible."这里的"手术昨已进行"被译成了"明天手术"。接下来,威利夫人是王尔德的嫂子,被翻译成了"弟媳",其实稍微查一下王尔德的生平,就该知道他有位名叫威利的哥哥。然后是王尔德自诩要为世界博览会的失败负责,这次世博是1900年在法国举办的,原文是"He was responsible for the failure of the Exhibition, the English having gone away when they saw him there so well-dressed and happy",译为"他必须对博览会的失败负责,当英国人看到他愉快而又穿着入时地出现在那里,就都走了(因为王尔德名声不好)"。这当然是在开玩笑。但译者没有看出这里的Exhibition指的是世博,所以翻译成了"他应对自己'表演'失败负责,英国人在看到他穿得整整齐齐、快乐地坐在那里之前就已走开了……"还有一个比较不当的问题就是随便删改原文,很多地方都忽略不译,在吊唁王尔德的人中,"有各种各样使用假名的英国人,还有两位蒙着面纱的女性"(various English people, who gave assumed names, together with two veiled women),"亨利·达夫雷恰巧在棺材上盖前赶到,他很和蔼友好"(Henri Davray came just before they had put on the lid. He was very kind and nice),这些句子都不翼而飞。有些地方有省略号,或可理解,有些地方是直接删除,未免不尊重读者的权利。

在我领略过的王尔德译著中,有一篇译文是值得尊敬的,即被收入《王尔德全集》的《谎言的衰朽》,译者是杨恒达先生,虽然这篇文章也有细微错误(关于《圣经》的误译),但从整体来看,措辞是严谨的,对典故也尽量做了注释,可见一位译者只要乐于下功夫,总还是可以达到相当的准确度。其实只要真正花费了心血,瑕不掩瑜,一两处值得商榷的地方并不会遮蔽全文的质量。

三、翻译质量的背后

中国是大国,何以没有过硬的翻译人才?这就不得不老生常谈,再提翻译的低稿酬问题。目前文学翻译界的行情是不分好歹，一概每千字50元至70元，而且要扣去20%左右的税，根本无法养活一位全职文学译者。最可悲的是，翻译界良莠不齐，但价格却是统一的，再优秀的译者，也不会给你额外更高的报酬，而因为没有像样的审校编辑，即便是低劣的翻译，也照样可以过关，如此恶性循环，劣币淘汰优币自然是难免的。

作为全职译者，为了挣钱不得不加快速度，质量当然会下降。而有工作的业余译者精力有限，连图书馆都没有时间多跑，质量同样不能保证。记得傅雷说他每天译1000字，但在目前物价水平下，全职译者如果一天不译上5000字，每个月就会面临无米下炊的境况，更何况图书翻译的稿酬往往拖欠甚久，交稿一年之内能拿到稿酬已堪称迅速，三五年要不到也是常事。在这种普遍的低价市场上，没有人会花费心思反复追究一个典故或语法难题，更不要说像我当年那样开车数百公里到各种图书馆搜罗画册了。

现在有一种说法，认为译者就是应该不计报酬地把作品做好，不该没完没了地抱怨低收入，相信说这话的人，自己一定不是全职文学翻译。我的看法正好相反，对于那些需要养家糊口的译者，即便他们有这样的热情熬夜钻研翻译中的难题，我个人也不建议他用自己的血肉之躯去拼命，万一生场大病，几部书的稿酬都抵不来。而且等到把稿酬要到手，可能译者"墓木已拱"了。

当然，这些年也遇到过一些好的译作，但大多数都属于某种例外，比如少数人有钱有闲，又热爱文学，所以能够下工夫翻译一部好书；要么就是年轻气盛，没有家庭拖累，拼搏一场来自我提高或满足一下；还有一些译者性格特别顽强，乃至到了偏执的地步，喝着冷水啃着馒头，置全家老小于不顾，也要把翻译做好。这些例子是否值得效仿，或者是否效仿得来，都是一个问题。

　　翻译这部王尔德文选的时候，我对那些粗制滥造的译者还心怀气愤，如今，只剩下淡淡一丝伤感。作为全职译者，我本人已经从精雕细琢转向机械化快译，那么，还有什么资格评论别人呢？今天的文学译者不得不选择精神上的自戕，即便他无需面对傅雷那种肉体上的死亡。人是环境的产物，没有人能长期对抗一种体制、一种文化。在加拿大，翻译本国文学的译者可以申请国家补助，足以让一个文学翻译者过上小康的生活；目前的法国政府也在为法语翻译提供各种资助，譬如，中国就有多部法语译著是在法国使馆设立的"傅雷计划"资助下出版的。相形之下，中国的文学译者的情形可谓惨淡。不妨说，就文学翻译而言，如果没有国家的扶助，也没有可行的奖惩标准来划分优劣，那么，又怎么能指望这项事业在急功近利的商业时代良性发展下去呢？

译　　文

"噢，词语被轻轻吐出，"
皮尔斯对康诺利①说，
"也许就是那狡黠词汇的气息
使我们的玫瑰树枯萎；
又或许仅仅是一阵风
吹越过苦痛的海洋。"
"它只是需要一些灌溉，"
詹姆斯·康诺利回答，
"绿色就将会重现

---

① 译者注：皮尔斯和康诺利皆为爱尔兰民族精英，是1916年复活节爱尔兰反抗英国起义中的领导人物，起义事败被杀。

蔓延在它的两侧,
从苞蕾中摇颤出花朵
成为花园中的骄傲。"
"可是从哪里我们能引来水,"
皮尔斯对康诺利说,
"当所有的水井都已焦干?
噢,如同平原般显而易见
除了我们的鲜血,将不会有
任何事物
能够栽培出一棵恰到好处的
玫瑰树。"

——萧易译叶芝《玫瑰树》

为了无限抵近而精心"演奏"

马鸣谦

周克希先生在他的随笔《译边草》的"译余偶拾"中有这么一段话:"文学翻译是感觉和表达感觉的过程,而不是译者异化成翻译机器的过程。在这一点上,翻译和演奏有相通之处。演奏者面对谱纸上的音符,演奏的却是他对一个个乐句,对整首曲子的理解和感受,他要意会作曲家的感觉,并把这种感觉(加上他自己的感觉)传达给听众,引起他们的共鸣。"

看,他说的是"演奏"!

读到这段文字前,我一直在寻找形容译者身份的恰切比喻:炼金术士,雕塑家,还是奥登所说的染匠?似乎都不对。当然,我们常把翻译说成是架设在语言巴别塔上的桥梁,这样譬喻确实通俗易解,大致也吻合贴切;不够处是只粗略说明了翻译的现实功用,而且,桥梁之喻还是个静态的"死"的描述,并不怎么招人喜欢。原文和译文(原作者和译者)分处了两种异质的语言,本就存在着母体和分体、本文和诠释的天然分别;它更与原作者和译者个人的禀赋气质直接相关,而但凡充满个性色彩的语言,其本身又是变动不居的,那些内在的情感脉动、那些幽隐表达的诗意哲理,仿佛是私密性的呓语,微妙而不可捕捉。

真是入道者语,周先生打的这个乐谱和演奏者的比方,恰能说明两者之间神秘而动态的关联。

对我而言,《战地行纪》其实是入手翻译奥登诗歌途中所遇的第一站。

衣修伍德撰写的旅行记部分,虽然行文充满了英式炫技,从句套着从句,也藏了不少机关,但散文的处理余

马鸣谦

地毕竟宽展些,终究还不难对付,难就难在奥登诗歌的翻译上。奥登的诗作素以诗律的多变和高度的智性为特色,对汉语译者来说,他的诗作堪称是极难演绎的一份乐谱。要演奏好它,真是一个巨大的挑战——你很容易就在尝试的陡坡上跌落下来,连带着母语的词句也会跟着一同分崩离析。

是的,如同一个只会拉肖邦小夜曲的琴手,非要硬着头皮,拿拉赫玛尼诺夫那首繁复的《科雷利主题变奏曲》来试试自己的身手一样,这次,我遭遇了一个几乎不可能完成的演奏任务。

奥登诗歌的翻译,是一字一词的斟酌,是通篇音准的调适,是穷尽母语可能性的锤炼。有那么多的日日夜夜,我陷身在这个双重的语言困境中,只为得到更妥帖的译法而费尽思虑。有时,走在路上也会左思右想:那里,是不是换个词更准确些;这里,语调似乎还不够顺畅。奥登的诗,真是折磨人的智能和神经。

譬如《从伦敦到香港》的六首诗中,开头《航海记》的头段就很折腾人,原文是这样的:

Where does this journey look which the watcher upon the quay,
Standing under his evil star, so bitterly envies,
As the mountains swim away with slow calm strokes
And the gulls abandon their vow? Does it promise a juster life?

最终出现在《战地行纪》中的是这个版本:

这个旅程朝向何方?码头上的守望者
站在他的灾星下,如此地嫉恨艳羡,
此时群山不疾不徐地划开水面渐行渐远,
鸥鸟也弃绝其誓言。它预示着更公正的生活?

让人纠结的是 Standing under his evil star 这个短句。字面意思看似简单得很,可是,译成"站在他的灾星下"总觉得会引发阅读的歧义。读者或会问:"那么,哪颗星才是灾星呢?守望者的灾星是实在的天象,还是个比喻?如果是个比喻,那么好,灾星不就等于说一个人的厄运嘛,Standing under his evil star 可不可以翻成'他霉运临头'呢?"再者,Stand under 除了表位置状态,也有"忍受"和"俯首听命于……"的意思呢。

是啊,为什么不可以这么理解呢?我也屡屡这么自问,着实伤透了脑筋。这句的处理,曾先后调试过好几个版本,譬如底下这个:

这个旅程朝向何方?码头上的守望者

忍受着他的厄运,如此地羡慕嫉恨;

此时群山不疾不徐地划开水面渐行渐远,

鸥鸟也弃绝其誓言。它预示着更公平的生活?

另一个纠结落在了 Where does this journey look which 的从句关系上面:which 指代的是 journey(旅程)吗?这个充满嫉恨的守望者是后文那个隐身的主人公——第三人称的"他",还是码头上某位眺望中的"他者"?遍寻后续诗节,找不出一点可资援引的证据,真是难以决断。

于是诞生了第三个版本(其实,之前就已否定了近十个不成熟版本):

这个旅程已至何处?码头上的守望者

忍受着他的厄运,如此地羡慕嫉恨;

此时群山不疾不徐地划开水面渐行渐远,

鸥鸟也弃绝其誓言。它预示着更公平的生活?

一般而论,直译是稳妥安全的,而意译或化译,须吃透了原文、捕捉了精髓,再冒上点风险,才能险中求胜,作些灵光乍现的处理。但,奥登的诗作打破了这个规律,那里面,一路埋设了或隐或显的不少阅读陷阱,类似的纠结点总是一而再、再而三地出现。即便是忠心耿耿的直译信徒,碰上了奥登肯定也是一头雾水,要处理好并非易事。而且,每回碰到的几乎都是新问题:众所周知,奥登是著名的诗体实验者,是语句修辞的炼金术士,是诗歌这件乐器的天才调音师,更是藏匿和改变语句结构的伪装大师;他总能娴熟自如地处理多种多样的节奏、韵律和调性、短诗行、长诗行、抑扬格、抑抑扬格、阳性韵及阴性韵、头韵和脚韵……哎呀,倒真是让我这个演奏者头晕呢。

奥登自己说过:"读者对一首诗有两个要求。首先,它必须是做工精致的词语造物,并以此为他使用的语言增添光彩"。好吧,做工精致的词语造物。为了演奏出同样精致的汉语造物来,译者如我等必得作出一个尽可能精准的抉择。

然而,在种种调适版本中如何测度哪个是好、哪个是坏,又以什么为标准呢?我不知道。到最后,就只能一遍遍地诵读原文。如果还是无法通透,我就会搁下它,让它冷却下来,稍过些时日,再回头来处理。如果仍然没有最优选择,那就退一步,挑选听着、看着最顺眼的那个。

得到奥登赞赏与提携的俄国诗人布罗茨基曾写过一首叫作《烛台》的诗,他说起过这一标准:

艺术致力的目的,似乎是
精确表现,而非将我们蒙骗,
因为它的基本法则毋庸置疑地
宣告了细节的独立。

至于格律的处理(不管是成熟的体例范型,还是奥登独创的自由律),那更是在完稿前必须审度衡量的一个紧要环节。因为,即便完成了语词的忠实对应,演奏者还须准确传达出那种独特的音调和节奏来。而要将英文原诗敷衍成一首像样的汉语诗歌,若完全照搬原文语言的律条,那简直就无从翻译了(因这两种语言的构造肌理完全不一样)。在此,只能做权宜处理:不去机械地硬凑英诗的重读音节,而是如前辈译匠所提示的那样,将其引申为汉语诗律中的"顿"(或停延)。同时,努力捕捉原诗的语调音色,尽可能去"复制"奥登的原声,争取做到"可诵而不失意味"。

周克希先生还说过:"感觉是一种才能……由此看来,要让感觉这种才能得以发挥,非得先把自己浸润到译事中去才行。"为了无限抵近所谓的"理想译文"(忠实的、流畅的与精妙的),就只能把自己更长久地"浸润下去"。直到某个瞬间,译者或会产生某种亦真亦幻的感觉:他似乎能够部分地代入到原作者的内心世界中去,或是如招魂般,可以将他从遥远的他乡异地或地狱天堂召唤到身边。无论何种情形,这都是缪斯的再次附身。这样的神秘关联,如此充满灵性的对话,大约就是从事译事可能获得的最大的精神享受吧。

是的,路途中常会觉得憋屈紧张,如在一条漫长夹道中行路一样。但,这样不是最能锤炼译者的心智和语言能力吗?自我并不会丧失,你可以理解成一种反向的刺激。我也正是为了这点,才去碰触奥登的。翻译他,一是为了填补汉译奥登巨大而耀眼的空白,二是为着学习他的诗艺,以激发自己的创作潜能;但绝不是视之为私人领地而向人炫耀……这才是译介的真正收获。

忠实于原文当然是第一位的,而要无限地贴近原文,须得克服虚妄的骄傲,主动避开那种自我创作式的隐秘改写(最近李笠和马悦然的争论正在于此)。译者需要一颗忠实传达的平常心,或可归结为个人脾性的问题,然而,这何尝不可称之诗人的必备特质呢。虽然我知道,现实状况未必如此:我们每个人私底下都很戒备,时刻准备怒发冲冠,抖起身后那屏漂亮的羽翼来……

当然,每个译者自会留下他的痕迹,但信达雅三原则中的"信"终究还是基础;"达"是要到达可诵的程度(不然,诗歌就不成其为诗歌了);而"雅",却要凭借了母语的加持才能得以实现。

翻译是对等的呼应,更是两种语言的相互照亮(对诗歌而言,似乎比小说或其他体裁尤为明显);因此,译者对母语的驾驭能力就非常重要:那是他的后备仓库,也是支持并鼓舞他的不竭后援。他最好自己也是个诗人,由此,译者的母语创作能力便会成为左右译文质量的外在限度。

我们的母语(包括了它所内含的一切语言性创作),如同这个将醒未醒的国度一样,还处在转型与成长中,因此,必会出现种种的不适症状;然而,语言若要向内层拓展深度与广度,对优质文学的译介不可或缺。另一方面,当代诗歌(文学)的创作,也出现了太多的单向接受译介作品的趋向。母语问题,实牵涉了更为丰富、复杂的动态因素,譬如如何处理本国诗歌传统,如何调适内中的紧张与冲突,语言的主体性、趣向的选择,等等。我厌恶单纯地效从翻译文学,希望以母语为基点,来平等地对视翻译文学。无论翻译与创作,都须进入到语言的内层作深入的思考,这个自省意识绕不开,如同每个人脚下的影子。

我在2005年曾写下题为《没有标点,没有呼喊——致萨义德》的诗,结尾有这样的句子:

> 那引领你的文字,或符咒/如使命在召唤/没有标点,没有呼喊/也从未提示你的所终/但你知道:你将抵达的,绝非仅是/被众神拥堵的奥林匹斯山。

我愿意相信,那也是所有站在母语环境中的译者(也是再生的诗者)必然发出的声音。

译　文

四月二十一日

今天,在写好了我们的黄河素材、完成了一组报纸连载报道后,我们参加了在"终点饭店"举行的一个茶会，重新开始了社交生活。杭立武先生安排这个活动，为的是让我们结识一下目前在汉口的中国知识界的代表人物。那些知识分子们五六个一组分坐在了小桌旁，而我们的主人轻步前趋，步履沉稳地将我们从一桌带到另一桌，每到一桌总会引发一段有趣的谈话。参加聚会的可真都是些最为知名的人物。我们有幸见到了莅临此次会面的冯玉祥，那个"基督徒将军"（据说他曾用一根消防水带给他一整个团的部队施洗礼）。冯不说英语——他也没必要去说。他是那种如鲸鱼般庞大而仁慈的人物，无言而自威。我们通过翻译向他表示了我们的敬意，他微笑着。接着，其他每个人都说起了英语，完全无视他的存在，而他继续面带着微笑。最奇怪的是，他完全有权利出现在这里，因为他也是个诗人。他用农民的土话写些关于乡村生活和战争的诗歌。曾是蒋介石公开仇敌的他，眼下成了军事联合阵线的一分子——但到目前为止，似乎政府没给他多少事做。

其他贵宾有戏剧家田寿昌，翻译家洪先生，还有穆木天，我们听说他是中国最好的现代派诗人。有位姓陈的女士，文学硕士，极度热情地谈起了妇女的战争题材作品。她充满活力，一本正经，作风干练——和欧洲此种类型的女子没多大差别。餐会临近尾声时，我们接受了一位年轻记者的采访，来自《大公报》，中国最知名的报纸之一。他有个异国情调的名字"麦克唐纳"（将中文名马唐纳英语化了）。名字的西方化，看来在知识分子们中间相当普遍。你们觉得中国的士气如何？对中国风俗有何见解？如何评价中国的道德状况？对军事形势有何评论？对于中国新派妇女如何看？我们回答得很不得当，但没关系——麦克唐纳先生在我们开口以前就已经在那儿写着了。

此时,在另一桌上,田先生为表达对我们的敬意,赋得一首诗,由洪先生代为翻译如下:

> 信是天涯若比邻,
> 血潮花片汉皋春。
> 并肩共为文明战,
> 横海长征几拜伦?

为了不被比过,奥登回应了一首他昨晚写好的十四行诗,描写的是一个死去的中国士兵。

我们俩都觉得这类社交集会非常累人。双方都不缺乏善意——真的,整体气氛无疑因"英中和睦"而相当活跃——但我们真的在彼此交流吗?我们向主人们展露着笑意,交换着这些词句:"英格兰"、"中国"、"诗歌"、"文化"、"莎士比亚"、"国际理解"、"萧伯纳"——但这些单词仅仅意味着"我们很高兴见到你们"。它们只是"相互信任"的象征符号,如同交换空白支票。没关系。都是为了一个良好目的。于是我们就从这一桌走到那一桌,试着和每个人都说些什么,我们笑得脸都酸痛了。在西方,人们似乎笑得太少了。对一个初来乍到中国的人来说,肌肉免不了要受些劳苦。

——马鸣谦译 W. H. 奥登《战地行纪》

菩提树下论译道

杜　冬

一

译者在中国似乎是一个历史很短的职业，立下"信达雅"三戒律的祖师爷严复出生于1854年，20世纪初开始译书，到今天不过一个世纪。除了严复和傅雷等先生大名在外，译者普遍是低调而默默无闻的，翻译注定是孤寂沉默的事业。

但中国历史上最伟大的译者却家喻户晓，那便是玄奘法师。玄奘经过一年长征，于贞观十九年正月回到长安，带回印度梵文佛经520箧，657部，其年三月开始了他一生最伟大的事业：翻译。19年间共译出73部经，1330卷，平均每年译70卷。60岁之后，每年译经竟达170卷。停止译经之日，离他圆寂仅仅一个月。玄奘法师大概可以成为我国译者的始祖吧。

但是不然。

玄奘法师所译经文，之前已经有译者，《维摩诘经》有了不少于两个成熟的译本，且都比玄奘早数百年。因此，我国翻译界的历史可以再上溯500年,到东汉年间。那是佛教最初传入中国的时代。

二

最早的译者大多不是中国人,更多是来自中印度、克什米尔和巴米扬大佛故乡阿富汗。他们翻越雪山沙漠,进入今天的新疆,最终深入中原甚至江南。他们所面临的文化困境,从其名字的中国音译之古怪也可见一斑:例如支娄迦谶(月氏人,即今阿富汗人)、僧迦跋澄(克什米尔人)、昙摩难提(印度人)等。

这些最早的译者不通汉语,且早期佛教更重视口头讲述,并无成文的经典。将这些佛经翻译成汉语时,由西域僧人背诵,另一西域僧人记录为梵文,由记录下的梵文口头译成汉语,再由中国人记录下来,成为初步的汉语佛经。一部佛经的翻译可能需要数年,甚至因为经师的去世而终成残章。背诵是否准确,记录是否明确,口译是否到位,如何能由汉语反证翻译是否正确,一切都无法确定。而且佛经中的诸多名词在汉语中都不存在,需要打造全新的语言词汇体系。

杜冬

《史记》中曾将张骞出使西域称为"凿空"之旅,凿空何意?我理解,是从空无一物,茫然无知中摸索探求,最后豁然通透,和佛家的面壁有异曲同工的妙意。将文字亲切质朴、文风回环繁复的梵语佛经翻译成文字飘逸、文风洒脱的汉语，其中语言和文化的千仞高峰，甚至比帕米尔高原的雪山更不可攀越。虚空无力，困惑无形，语言无所施展，如空中起高楼。或许只有"凿空"和"面壁"能形容这些译界开拓者的无奈。

顾恺之论及绘画之道，说画"手挥五弦"之形容易，画"目送归鸿"之意则很难。翻译的境界也是如此，能做到忠实原意，已经是谈何容易，更何况要传达佛经的微妙之处。

那些深通佛理的大师们，在凿空面壁之时，可能多次思索：究竟什么是语言呢？究竟什么是汉语（当时被称为秦语）呢？

汉语自诞生以来，即与外界隔绝，形成了和外界截然不同的文字体系和语法，不重语法而重达意，结构自由而重形象。如此强大而历史悠久的语言，以自己为一切外来事物的尺度，几乎所有新出现的事物我们都尝试用汉语来形容，即便今天依然如此。当日本人用片假名生吞活剥外来名词，渐渐走向字母化的时候，我们"悲壮"地继续给一切命名，甚至不惜扭曲其原意。

再回到1800年前，佛教东来是中华文明第一次全面接受外来思想和文化。翻译的好坏将直接决定中国的知识分子能否接受其教理，中国的僧人会使用什么样的词汇，最终决定佛陀的教理能否被中国所接受。责任何其重大！

当时的中国推崇老庄玄学，比较容易的做法是，以中国已有的概念和词汇解释佛教的哲学，这样最容易为中国人所接受。早期的佛经译者曾采取和老庄玄学相同的词汇，结果就是《三国志》的作者陈寿认为"浮屠教"即佛教和道教道理相近。

古代的翻译者们气质深沉厚重，使命感崇高，他们不愿意借重中国已有的概念，宁可将千辛万苦带来的佛经本意完整圆满地翻译过来，哪怕要重建一套新的词汇和语法,哪怕要为此付出数百年的努力,由此开始长达6个世纪的佛经翻译史。

三

早期翻译的佛经,虽然已经尽量照顾汉语读者的习惯,但译文中依然有多处能感觉出明显的梵文语气和佛经的口语习惯,汉语译文也生硬。这一方面是因为译者对经典的尊崇;一方面是早期佛教经典本身质朴直接的特色;同时也是因为汉语翻译和梵语原文磨合未熟。

在忠实原经和通畅达意之间如何取舍,是伴随译经全过程的。梁启超在《佛学研究十八篇》中对两种流派的异同有极其精彩的分析。

公元379年,前秦大王苻坚重兵伐襄阳,声言只为求道安大师一人。道安(312—385),东晋僧人,河北人,18岁出家。道安综合整理了前代般若、禅法、戒律等系佛学,使佛学思想以较完整的面目呈现于世,被视为汉晋间佛教思想的集大成者。

在早期的佛经翻译中,由于古梵语文风质朴,且语法结构和汉语大不相同,主译者对汉语又不熟悉,仓促译经,只不过是依文转写,不加修饰。其后,译者则更关注义理和文字的流畅,这是早期意译派。但意译时译者各自发挥不同,例如《维摩诘经》,各译本之间文意混杂,甚至自相矛盾。

道安不懂梵语,自然也不是译者。他回顾翻译佛经的历史,慨叹道:"本来译者就乏人,更无人校对考核,先人翻译的佛经,就因循相承……这些经文,有的和原意大相径庭,有的则只是粗略翻译出了大意……我总是为此很遗憾的啊……今后的学者不可不小心啊!如果译成的经书都是流利的汉语,简练优美,那都是葡萄酒掺水之辈!"所以道安亲自监督的佛经翻译,都要求严格按照原文,不得有无谓的增减,哪怕句子结构是倒装等外来句型,也必须遵守。

不仅如此,道安还为翻译制定了五失本(即翻译之弊病)和三不易(即翻译的难点)。此时翻译已成为国家事业,翻译佛经时动辄数十上百人参与,各司其职,有译主、笔受、度语、证梵、润文、证义、总勘等不同任务。

若道安是位画师,则必然对手挥五弦的姿态努力求索,乃至一丝一毫不改本来笔意。他对如实翻译如此苛求,和他本人不通梵文有关。

公元384年,苻坚又远征大漠,攻破龟兹,要迎接译师鸠摩罗什来长安。鸠摩罗什(344—413),小道安30岁,原籍天竺,生于西域龟兹国。幼年出家,初学小乘,后遍习大乘,尤善般若,并精通汉语文。公元401年,后秦皇帝姚兴派人迎至长安从事译经,率弟子僧肇等八百余人,译出《妙法莲华》《金刚》等经共74部,384卷。中国之佛教由鸠摩罗什而面目一新。

鸠摩罗什和道安最有意义的差别,是对佛经翻译风格的看法。

鸠摩罗什曾说:天竺的风俗,是重视文采和文体的,现在翻译成汉语,失去了语言的优美,虽然意思明确,但文体不同,就像嚼过了的美食再喂别人吃,不但味道全失,而且令人恶心。可见他不但不觉得汉语本身太华丽繁复,反而觉得汉语是简练的语言,译经如过于拘谨于原来的章句,就显得迟滞累赘,失去了佛经的本来滋味。他更注重的乃是"目送归鸿"的神韵。所以他在翻译时,指出梵文原文曲折回环,而"秦人"喜好简约的文字,译者对原文要"裁而略之"。

虽然重在意译,但鸠摩罗什翻译时极其慎重。历史记载他翻译《维摩诘经》时,手中拿着梵文原本,口译为汉语,就发音和文字仔细推敲。而且鸠摩罗什翻译佛经,乃是国家赞助,所以每译一经,甚至有数百人同时参与,就义理和用词仔细推敲,如果原文记载不清,随时和在座的印度僧侣核实;中文用词不确,也要和中国士人一再推敲,直到无可改变,才最终定稿。在号称意译的鸠摩罗什译经文中,依然留存了大量音译名词,因为在汉语中的确无词与之对应,不如音译新创概念。

后人评介鸠摩罗什的翻译,有天然的西域语趣,中文却简洁流畅,他的译本给汉语注入了新鲜的语感和生机。在运用音译词方面,鸠摩罗什大胆使用多达十余字组成的名词,并在音译的选字上也做推敲;同格的语句铺陈排列,并夹杂大量无韵的诗歌,这既尊重佛经固有的语感,又营造出波澜壮阔、星云灿烂的意境,于文学上别开生面。

来看鸠摩罗什所译《维摩诘经》经文:"假名是菩提,名字空故;如化是菩提,无所取舍;无乱是菩提,常自静故;善寂是菩提,性清净故。"

这是与佛教融合后新生的汉语,我们能感觉到其中梵语的繁复和优美,与秦汉以来质朴有力的汉语,有不同的基因,却枝叶相连,难分彼此。梵语玄思,汉语节奏,已融为一体,让人听到佛陀的真谛。短短一段文字,已走过数百年翻译的历史,是一代代翻译努力的结晶。我认为,创造一种文体,带来全新的文风,才是第一流的翻译,是在重塑汉语的灵魂。

四

从公元2世纪发源到公元7世纪成熟,6个世纪翻译佛经的凿空之旅,是目送归鸿,是空中楼阁,是求索和苦思,是困顿和创造。

据统计,佛经翻译共为中文创造了多达三万五千个新词,其中既有意译的汉语词,如"众生"、"因果"、"无明"等,也有音译的梵语词,如"涅槃"、"刹那"、"禅"。梁启超赞叹,这三万五千词汇,即增加三万五千新观念,翻译的事业对我汉语的功劳何其伟大。这些词汇已经永远嵌入我民族的语言,溶入我民族的血脉真魂之中,进入中国人的精神,从此永不可分。

译者大师们的辛勤耕耘,犹如参天之菩提树,崛起乱世之中,直至今日依然千枝万叶,垂荫遍洒。

译 文

设拉子,酒、玫瑰和诗歌之城,伟大的诗人哈菲兹(Hafiz)和萨迪(Sadi)如帝王一般光荣地埋葬在这里,波斯的农民即便拍照也要站在数个世纪前古诗人的墓前,还要彼此大声吟诵其诗句。除了设拉子,还有哪里能找到如此的一幕?在城里的最后几天极为愉悦。花园阴凉、青葱,鲜花怒放如醉。神秘小径,兰草犹如鸢尾。设拉子葡萄酒有种强烈的、几乎是凶猛的口味,我理解这种美酒何以会让哈菲兹和海亚姆乐不可言,又悲从中来。正如海亚姆所言:一生如欢会兮,其如何/欢会终有尽兮,其如何/纵得百岁寿/百岁复百岁/千古更如何?

——杜冬译塞斯·诺特博姆《伊斯法罕一夜》

与品钦正面遭遇

但汉松

品钦的小说简直就是各国译者的关塔那摩、阿布格莱布！一纸翻译合同,令译者身陷囹圄,终日在他的文学迷宫里服苦役。若换了普通读者,碰到品钦那些令人发晕兼发指的诡异篇章,大约可以跳过或快读,实在被折磨得不行,至少还能毫无忌惮地把书摔下,大吼一声"老子不看了!"境遇略差一些的是那些书评人。他们往往在新书上架前一两个月拿到样书,必须赶着稿约期限写出义理高深的评论来,但又断然不肯屈尊降贵地承认自己智力上的溃败,只好幽幽地给品钦下些囫囵吞枣的断语。《纽约时报》的王牌书评人角谷美智子曾如是评价那本1085页厚的《反抗时间》:"此书巨大无比,故事佶屈聱牙,装腔作势却未能激发思考,晦涩难懂却又不富于启迪,复杂繁难却又让人无功而返。"就连哈佛大学教授路易斯·米南德也在《纽约客》上指摘品钦的这本书"犯了范围错误",不该让这么多人物去遍历这么多事件,更不该安排主人公去一本正经讨论高深的黎曼猜想(言外之意大概就是说,某些天才作家变态旺盛的想象力和学识,冒犯了快餐文化时代普通读者日益萎靡的智商和耐心,因而也和现代小说文类约定俗成的阅读方式抵牾)。

相比之下,最惨的就是译者,他们无法挑肥拣瘦,避重就轻。他们只能和品钦的每一个句子、每一个词正面遭遇,然后交战、负伤和死磕。虽然写超级长句并非品钦的专利,但他那种内旋的句法结构却是翻译上的烫手山芋。诚然,《尤利西斯》和《喧哗与骚动》已将句子长度推向极致,可那更多是取消标点符号的噱头;在品钦那里,看似不讲道理的漫长句型却有着内生的数学模型般的精密。它们

但汉松

的过度生长并非依赖于并列,而更多依靠的是递归和内嵌。即使对于以英语为母语的人士,品钦的句法也是稀奇古怪的(甚至有人称之为"拜占庭式句型"),不仅挑衅他们的常识和语感,更需要耐心的拆解方可抵达意义。对于译者来说,有些句子(如《拍卖第四十九批》那人神共愤的头几段)搞懂主谓宾定状补已属不易,要想用明白晓畅的汉语传达出来更是难上加难。如果有朝一日读者夸我的品钦翻译得通顺好读,我肯定会芒刺在背,暗顶一句:"不带这么损人的!"这实在是文学翻译的天大悖论,因为译者一旦"忠实"于品钦原本就"不通顺"的原文,那么译文就肯定无以"达雅";可如果考虑到可读性让品钦朗朗上口,那就几乎一定是译者越俎代庖,甚至谋权篡位了。

词语,并不会因为比句子简短而简单。品钦的词语政治有一个核心原则,即他总是在高语境下进行着小说叙述,将读者默认为语言共同体的成员。对于非英语国家的译者来说,这绝对不是施恩,而更像是一种施咒。于是,在《V》里品钦说着美国海军的专属俚语,在《万有引力之虹》里绝非浅尝辄止地谈论巴普洛夫心理学和火箭弹道学,在《梅森和迪克逊》里肆意复古18世纪英语的拼写和词法,在《性本恶》里用20世

纪60年代的流行乐和电视剧打着各种机锋……于是,在品钦的小说中,某些词语(尤其是大写时)就成为了深层意义的神经元节点,读者行进至此就可能会被点穴。作为译者,自救显然是第一位的。将"It took her till the middle of Huntley and Brinkley to remember that……"译为"她一直回忆到亨特利和布里克利的事的一半时才想起……"显然是难以服众的,因为Huntley and Brinkley不仅仅是"亨特利和布里克利"。译者的天职是越过直译,追查词语背后的意义,进而发现真相——它们其实缩指的是20世纪六七十年代NBC电视台的新闻节目Huntley-Brinkley Report。但新的问题又出现了:如果译者自己解穴了,他是否有义务去帮助别的读者脱困?如果有,这种义务的限度在哪里?

《局外人》的英译者马修·瓦德曾在译序中称:"我试图在加缪的小说里行进得更远,为的是捕捉他说了什么以及如何说的,而不是他的意指。从理论上说,后者能够自行其是。"我当然同意译者不应过多干预读者的理解,但目标读者的语境变化或缺失却可能导致原文的含蓄之美失去被阐释的可能。这种情况下,译者不能袖手旁观,必须要施以援手,否则读者从译文中无意义可取,这显然是比译者多管闲事更大的罪过。再举个例子:

"Whatever, be happy your car's in the clear, Benzidine doesn't lie。"

"Well yeah...does make me kind of jumpy though, how about you?"

"Not the one with the r in it。"

在这一小段嬉皮与警察的语言交锋中,充满了暗指、反讽和双关,是典型的品钦式对话。Benzidine(联苯胺)为什么不说谎?听话的人心领神会,但普通读者却恐怕如坠云雾,因为这属于法医鉴定上的行话,警方用这种化学制剂来检验车辆上的遗留血迹和组织是否与死者匹配。多克说自己并不因为联苯胺检测获得清白而兴奋,并反问比格福特的感受。比格福特的回答则是,"对这个带 r 的我可不会"。这是一个相当费解的冷幽默,为的是嘲笑多克这种嬉皮人士的毒瘾:苯丙胺(Benzedrine)和联苯胺(Benzidine)读音和拼写相似,前者多一个"r",是毒品"安非他命"的商标名。显然,这种文字游戏在中文语境下是玩不转的,只能退而求其次,采用注释的方法来对笑话进行"开膛破肚"。这种办法固然破坏了原文的含蓄美,但却也聊胜于无。于是,译稿中 650 多个译注,也就这样应运而生,大概既是我从事文学研究的职业病(或曰"阐释瘾")使然,也更有我想帮助读者共度险关的一片好心吧。

  品钦小说的理解之难、翻译之难,业内早有公论,我也无需继续渲染译途之艰,否则更像是在为自己译笔孱弱寻找托词了。其实,我倒是很想谈谈翻译这本书的幸运之处。众所周知,品钦和罗斯、德里罗等人比起来实属低产得可怜。《万有引力之虹》后 17 年他才写出《葡萄园》,另一部皇皇大著《梅森和迪克逊》又足足让世人等了 7 年,可惜知音寥寥(虽然哈罗德·布鲁姆断言这是品钦最好的一本书)。然后又是 9 年的睽违,才盼来了史诗般恢弘的《反抗时间》。它的厚度和难度完全无视了商业社会的图书营销法则,所以就算国内出版社有胆量购买版权,就算能找到足够驾驭品钦的译者,就算此人甘于耗费 5 年以上之心血全力译出,就算此人毫不计较寒碜的稿酬和养家糊口的压力,就算此人毫不在乎在此期间失去一切教职晋升的可能,就算出版社的版权合约等得起这个"殉道士"……好吧,当我怨念深重地认定品钦新书的中文版难见天日时,他老人家竟然不到 3 年就推出了这本自称为"半黑色、半迷幻玩笑"的《性本恶》。这个以嬉皮私家侦探为主角的钱德勒式小说不仅把读者带回了熟悉的六七十年代的洛杉矶,而且"仅有"300 多页的篇幅,又没有太多后现代小说的诡异噱头,显然在智力要求上亲民得多,难怪书评人角谷美智子会称之为"品钦简装版"。对于我这样的品钦死忠而言,等到他古稀之年的新作已属不易,又恰逢他难得放下"百科全书"的身段,个中喜悦实在难以言表。所以,当出版社负责人问我有无兴趣翻译时,我简直就差跳到人家跟前说:"我来翻!我来翻!谁也不许和我抢,做牛做马我都干!"

然而,"品钦简装版"就像瘦了二三十斤的相扑手,又能轻快到哪去呢?很多在译文中读来平淡无奇、下里巴人的对话,其实在原文中处处是暗流涌动——毒品的各种别名、嬉皮士们的黑话、冲浪运动的术语、影视剧的典故、流行乐队的行话,等等,无一不是潜在的麻烦制造者。于是,生逢其时的译者有了第二幸事,那就是 Web2.0 时代的互联网。很难想象 20 世纪 80 年代的林疑今先生是如何靠着陈旧的字典去翻译"Tupperware"(特百惠)这种祖国大陆当时看不见、摸不着的洋玩意儿,那时大概也不会有任何一部字典告诉译者 horse 是"海洛因",number 是"大麻烟"。而现在,不仅有联结一切知识和信息的搜索引擎,还有由网友提供信息的维基式知识库。当跨类知识被打通,当各国读者结为虚拟共同体,阅读、讨论和翻译品钦的最好时代才算真的到来。

除了老牌的"品钦邮件群"(Pynchon – L)可供读者交流心得之外,最好的知识库当属"品钦维基"(pynchonwiki.com),虔诚的拥趸在上面为品钦每一本小说逐页贡献注释词条,为我的翻译解决了众多疑难。当然,书中很多青年嬉皮的俚语就不能全靠这里的考证了,它们非"性"即"毒",正统字典上也难觅踪迹,要自己找野路子去查。翻译时我常用的是 urbandictionary.com 这个网站,它最大的特色是由网友自主加入最 in 的俚语词条,然后再由网友投票决定哪些释义最具参考价值。

当然,最强力的翻译辅助工具还是万能的谷歌。我可以猜到瘾君子们鬼鬼祟祟在 24 小时便利店里买面粉筛子是为了给大麻除杂,但为什么深夜买巧克力也显得"不清白"了呢?品钦没说,我也没有嬉皮朋友可以咨询,于是只能求助谷歌。当我把"chocolate"和"weed"加在一起搜索时,立刻发现了答案——为了避嫌,有些毒瘾人士将大麻和牛奶、巧克力混在一起烘焙,做成大麻曲奇或蛋糕食用。当译到第 13 章"Puck and Einar had met in the license‐plate shop at Folsom"这句话时,我也曾极度费解。我懂这里每一处字面意思,但问题是通过上下文,Folsom 是监狱所在城市,而两人也的确是在牢里结识,那怎么又跑到"车牌商店"去了呢?我开始以"license‐plate"和"Folsom prison"为关键词进行组合搜索,费了九牛二虎之力,终于在一个不起眼的英文网页中看到它们的相关之处。原来,福尔瑟姆作为加州州立监狱的所在地,里面设有生产车牌的加工厂,加州的车牌大部分正是出自这里;这两个人是在监狱内的车牌作坊干活时认识的,而不是买卖车牌的商店。这样的侦查和考证在翻译品钦的过程中不胜枚举,恐怕很多生活在东海岸的美国人也不见得知道福尔瑟姆监狱的这个副业营生,而在另一个半球的中国读者则更是难以知晓这些细腻的加州本地掌故了。假如没有网络,我该如何去破译这些翻译谜题?我又会如何用一些可笑的臆想去误导中国读者?想到这里,后脊背有些发凉。

这种细节的饕餮,其实正是品钦对译/读者的一种召唤、改造和赏赐。痴迷于细节的小说大家也许很多,但很少人能具备品钦这样的匠巧。以至于每当多克歪在沙发上看 NBA 季后赛时,训练有素的我就会如警犬一样嗅着仅有的一点场次信息去推断小说时间指向历史上的几月几号,然后挖空心思想着这天是否恰好是"复活节"或"主显节"。同样带着这种"锱铢必较"的阅读习惯的品钦迷们也许在读完此书后会略有不适,具体症状就好比半斤二锅头入了豪肠,却未感到太多的面红晕眩。我们已经太习惯在品钦的小说迷宫里被他剿灭常识,习惯被他勾搭调戏并不抱任何得逞的期待,习惯那个象征着天启永不可达的渐近线。

但这次，当多克追寻的乌尔夫曼竟然肉身毕现，当失踪的莎斯塔竟然重回海滩小镇，当玄而又玄的"金毒牙"号的前世今生竟然被交代得七七八八，我们会惊讶地发现这个后现代侦探小说走向了收敛，"追寻圣杯"的叙事期待竟然落空了。

为什么品钦这次会如此"循规蹈矩"呢？我的理解是，老汤姆无意按照后现代作家的标签来创作。只要他愿意，依然可以很品钦，也可以很不品钦，或者在两者间自由游走。阅读《性本恶》，看到的仍旧是《V》或《拍卖第49批》中那些熟悉的风景，但你无需准备登山鞋；它可能更像是暮年品钦的一次私人化写作，充满了一个老人对20世纪60年代洛杉矶那个曼哈顿海滩的乡愁记忆。正是彼时彼刻，30多岁的品钦隐居在嬉皮士、瘾君子、空姐和冲浪手云集的小镇公寓楼上，经历了好友离奇的车祸身亡，见闻了"瓦茨暴乱"和"曼森家族"阴谋，完成了鸿篇巨制的《万有引力之虹》。

关于20世纪60年代，最无厘头的经典说法是："如果你还记得它，那你肯定没有在那里生活过。"品钦其实拒绝这样的简单定义。那段迷幻岁月对于作家本人有着非同一般的意义，不仅仅因为他是一个亲历者，更因为他隐秘地怀念着那些嬉皮青年们的天真烂漫和革命理想。他们有着自己一套完整的哲学－宗教体系，爱珠、电吉他和大麻烟夹是他们的法器，宣扬"Turn on, tune in, drop out"的蒂莫西博士是他们的布道者，伍德斯托克音乐节是他们的弥撒，分享和友爱是他们对抗自私与贪婪的商业社会的信条。

然而，这些"彼得·潘"们又如何真的敌得过那些无孔不入的国家机器和商业法则？在科恩兄弟的《谋杀绿脚趾》里，那个无腿的百万富翁对着曾是"（非妥协版）休伦港宣言"起草人之一的督爷咆哮道："你们的时代已经结束了！"督爷无语，而品钦则幽幽地在小说里叹息："迷幻的60年代就像是闪着光的小括号,也许就此终结,全部遗失,复归于黑暗……一只可怕的手也许会从黑暗中伸出来,重新为这个时代正名,这就简单到像拿走瘾君子的大麻,放到地上踩灭,这都是为了他们好。"品钦并不是要提供一份关于六七十年代的文学证词,在那个年代遗失了什么并不重要,重要的是那只在历史暗处操纵历史记忆和书写的"可怕的手"。也正是这只手,将那艘受尽神宠的"受护"号变成了象征罪恶渊薮的"金毒牙"。

虽然品钦收了三成内力,但《性本恶》依然经营着一个巨大的寓言:亚特兰蒂斯和利莫里亚这两个罪孽深重的大陆在远古沉没,"天使之城"洛杉矶成为了幸存子裔的栖居之舟,但这个诺亚方舟却不能保证旅客的救赎,因为他们在上船前就已沉疴深重。品钦并不是要换个方式来重弹"原罪"的老调。在基督教看来,原罪是始自亚当和夏娃的偷吃禁果,它是可以用耶稣的血去擦除的;可品钦却更为冷酷地提醒我们,即使上船的诺亚一家也未见得可以安抵彼岸,因为人性的问题在本质上是无可救赎的。

西方文学史告诉我们,通过时人的书评来预测一本小说的伟大程度,这种做法往往是不靠谱的。我无意在此过早断言《性本恶》会是一部成功还是失败的作品,但有把握的是:这是品钦写过的最好玩的小说。

译　　文

　　他陪她走到山下停车的地方。这里平日晚上和周末并没有多少不同,所以小镇这头已经到处是出来找乐子的人,有酒客和冲浪手在街巷里尖叫,有瘾君子出来买东西吃,有山下来的男人在找空姐搞一夜情,还有在地面工作的平原地区女人希望被误认为是空姐。在山上看不见的地方,朝着高速公路进进出出的车辆行驶在林荫道上，尾气管发出悦耳声音回荡在海面上。驶过的油轮上有船员听见这些声音，可能还会以为这是异国海岸的野生动物在搞什么夜间营生。

在即将走到灯火通明的比奇弗兰特大街之前，他们在黑暗中停了下来。人们走到这种地方总喜欢这么做，它往往意味着要亲个嘴，或者至少掐下屁股。但是她却说，"不要再往前走了，现在可能有人在盯梢。"

"给我打电话或者啥的。"

"你从来没让我失望过，多克。"

"别急，我还是会——"

"不，我是说过去没有过。"

"哦……当然我没。"

"你以前总是那么真实。"

海滩上已经天黑好几个小时了。他之前没抽太多大麻，也不是车前灯的缘故——但当她转身离开的时候，他的的确确看到了有光落在她脸上，就像是日落后那种橘黄色的光辉，照在向西凝望的脸庞上——这种凝望是在期待某人乘着白天最后一排海浪归来，回到海滩，回到安全之地。

至少她的车还没换，她一直开的是 1959 年产卡迪拉克 Eldorado Biarritz 敞篷车。这辆二手车是在西边的一个停车场买的，当时他们站在车流旁边，这样不管抽的什么，味道都可以被卷走。她开车离开后，多克坐在海滨空地的长椅上，身后是一长串亮着灯的窗户，斜着往上延伸。他看着那一朵朵闪光的浪花，看着晚上下班车流的灯光蜿蜒爬上远处帕洛斯韦尔德的山间。他检讨了一遍没有说出口的问题，譬如：她究竟有多么依赖乌尔夫曼手中掌握的便利和权势？她是否准备好重归那种比基尼加T恤的生活方式？她是否后悔？最问不出口的问题，是她对老米奇到底有多少真正的激情？多克知道答案可能是"我爱他"，要不还能是什么？大家都心知肚明，这个词现如今已经被大大地滥用了。任何人只要不落伍，都会"爱"每个人，更别提这个词还有别的好处，譬如可以用它来忽悠别人上床，搞那些他们原本不屑为之的性行为。

  回到自己的住处后，多克站着看了一会儿天鹅绒画。这是从某个墨西哥家庭那里买到的，这些人家每逢周末就沿着绿平原各地的大街搭摊子，那里位于戈蒂塔和高速公路之间，还有人骑马。在静谧的早晨，这些小贩把画从货车上拿出来卖，你会看到沙发那么宽的《基督受难》和《最后的晚餐》，有亡命天涯的摩托车手坐在工笔描绘的哈雷上，还有穿着特种部队制服的超级反派英雄在给M16装子弹，等等。而多克的这幅画，展现的是南加州海滩不复存在的一幕——棕榈树、比基尼宝贝、冲浪板、建筑物。当他无法忍受在其他房间的普通玻璃窗外看到的风景时，就会把这幅画当做可以眺望的窗户。有时，这道风景会在阴影下亮起来——多半是他吸大麻的时候——仿佛是创造天地的对比度旋钮被弄错了，从而让每个东西的底部都透出光亮，形成闪烁的边缘，让那个夜晚变得如史诗般迷人。

——但汉松译托马斯·品钦《性本恶》

我为什么翻译?

孔亚雷

我突然意识到,关于翻译我无话可说。就像关于写作,关于爱,关于战斗,关于建造一座房子,关于观察天空颜色的变化,我同样也无话可说。因为它们都首先要求去做,而不是说。它们要求行动。一切——精髓、问题、美妙、痛苦、经验、回声——都将从行动中显现。行动就像光。行动是作品的上帝。

所以让我们行动,让我们沉默。或者说,让我们忘记——因为我们如此专注于此刻的行动。让作品说话。不,作品也不说话。它只是存在。就像云、石、树、玫瑰没有为什么的问题,艺术也没有为什么的问题。

这就是为什么我要写我为什么翻译。因为我想,至少,我能——也只能——写写自己为什么会从事文学翻译。理由如下:

1. 因为文学。或者更直接一点说,因为中国文学的影响力有下降的趋势,我们感到很难受。哦不,不是为了中国文学,是为了我们自己。是因为作为健康文明的人类,我们热爱文学,需要文学,渴望文学。就像我们同样热爱、需要并渴望食物、性和新鲜空气。

2. 因为外国文学。我承认,或者说我发现,我正在变得越来越挑剔。这是读英文原版小说导致的副作用(同时又导致我更多地去读原版)。我开始不仅注意小说的作者,也开始——甚至更加——注意它的译者。正面例子:车瑾山(让·艾什诺兹《高大的金发女郎》译者)和姚媛(扬·马特尔《少年Pi的奇幻漂流》译者),两位了不起的翻译家。反面例子:肖铁(雷蒙德·卡佛《大教堂》译者),他毁了我热爱的"大教堂",他把卡佛的刀锋变成了泥巴。我很愿意跟他打一架。如果一个真正的男人可以为了心爱的女人流血,那么一个真正的读者也可以为了心爱的作家挥拳。

孔亚雷

3.因为保罗·奥斯特。我读的第一本英文原版小说是保罗·奥斯特的《神谕之夜》。虽然我毕业于上海外贸学院,英语六级,算下来几乎已经学了10年英语,但真正让我体会到英语之美,让我爱上英语的,是保罗·奥斯特。是他小说中每个句子的那种音乐感,是他偏好使用最简洁单词的写作风格。接下来我又读了雷蒙德·卡佛、约翰·厄普代克和罗素·班克斯。我觉得简直就像掌握了一种魔法(虽然还不很熟练)——我可以读懂英文小说(而不是阅读理解)!

4.因为村上春树。如果你觉得这个名字太小资,那么我们可以把他换成歌德。他们有两个共同点:都是杰出的小说家,都既写小说又搞翻译。歌德说,只有懂外语,你才能更深刻地理解你母语。顾彬说,在德国,最好的翻译家都是最好的小说家,最好的小说家都是最好的翻译家。不过,这跟我翻译有什么关系?请看第五条。

5.因为我也写小说。因为事实正如歌德所说。因为写小说需要学习(而翻译是最大程度的精读),需要等待(而翻译可以让你有效地保持手热),需要忍耐(翻译可以帮你打发无聊,或者说,习惯无聊)。我的第一本书是译作,保罗·奥斯特的《幻影书》(2008年)。第二本是长篇小说《不失者》(写于2003年,2009年出版)。第三本是莱昂纳德·科恩的诗文绘画集《渴望之书》(2011)。第四本是2012年父亲节刚刚出版的霍桑(对,就是写《红字》的霍桑)亲子日记《爸爸和朱利安、小兔子巴尼在一起的二十天》。第五本是将于今年年底出版的短篇小说集《火山旅馆》。第六本是布莱特·伊斯顿·埃利斯的《比零更少》。第七本,我想,将是我的第二部长篇小说。所以,你看,就像花色间隔的多米诺骨牌:小说,翻译,小说,翻译,小说……

6. 因为孔象象。2005年我做了父亲。跟所有幼小的婴儿一样,孔象象一方面像个天使(他太可爱了,以致我不可能离他太远),一方面像个魔鬼(半夜的哭喊,白天的陪伴,以致我不可能写小说)。绝望是希望之母。出于绝望,我开始翻译。然后,我发现翻译成了一种希望。谢谢你,孔象象。

7. 因为莱昂纳德·科恩。就像没想过要登上火星,我也没想过要翻译诗歌。我至今还没登上火星,不过我已经翻译了一本诗集。为什么?我不是诗人,而且——众所周知——诗是不可译的。("诗就是翻译中丢失的东西",大诗人罗伯特·弗罗斯特的话像震耳欲聋——有时甚至真的会震聋——的警钟一样回荡在每个诗歌译者的耳边。)原因很简单:因为爱。因为我爱科恩的歌。因为我本能地相信,他的诗会和他的歌一样迷人,一样苍老、温暖、镇定,充满嘲讽和黑色幽默。我的直觉没错。只是,作为科恩出家成为禅宗和尚的副产品,这部大多写于加州秃山禅修中心的《渴望之书》,更多了一份轻盈、一丝禅意和一种直面一切——无论那是死亡还是情欲——的坦然。事实上,早在2003年写《不失者》的时候,科恩的歌就是我休息时最常听的音乐,我甚至把它们写进了小说的一个场景。那时我根本没想到自己会从事文学翻译,当然,也就更不会想到7年后我会成为科恩诗歌的译者。这是一种奇妙的感觉,一切都连接起来,仿佛命运的星光穿越而来,最终抵达我的心间。

8. 因为翻译稿酬很低。是的,这个理由听上去有点反常。但如果文学翻译的稿酬很可观,那么也许我会为了钱去翻译一部作品。反之则没有这样的危险。因而我只会去翻自己深爱的作品——那种感觉很棒,就像只娶你深爱的女人。

9. 因为英语本身。这里有一个小故事。英国小说家和游记作家保罗·索罗去阿根廷拜访博尔赫斯。在博尔赫斯的提议下,一连5天下午,索罗都在博尔赫斯的公寓,在幽暗的光线下,为他朗读爱伦·坡的小说片段,而后两人一起步行去附近的小饭馆吃晚餐。在朗读过程中,博尔赫斯(微微昂着头,盲眼对着空中的某个点)不时击节赞叹,"多么美!"他对这空中的那个点喊道:"英语多么美!这种说法只有用英语才行,西班牙语就不行。"我也常有这种感受。但还是要翻译,因为第十条。

10. 因为汉语本身。因为我们现在使用的汉语需要改造。不要着急,请注意前面的限定词组:我们现在使用的汉语。我们总觉得,汉语很古老,很完美。但这是一个错觉,是文言文很古老很完美。我们现在使用的书面汉语,既不古老,更不完美。它的历史很短(从"五四"白话文运动后才真正开始)。它混浊而粗糙(教育、网络……如此多的污染源)。不过,让我们不要光说不做。让我们借鉴一点西方的美德——JUST DO IT. 我会从最具体的文本做起,从最微小的细节做起,带着爱和理想,去翻译好笔下的每个词、每句话、每本书。而翻译之爱,用科恩的一首短诗来形容再贴切不过,那就是:你走你的路/我也走你的路。

译　文

　　塑料香肠般的分界线在跳水池周围晃荡，那里完全自成一体，没有别处那些头和手臂的抽筋芭蕾。池水蓝得就像能量块，小而深的完美正方体，两侧是习泳区、"快餐厅"、糙热的平台、高塔及跳板弯曲的近影。池水静止无声，在两次跳水之间悄然愈合。

　　这其中有一种节奏。像呼吸。像台机器。排队跳水的人在塔台梯子后面蜿蜒成一条曲线。一个接一个，人们抓住梯子往上爬。一个接一个，被心跳间隔着，他们来到顶端的跳板舌头。而一旦站上跳板，他们就会停顿一下，几乎每个人都一样，一个小小心跳的停顿。然后他们的腿把他们带到末端，他们全都做出同样的踏脚跳，手臂向外划个弧线，像是要形容什么环形的东西，完全的环形；他们重重地落在跳板边缘，让它把自己弹出去。

　　它是一架俯冲机器，一连串的断续运动，在一片香甜崭新的漂白雾气中。你从平台上可以看见他们撞在池水冰蓝的床单上。每次跳落都有一块白色腾起又自己落下，然后展开，然后发出嘶嘶声。接着蓝色的洁净出现在白色中间，像布丁一样展开，让它焕然一新。池水自动愈合。你走过了三次。

　　你在排队。四处看。无聊。几乎没人说话。每个人似乎都独自一人。大部分都在看梯子，在无聊。你们差不多全都抱着胳膊，背上和肩膀上一串串清蓝的氯气小水珠被一阵刚升起的干风吹得直打寒战。似乎不可能每个人都会真的这么无聊。你旁边是塔影的边缘，跳板像那翘起的黑舌头。影子的身体巨大，很长，倒向一边，以一个尖锐的新角度跟塔基连在一起。

　　几乎每个排队上跳板的人都盯着梯子。大点的男孩向上动时盯着大点女孩的臀部。臀部在柔软的薄布里，贴身的尼龙撑得很紧。那些漂亮的臀部在梯子上移动起来就像液态的钟摆,一种高雅的无法解开的密码。女孩们的腿让你想起鹿。无聊。

——孔亚雷译大卫·福斯特·华莱士《永远在上》

译事不易

管舒宁

对于一个半新不旧、非科班出身、译著勉强够上两位数的译者来说，要讲述自己的那点"译事"，一准露怯。理论是灰色的，多少也是唬人的，更何况自己又是个三棍打不出个"主义"来的，未等正襟危坐，论黄数黑，只怕先哆嗦起来。入行十多年来，承蒙同行师友提携宽容，一路跌跌撞撞、东张西望，偷点儿、借点儿、学点儿，好歹从一个翻译的门外汉，被拉扯成了一个有零星半点翻译心得的学徒。所以权当课堂上被点到名，啜嚅几句大白话。

看人挑担

先从本职说起吧。身为外国文学编辑，深知翻译不是个轻松活。前辈有四字教导：尊重译者。签订合同，不短稿费，是最基本的行业操守；而案头工作更要把握好度，手下留情。看译稿，很容易把自己的喜好强加于他人之上，遇上别别扭扭、疙里疙瘩的，甚至自作聪明来点跳译、改写的，真是气不打一处来，恨不能替他重译一番。冷静下来，还是那句话，对于翻译，人人心里有杆秤，准星各不相同。好在我所在的出版社的译者队伍里,自有一批令人敬仰有加的老翻译家。要是你最先接触的就是正统、高雅、典范、严谨,便等于早早地校正了路子,潜移默化之中,对于文字的趣味自不会低到哪里去。用我们的家乡话说,就是"开口奶"要吃对。难忘读荣如德译《道连·葛雷画像》开篇时的那种惊艳;还有那两本厚厚的海明威短篇小说,读得不叫人长吁短叹,爱上这个大胡子才怪;对于陈良廷、蔡慧这些大家的风范与功力,自然只有感激的份儿;而《傲慢与偏见》,

管舒宁

似乎只能读王科一的;格雷厄姆·格林嘛,长得准跟傅惟慈一个样。

上述皆是经典名译,供揣摩、偷师之用。工作中接触更多的是现当代作品的新译,非常享受与这些来自各行各业的译者的平等交流,及随之而来的编译相长。记得编辑奈保尔处女作 The Mystic Masseur 的中译稿,面对堂堂诺奖得主,不敢怠慢,初审看了数遍稿子。这位译者很有经验,文字感觉也很好,还自己请人校译了一遍。但译稿中有个很重要的表述始终令我如鲠在喉——问题就在这个"masseur"身上。小说讲的是特立尼达乡间一个读书人,如何靠推拿按摩装神弄鬼最后出人头地的故事。为了还原原著中的那丝乡土气息,译者也动了心思,通篇都是"郎中"这样的字眼,书名也译作《神秘的郎中》。但首先,"郎中"是对医生的中式叫法,男主人公不是"doctor"(医生),而是个徒有虚名的"masseur",只能糊弄那些折了胳膊腿的乡里乡亲。所以,"masseur"仍是它的原意,并不超越"推拿按摩"的范畴。其次我注意到译者对文中"mystic"这类词的处理,采用了"通灵"、"神人合一"这样巧妙的意译,于是我也灵光乍现,想出了两种书名的译法同她商榷:一为《神医》。较之"按摩师"的直白突兀、不好听,缓和了一点,而且意义也都有了(不仅是书名的意思,还有小说通篇所表达的那层意义);缺点是太短,作为书名不起眼。再就是借文中相当篇幅的"通灵"一用,改成《灵异推拿师》,这样玄虚感也弄成了,那层意思也被强调了。最终和译者选定了后者。

回想梳理一下接触过的风格各异的译者、译稿,记忆中有一部译稿堪称典范。那是湖北大学刘国枝教授译的桑塔格的名作《死亡匣子》。译文之好自不必言,通篇还几乎没有错别字!总编签发稿的时候,翻着干干净净的稿子一脸狐疑地问道:"这部稿子你看过吗?"这样的译者是做到家了。

知易行难

一想到编辑挑剔的眼神和紧皱的眉头,当然,更为了掏钱的读者和自己的良知,凡此种种,在自己的实践中能规避的尽力规避,能发扬的当尽力发扬。但话说回来,毕竟,知易行难。

我曾逗女儿,问她:"什么是翻译?""翻译就是看《英汉大词典》呗。"3岁的娃娃不假思索地答道。难为她小舌头还搅拌得过来。孩子爸一边凑趣:"就是咬文嚼字。"把爷儿俩的话加起来,倒也对了大半。

家人常问我:"你这本书好不好看?"这也是普通读者面对一本书会发出的疑问。从心底里说,这样的提问简单而粗暴,就像问"你幸福吗?"一样,令人难以作答。原作是好看的。再垃圾、再狗血的烂剧不也有人看得津津有味吗?记得有位书评人的一句话:要使一个东西有意思,只需久久地望着它。一本外文书,折腾了你几个月,在你面前纤毫毕露,不允许你漏过一个标点,放过一个介词,只有你才知道哪个角落里藏着除去作者别人不会注意到的暗示,只有你会为女主人公的头发颜色究竟是"姜黄"还是"金黄"而操心。日久生情,因为你熟悉它,知道它的每一处细节,自然也就喜欢它,再冗长、再看似无趣的段落也是你一个字一个字译出来的。

但紧接着就是:"为什么翻译作品这么难读?""不符合中国人的阅读习惯!"这又是轻而易举冲你挥舞上来的大棒,让人有一种秀才遇到兵有理讲不清的感觉。若是回敬一句"原文如此!",你这厢是理直气壮了,可人家不买你的账,看得人累死,还是自娱自乐去吧。网上不都是这样吐槽的吗?

要是就想读个故事、看个情节,那就去看梗概、读缩写好了,那里没有翻译技巧可言,也就不存在阅读障碍;还想过点文字瘾的,就去看所谓的"编译"好了,那里有的是符合国人阅读习惯的华丽辞藻,还有妙笔生花、无中生有的细节描写,又译又写,译不出来就编,只要女主人公叫玛丽、男主人公叫迈克就行(这种假洋鬼子的鸡汤美文一直都有市场!)。我认定一点:那种顺得离奇、美得离谱的东西,八成对不了原文,是再创作的产品。写到这里,恰闻德国汉学家顾彬再度开炮,抖了一个叫人毛骨悚然的内幕(搞翻译的人对此反应会大点):大意是葛浩文翻译莫言的作品不是逐字逐句,而是整体译出,这样可以规避写作上的一些弱点。当真如此吗?!

翻译准绳

说到顾及阅读习惯,其实也就是一个翻译准绳的问题。不要说众口难调,就是译者自己也会有波动起伏的时候。作为译者,当初生牛犊的蛮劲过去之后,有了一定的阅读、翻译积累,落笔往往更小心、更费思量。早先也一度恪守"死忠",无限地忠于原文,不敢越雷池一步,好似讲人话的金山词霸。这一方面是经验缺乏,阅读量、实践量不够,故而下笔如履薄冰;另一方面也是文字功底浅,硬伤在身,文采也就成奢谈,被人诟病"学生腔太浓"也不足为奇。翻翻自己过去的东西,的确有种鸡皮疙瘩掉落一地的感觉。但文字功底不是一朝一夕的事情,所以在有了一定的熟练程度之后,就是翻译状态的调整了。你的筋不再紧绷着,而是学会和着原著作者的节奏有起有伏,不再译得千人一面。拿唱歌做比喻,如果说早先学习翻译好比是大白嗓子,不加修饰,只是让人知道是这么个调、这么个词,若是不幸哪里再跑个调,本来就没精打采的听众就更要捂起耳朵了;要是学点乐理,练个声,运个气,动个情,当能悦耳许多。学会让翻译的声带松弛,就不容易让人有怎么说话好好的,一唱起来就捏着嗓子、拿腔拿调的错觉了。自然,又不可矫枉过正,喧宾夺主,动情成了滥情,把潜台词唱成标语口号,把涓涓细流演变成滔天巨浪。译者,永远在幕后,舞台的聚光灯永远打在作者身上。

译者多"犯贱",明知翻译吃力不讨好,却仍视之为一种诱惑,抵挡不了行进中那种痛并快乐的刺激感及而后的成就感。我对翻译、对外语有一种敬畏感,面对外语,你永远是客人,不可能爬到它头上去进行所谓的"驾驭"。因此,无论名家小说,还是报刊短文,无论儿童文学,还是人物传记,一概毕恭毕敬,以礼相待。要知道,哪怕从中学会了一样物品的说法、一种植物的学名、一个机构的名称、一种句式的表达,也是一种小小的满足。在我杂乱无章的译介篇目中,真正有名、有分量的细数起来也只有3位:军事小说家,人称预言大师的美国人汤姆·克兰西(《虎牙》),恐怖小说之王斯蒂芬·金(《魔女卡丽》),以及爱尔兰文坛常青树威廉·特雷弗。译《虎牙》,经受了繁复的军政术语、反恐情节的枪林弹雨般的考验;译《魔女卡丽》,为其故事所打动,力图淡化它的恐怖而强调它的悲悯;新译威廉·特雷弗的《爱情与夏天》则第一次尝试写了"译后记"。凡此种种,以期与原著、与作者更近一步,不再犹疑地游弋于外,力求少点理解上的重影,多些文字上的契合。

译　文

20世纪50年代末一个6月的傍晚,艾琳·科奈尔蒂夫人穿过拉思莫伊镇:从广场4号出发,来到马格尼斯大街,又进入赫尔利巷,再沿着爱尔兰大街,穿过克拉夫乔丹路,到达至圣救主教堂。她在那里过夜停灵。

已走向终点的这个生命曾经是个有善心、善举,严谨持家之人。靠着对个人满足的向往,科奈尔蒂夫人很久以来才一直容忍着自己的婚姻状况,接纳着两个孩子,但事与愿违:她对丈夫,还有她的女儿,满怀失望。随着死亡的临近,她曾担心自己会被迫回到丈夫身边,于是祈求最好不要如此。女儿,她倒是巴不得离开;儿子——如今已经50了,自还是个婴儿躺在她怀里的时候,就一直是她的心肝——科奈尔蒂夫人只得挥泪永别。

那些私宅的窗帘,在灵柩经过时被放了下来,等灵柩一走,马上又拉了起来。关上门的店铺重又开张。摘了帽的男人将帽子又戴了回去,赫尔利巷子里才刚暂停了嬉戏的孩子们又变得快活起来。殡葬员们走下教堂的台阶。明天的弥撒会请来一位主教;到了那最后一刻,科奈尔蒂夫人将会得到公正的评价。

老一辈的人说,科奈尔蒂夫人嫁的这个家族拥有半个拉思莫伊,这一印象源于他们登记在册的马格尼斯大街的房产,圣马修大街的煤场,还有广场4号,一幢科奈尔蒂家族建于1903年的寄宿公寓。自那以后的几十年间，他们又收购了镇上另外几处地产，并将其修缮一新，租金收入虽不太高，但日积月累，也颇为可观。可即便如此，称科奈尔蒂家族拥有半个拉思莫伊仍不免夸张。

镇子小巧、普通，位于一个盆地，至于那盆地的形成原因，人们无从知道也不想知道。农夫们每个月的第一个星期一将牲畜牵来，向拉思莫伊两家银行中的一家贷款。他们找在广场上开业的牙医拔牙，时不时地向那里的一位律师讨点主意，他们到尼纳路上的德斯·德夫林店里瞧瞧农机，跟种子商赫弗伦讲讲价，走进镇上众多酒馆中的一家喝上一杯。他们的老婆则到自选商店购置杂货，手头不太紧的话就上麦戈文商店。买鞋去泰勒商店，买衣服、窗帘布和油布则上科尔巴利布店。在香农计划开工之前，磨坊的发电厂都有过雇工；如今人们可以在乳品厂、炼乳厂、建筑工地、商店、酒馆，还有瓶装水厂找到工作。广场上有幢法院大楼，米尔大街的尽头是个废弃的火车站。镇上有两座教堂、一座女修道院、一个天主教平信徒社团和一所技校。镇上还在筹措资金，计划兴建一座游泳池。

拉思莫伊风平浪静，镇上的居民说，人们大多一直生活在那里。离开的都是年轻人——去都柏林、科克郡、利默里克郡，去英国，或是美国。许多人又回来了。说风平浪静也是言过其实。

——管舒宁译威廉·特里弗《爱情与夏天》

重现原著的风采:
关于《血色子午线》的翻译

冯 伟

要说《血色子午线》是科马克·麦卡锡最伟大的作品,恐怕鲜有异议。但此书出版虽近 30 年,相较于作者其他作品,国内与之相关的评论和研究成果却寥寥无几,除了缺乏译介,难度太大无人问津也不失为一个原因。其实对英美读者而言,此书亦非可以一目十行的消遣读物。为何?难。作为读者,难,绕过便是,但作为译者,逃避即渎职。那本书难在何处?且让我慢慢说起。

先说作者。麦卡锡高度敬业,除了读书、写作,几乎不问俗务。为了写作此书,他阅读了几百部历史文献,考察了每一个写到的地方;同时,一切背景知识,即便只有只言片语,若无深入研究,也断不会付诸笔端。因此,这便出现以下几个结果:难易一字的语言表达,精确的细节,丰富但凝练的背景内容。众所周知,同样的特点,也体现在《红楼梦》《尤利西斯》等经典文学作品中。如此一比较,读者便知此书的分量。

在翻译中,各种学科和各种语言的生僻词扑面而来,而且大多不见于网络或实体字典,不抓耳挠腮地在网上耗上十天半月,很难确知其意。正因此故,初稿完成时,该书尚有几百处生词毫无着落,甚至在交稿前几天,还有若干不完全确定的生词让我坐立不安。比如书中充斥各种枪械

冯伟

术语,大多数费点力气尚有眉目,但万事皆有例外,有些词即便知道英文含义也不知对应的中文是什么,四处求问一般无果,只好阅读各种相关文献,弄清19世纪的枪械使用原理、部位功能等等,然后自定译法。不过最令人欲哭无泪的是一些不知道来自哪种语言的词汇,比如shacto一词,最后是校对者在一个波兰语网站上找到的。不过词再难,都还只是技术问题,只要有时间和无比的耐心,总会柳暗花明。但谈到对句子和段落的理解,就没有这么简单了。

很多句子之所以难,主要是缺乏相关的经验和背景知识,比如枪战中的一些动作,不熟悉这类枪械的使用,查遍字典也枉然。当然,知道是枪械问题就已大幸,毕竟还知道查询方向。而一些用寻常词汇表达的科学事实,如特殊地理和气候条件下出现的物理现象,那就容易让人摸不着头脑了。作者只管描写,而不道明其实这是"上蜃景"的一种,或者"音流学"现象,不明白的,还得绞尽脑汁、装模作样地去生造出符合上下文的译文来。作者读书海量,号称该书由书组成,结合我自身所学和一些参考文献,尚能摸清一些文学、历史、地理、人类学等背景;但"可恨"的是,作者也酷爱自然科学,所以在该书中留下了大量这种阅读的痕迹,这对学文科的我来说无疑是致命打击。所幸,该书校对者郑贤清兄乃复旦大学物理学博士,知识面甚广,分辨和研究出了诸多科学背景,修改了许多句子,否则该书的某些译文绝对会让读者感到莫名其妙不知所云。

更有甚者,有些句段很难猜测、分析或查出作者的原意,是形而上的议论、比喻性的描述,还是隐微的话语,还是三者兼有?我不敢妄言。于是只好求问广大外国读者,参考外国学者的文章,但往往也是众说纷纭。在这种情况下,如果把握较大,便适当地意译,把模糊的原文翻译清楚,而如果意译有可能导致误解,便尽量在不损原文的基础上直译,让读者自己去参悟。作者狡黠,遣词造句时常模棱两可,如此一来,便出现多种说得通的理解。因此,书中有些译文未必百分之百传达了原文的意思,充其量是我自己对原文的众多理解的一种表达,就如译诗,因为种种主客观原因,总会有一些东西遗失。比如以下这一处,我和校对者曾前后多次重译,每次的理解都与上一次不同,但最终由他确定这样来理解和翻译:

> 子弹向上飞,那一小颗金属疾速飞往西边上空地球与太阳之间那遥远的无声碾磨着的环形物质带。

这一句我们曾比较过几个其他语种的译文,各位译者的理解也千差万别,其难度可见一斑。或许其本意如何,只有作者自知。

因为《血色子午线》的这些特点,国外有好事者专门罗列或撰文分析麦卡锡小说中的冷僻词汇及其意义,也有人特意著书或做网站为该书提供注解和背景知识,但经此一译,我深知,该书尚有更多隐秘未被挖掘。不过,相信随着时间的推移,会有更多的内容和背景被揭示出来。我已尽量综合各家发现,用脚注的方式注明已确定的内容,以帮助读者理解。

《血色子午线》是我翻译的第一部文学作品。此前虽译书几部,但都是社科读物,只求通顺、准确,并未刻意追求文采。但此次面对麦卡锡这样文风另类的作家,首要问题便是如何重现其风格。该书前面一些章节曾由《路》的译者杨博和介末花花兄翻译过,我在校对过程中比较过他们和我的译文,发现三种译文风格迥异。该书文风如何,三人的理解不可能完全一致,而因为阅读和写作经验的差别,最后输出的译文风格也会有所不同。一经比较,我恍然大悟:到底谁的译文与原文最为贴切,实难判断,因为译者的主观性不可能根除,如何理解和表达又是因人而异,更何况读者的口味也是五花八门。所以我只能坦言,该译本的风格是我自己理解的麦卡锡的风格,也许与原文接近,也许相去甚远,如何评判,未必有绝对的标准。在我看来,该小说的文体特点包含以下几项:

惜墨如金,但到该铺陈之时绝不吝惜笔墨。惜时,作者直接像写诗一样扔出一个意象,舍弃句子的主语和谓语动词;泼时,则一连写上十几行,毫无断句和加标点的意思。就英语而言,这两种写法已算是"陌生化"了。我深信,好的翻译作品理当增强汉语的表现力,而非囿于汉语。因而我决定,绝不因为部分读者不习惯,而随意增删,抹去原文的特点,但这并不等同于逐字逐句地死译,而是极力用译文重现其文风。以长句为例,作者偏爱无标点长句,以传达急遽、窒息、疯狂等感觉,如何翻译这种句子,我参考过其他文学作品的译法,也与朋友讨论过,几易译法,最后确定尊重原文。小说第四章结尾有两段几百字的无标点长句,为了将其理顺,我花了一整天才勉强打下初稿,而译文要是加上标点以正常语序来表达,原文的阅读效果要损失一大半。如果有人指责说这违背了现代汉语的表达规范,我只好搬出骆以军的《西夏旅馆》,里面的长难句不比《血色子午线》少。简而言之,作者用不符合英文表达习惯的陌生化手法传达的,我一律用不符合汉语表达习惯的陌生化译法来转换。

主干词汇简约平实。作者喜欢重复用词,这在英文写作中并不常见。比如表示"看"的词,最多的是 watch 和 look,此外便是 view,regard,peer,其余基本上没有。另外 after a while,sat the horse,rode on 之类的表达也随处可见。鉴于这种标志性的重复,译文中也几乎不随意变词,以突出原文特征。此外,除却小说中的法学、地质等专业术语,其他词汇基本上都是非文学的常规用词,因此我除了在增强表达语言准确度和突出人物特征等方面稍抠字眼之外,大体上有意避免使用文学性太强的字眼,尤其克制使用文化意义太强的四字成语,亦不对原文做过度的发挥,以免画蛇添足。在我看来,该书整体风格苍凉、残酷粗粝,希望译文也能给读者同样的感受。

我的中文水平有限,书中很多精彩之处唯恐词不达意,于是在润色时大量参考古今汉语文学作品,学习其中的表达。枪战和马战场面的描写参考过《水浒传》《三国演义》和《狼图腾》,无标点长句、混乱的句子的写法参考了《西夏旅馆》,土匪式的对话参考了一些类似题材的影视戏剧剧本和小说,以求弥补自身的语言缺陷。由此亦感叹,冰冻三尺非一日之寒。

译 文

队伍如今已止步,第一轮射击已毕,灰色的来复枪烟滚过灰尘,而同时长矛骑兵也突破了他们的队列。少年的马长喘一声摔倒在地。他已经打完了来复枪的子弹,如今坐在地上,慌乱地在子弹袋里摸索。他旁边一人坐倒在地,颈部吊着一箭。他身子略曲,仿佛在做祷告。少年本来打算伸手去摸这血淋淋的箍铁尖,但他看见这人胸口中的箭已没羽,早已死亡。处处可见倒下的马和痛苦蠕动的人。他看见一人坐着给来复枪装弹药而血从耳里涌出他看见士兵试图给打开的左轮手枪装上随身携带的备用弹仓他看见跪地者身子倾斜抓紧自己地上的影子他看见身中长矛的人头发被抓住站起然后被割下头皮他看见战马踩着倒地者一匹白脸黑斑眼的小马驹从昏暗中侧过身狗一样朝他猛咬一口然后跑开。伤员中有些说不出话来不知发生了什么有些戴着苍白的尘灰面具有些大小便失禁或踉跄撞到野蛮人的长矛之上撕成几块。如今排成一排疯狂杀进来的是双眼乱转龇牙咧嘴的狂奔马群以及嘴巴咬着大把箭矢盾牌在灰尘中闪着光的裸身骑手在骨笛声中冲向被摧毁的队伍的外侧脚跟挂着马肩隆上的带子从马身侧下短弓在小马伸长的脖子下面拉开最后他们环绕队伍一周后将其分成两段像游乐场的演员一样再度坐起,有的胸前画着噩梦般的人脸骑着马践踏摔倒马下的撒克逊人用长矛刺杀棍棒击杀带刀从马上一跃而下弓着腿满地小跑仿佛一群被陌生驱力驱使的生物然后从死者身上扒下衣服抓住生者死者的头发用刀刃环切头颅高举割下的血淋淋的头皮对裸露的尸体狂砍乱劈,割下四肢、脑袋,挖开陌生的白色躯干,手捧一大把人体内脏和生殖器,有些野蛮人浑身血污像在里面打过滚的狗如果碰到垂死之人就会将其鸡奸并朝同伴高喊。此刻死者的马从尘烟中砰砰逃走浑身上下是晃动的皮革和乱糟糟的鬃毛因恐惧而翻白的眼睛如同盲眼有些浑身插满了箭羽有些被长矛穿透在杀戮之地旋奔时跌跌撞撞地呕血然后嗒嗒地消失在视线外。尘灰止住了被割下头皮的裸露脑袋的血伤口下还留着几簇头发而这些露出头骨的人如今躺在拌着血的尘土中如同残废了的裸体僧侣处处可以听见垂死者的呻吟和胡言乱语处处可以听见倒地之马的嘶鸣。

——冯伟译科马克·麦卡锡《血色子午线》

我译托妮·莫里森《爱》：
归回文学的情感本原

顾　悦

　　正如福克纳所言，伟大的文学总是言说那些人类灵魂深处的"古老而普遍的真理——爱、荣耀、怜悯、自尊、同情、牺牲"。同为美国作家中的诺贝尔文学奖得主，托妮·莫里森堪称福克纳在美国当代的继承人。尽管有着诸多迥异，两位大师却共享一种厚重与宏大的气象。莫里森的小说一直都在书写"古老而普遍的真理"，用她极具洞察力的眼光审视这些情感，并且把其中的每一种强度与细微度都发挥到极致。时至新千年，已经获得诺奖10年的莫里森，将那个据说是文学艺术永恒主题的词当作了她小说的标题——《爱》。

　　最近10余年，莫里森毫无疑问是文学研究的宠儿——在美国是，在中国亦是。自1993年莫里森获奖以来，诺贝尔文学奖再也没有青睐过美国作家；其中难免有偏见成分，不过这也使得莫里森的地位变得特殊，更因为其黑人女作家的身份使得种种"性别"、"种族"之类的标签可以非常方便地贴上。结果就是，这样一位作家被符号化、标签化，仿佛成了一面政治旗帜。大量的研究文章充满重复，每每流于陈词滥调，不禁让人记起哈罗德·布鲁姆的称谓——"憎恨学派"，仿佛莫里森的作品只是为了让黑人恨白人，让女人恨男人。莫里森写的终究不是"革命文

顾悦

学",她也不是作为政治符号与标语旗帜成为大师的。在《爱》中,种族政治当然会被提及,但大抵是不多着力地一掠,是背景,退在后台,而活跃在前台的则是——正如莫里森所说——"各种爱,各种背叛"。莫里森一向以充满美感的笔触抒写人类的情感,在《爱》中更是如此。

最早阅读莫里森的小说还是8年前在北外那个飘着杨花的春天里,年过古稀的钱青教授每周拄着拐给我们讲小说。当时读了莫里森的《最蓝的眼睛》,第一页的那些句子已然吸引了我——我大抵是赞同班维尔的,认为语言是小说的核心,尤其是语言的节奏美感。一向疏懒于各种任务的我,也不禁被那优美的英文所震撼而更多地读起来。自此就一直坚信莫里森首先是一位伟大的艺术家,而非"革命家"抑或"战士"。时隔多年,到了2010年,我才与莫里森的《爱》结缘。

翻译的艰难就无须多言了,这本来就是译者应有的担当。大量词语在词典甚至网络上都难以找到,这也不是我一个人遇到的事情,努力下功夫就是。无论是查找小说中当时美国南方黑人吃的麦片品牌,抑或听的唱片、看的电影、去的商场、开的车、用的电器,种种这般,都是译者的本分。小说中出现大量美国南方英语,不是本地人基本很难全部精确把握,于是我设法找到了生活在美国南方且有英文系背景的美国朋友,翻译过程便是与美国朋友反复通信——甚至他也用起了中国的QQ,我们可以更快地交流——商讨一个个翻译难题,也成了生活中的惯例。对于许多模棱两可充满双关的词句,更需要一天天长久地涵泳其中。

《爱》的一大特色便是叙事声音的不断转换。不仅小说中的主要人物,甚至笔墨不多的次要人物也往往有自己的声音。时而粗鄙笨拙,时而智慧聪颖,时而冲动鲁莽,时而成熟老到,叙事声音的每一次转换,语言风格便会随之而变。此处需做到"不泥",随时跟着莫里森笔法的变化而寻找相应的中文。莫里森擅长写人物的对话,并且每个人物的性格借以从中凸显,翻译时便需要大量运用虚词和语气词,模拟出英文本来的效果,因此每一个"哦"、"呢"、"啦"、"吧"都不是随意的。小说中每个人的名字都经过了精巧的设计,而对名字的翻译亦是考验创造力的。一位神秘女性,名曰"Celestial",在小说中下笔不算多,但极为关键。"Celestial"一词意为"与天空、天国有关的",兼有"极美丽"之意,有时又有"与中国有关的"之意。推敲许久之后,我将其翻作"凌霄",思揣或可以流露出她那遥远而美丽的、清冷高傲却又坚韧的气质。原文有很多地方则需要靠对作品文化语境的熟悉才能保证理解,例如衣服上绣着"S"的是指超人,手里拿着干草叉的则是指撒旦,此类问题都反复和美国南方人士确认之后才定稿。唯一始终全无头绪无法解决的问题,便是翻译文中多次出现的一种人造语言——"idagay"。这是两位主人公儿时发明的暗语,甚为体现了两个小女孩的心灵联结。当留心临终,二人重又唤回那种联结时,她们的标志便是又说起了儿时的暗语;生前她们最后一句对话,便是用这"idagay"的暗语说出。然而面对这种人造语言,许久还是难有头绪。最终还是联系了莫里森本人,她告诉了我破解密码的公式,方才破译出来。

回想最初开始翻译,是在北加州的小木屋里,收音机里放着 KDFC 的古典音乐,忽地就插进一段因日本地震而发的海啸警报。天气好时我会搬一张小凳子坐在屋外的山坡上,捧着血红色封面的《爱》,看着太阳泛起相似的血红色。在南京最炎热的夏日，我放下手头一切事物，全心全意投入译事中，每日从早到晚，与莫里森相伴。在那炎热的夏天，时而就仿佛身处莫里森笔下的美国南方。中途每每痛苦不堪——倒不是因为文字的艰难，尽管这艰难确实无法否认，而在江南湿热的伏天尤其让人烦躁——而是这故事的悲剧性与近乎惊悚的阴冷的哥特气质让我在翻译过程中不断遭遇一波波的情感冲击。那段时日，每次见朋友就会说，真是好悲伤啊。

读莫里森的书注定无法放松心情。在美丽的语言与精巧的结构之后是巨大的沉重。然而她的沉重便是她的标志。直面苦难，直视人性中挥之不去的幽暗，正是她的分量。

做翻译时，真切体会到自身责任的巨大，仿佛古代以色列的祭司，要在众人前传达神（此处是创作作品的大师）的圣言。众人无法直接听闻，而吾等口中所说的，他们便当作是大师的原话。这真是让人战战兢兢又无比荣耀的事情，于是或许可以说，翻译都是亚伦的后人了。

翻译过程中我一直坚持手写，自觉文字的质感不应让电脑屏幕所"隔"断，并且会寻找最合适的笔和纸，能够最舒服地让语言从声音流淌成文字。于是渐渐就积了厚厚一大沓手稿，然后再一点点输入电脑——输入时也要一句句看着原文，算是再校译一遍。打印出来之后又是一遍遍地改，请朋友帮着看，找出一切不够完美的词句。如果加上后续的校改，前后十几遍是并不夸张的。有时不禁想，鲜有做什么事情是如此费心的。交稿之后，每每仍无法平静，满脑子全是小说的内容；之后好几夜都会忽然醒来，想到某个句子有更好的译法，于是爬起给编辑写信。这般折腾了一阵子，终于如戒瘾一般禁止自己再去碰这本书，才算作罢。之后就静静地其实是忐忑地等待出版。尽管其中出现了一些波折，遇到了一些意外，但人生大抵如此吧，最后终于看到了中文版《爱》的出版。

谈到《爱》时，托妮·莫里森曾说："人们说我总是在写爱。永远是爱，永远都是，我点头，是的，但也不对——不准确。其实我总是在写背叛。爱是天空，背叛是闪电，把天空撕开让我们看清楚。"罕有如此一本书，其主旨、标题、主人公的名字都是同一个词，这个词也是贯穿古今中外一切伟大作品的主题，提醒我们伟大的艺术总是关乎人性的，也让我们拨开种种迷雾，归回文学的情感本原。

译　文

　　女人们张开双腿，因此我开始哼唱。男人们变得不悦，但也知道这都是为了他们。他们放松下来。站在一旁，无能为力地看着，是一种煎熬。可是我一言不发。反正我天生就是安静的。小时候人们认为我懂礼貌，年轻时他们说我稳重。后来别人又觉得我成熟有智慧。如今沉默被视作怪异，我的种族大抵也忘记了言简意赅的美丽。如今舌头不停在动，思想却不知在哪里。不过我曾经可以正常地交谈，必要时我说句话就能终结腹中的生命，叫停手中的刀剑。现在不能了。70年代的时候，当女人开始叉开腿坐在椅子上，开始在电视上跳露裆舞，杂志开始拍女人的屁股和大腿间，仿佛这就是她们的全部，嗯，我就彻底不说话了。在女人不愿当众张开双腿的年代，还有秘密的概念——有些可以说，有些不说。现在呢？没有了。无耻成为如今的常态，我只有哼唱。嘴里哼着曲调，脑中和着歌词。人们来吃小龙虾，或者来消磨时间，不会发现也不会在意只有他们在说话。我只是一个背景——就像电影中情侣初次相见时，或是丈夫在海滩上独自徘徊，思揣着有没有人看见他做的亏心事时，随之响起的背景音乐。我的哼唱给人们鼓励，帮助他们下定决心，就像让穆德莉·皮尔斯决定替她女儿坐牢时一样。我觉得，尽管我的音乐是温柔的，但或许也可以有那样的效果。海面上飘来《蓝色心情》的歌声，会让你的游动不再一样。它并不会让你潜入水中，但是它能够改变你的泳姿，或者骗你相信你自己既聪明又幸运。那么为什么不游远一点，再远一点？深渊又怎么样？那在很深的地方呢，用不着靠着小号和钢琴给你勇气，不是吗？当然，我没有那么大的力量。我的哼唱大多是低沉的、私密的，是被这世界所烦扰的老女人的歌声，是她对这个世纪的反抗。在其间，一切都被知晓，却无一被理解。也许一直就是那样的，不过到了30年前我才感觉惊讶——其实妓女一直都在引领着潮流。她们坦诚，所以被人们崇拜。或许人们崇拜的并不是她们的坦诚，而是她们的成功。不过，电视里这些张开双腿跨坐在椅子上，或者半裸身子跳舞的90年代女性，同我们这儿的体面女性也没有多大差别。这里是海边的乡村，潮湿，敬畏上帝，女人们不顾一切地追逐热裤、丁字裤和相机镜头。但不管过去还是现在，不管穿的内裤是否得体，野性的女人从来就无法隐藏她们的天真。她们总会眼巴巴地盼着白马王子的到来。尤其是那些随身带着刀片、满嘴脏话的刚硬女人，还有那些手袋里塞满大麻的开跑车的张扬女人。就连那些身上挂着勋章般的伤疤、丝袜卷到脚踝的女人，也无法隐藏她们里面那个蜜糖般的小孩，那个可爱的小丫头，蜷缩在某处，或是在肋骨之间，或是在心的下面。自然，她们背后都有悲伤的故事：太多关注，太少关注，或是以最不幸的方式关注。故事里会有恐怖的爸爸、虚伪的男人，或是伤害她们的刻薄的妈妈和朋友。每个故事里总有一个恶魔，让她们变得刚硬而不是勇敢。因此她们张开了双腿，却关上了心门，把那个蜷缩着的小孩深深地藏着。

——顾悦译莫里森《爱》

法语

标准·效果·理想·方法
——以加缪的《局外人》为例谈翻译

郭宏安

《圣经·创世记》说:先民本来言语口音是一样的,他们商量在巴别这个城市里修一座塔通天,告诉后代,以防他们分散居住而沟通不畅。耶和华怒其狂妄,说:"看哪,他们要成为一样的人民,都是一样的言语,如今既做起这事来,以后他们要做的事,就没有不成就的了。"于是,上帝变乱他们的言语口音,引起他们的纷争,这塔也就停工不造了。从此,人们以语言的不同而分散居住,其间的沟通交流不得不通过语言的转换,即翻译。据称,中国用文字记载的翻译,始于两千多年前先秦时期的诗歌。可见,无论中外,翻译都是一件十分古老的事情。

然而,什么是翻译?翻译理论家、翻译工作者和翻译爱好者给出了多少有些不同的回答。我的回答是一个翻译爱好者的回答:翻译就是用一种文字(语言)传达用另一种文字(语言)写成或说成的作品,最后形成文字的作品而不变更所表达和蕴含的意义与信息。用杨绛先生的话说,翻译就是"把原作换一种文字,照模照样地表达。原文说什么,译文就说什么;原文怎么说,译文也怎么说"。这是一种平实可靠、人人可以接受的定义。什么是文学翻译?文学翻译就是一种具有文学性的翻译。翻译有许多种,口译且不论,有科技翻译、文学翻译、理论翻译、实用翻

郭宏安

译、社会科学翻译、人文科学翻译、自然科学翻译,等等,唯有文学翻译具有文学性,有的哲学、历史等著作的翻译也具有文学性。那么,什么是文学性?文学性就是"那种使特定作品成为文学作品的东西",例如想象力、虚构、描写、象征、比喻、修辞,等等,即我们在今天的语境中所理解的严复"翻译三难说"中的"雅"字,此为文学翻译独有。"信、达、雅"之中的"雅"字,历来解说甚夥,然而大多斤斤于字面,多皮相之谈,唯钱锺书先生从反面予以阐释,谓"雅非为饰达","非润色加藻",一个"非"字搔着了"雅"字的痒处,较之"文雅"、"高雅"、"古雅"、"汉以前字法句法",等等,更能切中肯綮,打开思路。以文学性解"雅",可以与时俱进,对一个旧的概念给予新的解释,令其获得新的生命,所以,并非所有新的说法都显示了认识的深入和观念的进步。译文对原作以雅对雅,以俗应俗,或雅或俗,皆具文学性,此为文学翻译也。故"雅"字在文学翻译中断乎不可少。

"译事三难:信、达、雅",当合而析之,不应分而观之,以此为标准,可以分出译品的好坏善恶,全面而精当。大部分的翻译家对"信、达"取信服的态度,对"雅"字则如履薄冰,做种种或明或显的抗拒状,以文学性解"雅"谅可消除其对"雅"的疑虑。如果扩大一些,对"雅"作广泛的理解,则可以为"神似",然而神似并非形似的反面,完全可以以形出神,不必"弃形取神"。"神似"的说法,以傅雷的观点最为著名。他说:"以效果而论,翻译应当像临画一样,所求的不在形似而在神似。"请注意,这里说的是"效果"而非标准。标准是衡量事物的准则,而效果则是由行为产生的有效的结果,两者不可同日而语。再说,"不在形似"不等于不要形似,完全可以既要形似,又要神似,形神兼顾,形留而神出。有一种说法,认为"神似"进一步发展,则进入"化境"。"化境"的说法来自钱锺书先生,他在1979年的《林纾的翻译》(收在《旧文四篇》里)中说:"文学翻译的最高理想是'化'。把作品从一国文字转变成另一国文字,既能不因语文习惯的差异而露出生硬牵强的痕迹,又能完全保持原有的风味,那就算得入于'化境'。"所谓"原有的风味"者,乃是原作的风格之谓也。《林纾的翻译》于1964年首次发表,当时,"最高理想"一语是写作"最高标准"的,后来标准改为理想,显然不是信手随意的,必是深思熟虑的产物。"理想"是同奋斗目标相联系的、有实现可能的想象,故标准是现实的存在,理想是追求的目标,两者不是同一性质的东西。因此,标准、效果和理想不是同一范畴的事物,不可混为一谈。由"信、达、雅"而"神似",而"化境",刘靖之先生将其看作一条由浅入深、不断延伸的线,"一脉相承"。我觉得,由标准而效果,而理想,不妨看作一个面,不断扩展,仿佛一圈圈涟漪。这样产生的译作可以称作善译,而其实现的方法,则如杨绛先生所说:"把原文的句子作为单位,一句挨一句翻。"换句话说,就是以句子为单位的直译。于是,标准、效果、理想、方法,由点及面,一种翻译理论就宛然在目了。

文学作品的本质特征不在内容,而在形式,换句话说,决定一件作品是否文学作品,不是因为它讲述或描写了什么,而是取决于它是怎样讲述、怎样描写的。一件作品"怎样"形成了其精神风貌,它是简约的,还是繁缛的;是清丽的,还是浓艳的;是婉约的,还是豪放的;是优美的,还是雄伟的,等等,都是由其选词造句、结构框架、气息节奏、叙述技巧等决定的,一言以蔽之,是由风格决定的。因此,依据"信、达、雅"的标准,翻译文学作品,只有"信、达"还不够,必须有"雅"——文学性,也即是说,必须传达出原作的风格,然后才有可能达到预期的效果,实现所追求的理想。然而,什么是原作的风格,什么是译作的风格,原作的风格和译作的风格之间的关系如何,这些都是翻译家争论不休的问题。归根结底,是风格可译不可译的问题。简言之,认为风格可译的,大多是主张直译的人,一句挨一句地翻,就有可能多少传达原作的风格,有人将这些人称为语言学派,颇有不屑的意味;主张风格不可译的,大多是主张意译的人,他们自称文艺学派,由于认为原作的风格不可译,就随便给译作一种他们认为美的风格。主张风格不可译者未必明确地声明风格不可译,也不是都反对"信、达、雅",不过他们以为"雅"就是高雅、典雅、美的词汇、雅的句子,就是文采,而且认为只有华丽才是文采,总之,认为翻译是"美化之艺术"。一经美化,译作倒是有了风格,但已不是原作的风格了。在持这种观点的翻译家眼中,原作的风格和译作的风格,根本是两种不相干的东西。在他们的译作中,不,应该说在他们的"创作"中,出现一些具有强烈民族特色的词汇或表达方式,就毫不奇怪了。读者不免怀疑,难道外国人也有相同或类似的俗语和陈词滥调吗?一味求美,则雕缋满眼,其实只是堆砌辞藻,而真正的美则荡然无存了。不过,就实际的情况来说,真正"美化"的翻译实在是太少了,文艺学派的翻译家们似乎在纸上谈兵。如果一定要分出派来的话,我宁愿加入直译派。

  译作的风格只能以原作为依归,能否传达原作的风格,应该视为翻译的最高境界。是否达到了,则要看译者个人的造化。也许传达原作的风格只能是最高的理想,可望而难即,然而"望"与"不望",差距不止毫厘。宋代严羽说:"入门须正,立志须高……行有未至,可加工力;路头一差,愈趋愈远……"八百年前的古人之言,可供今之译者深思。你可能实现不了这种理想,进入不了这种境界,但是你必须正走在实现这种理想和进入这种境界的道路上。诚然,传达原作的风格是很难的一件事,也许百不一见。但是,能不能是一回事,难不难是另一回事,不可将"很难"视作"不能"。译者主观上是否具有传达的意图,其结果是很不一样的。有,就会自设藩篱,循迹而行,或可在译文中见原作风格于一二;没有,就会自由散漫,失去约束,原作的风格也将不知所终。如此则不仅"雅"失去了准的,恐怕连"信、达"都要打折扣了。传达原作的风格是很困难的,但是有为的译者正是要克服这种困难,成就与原作相配的译作,正如杨绛先生在《艺术与克服困难》中所说:"创作过程中遇到阻碍和约束,正可以通过作者去搜索、去建造一个适合于自己的方式;而在搜索和建造的同时,他也锤炼了所要表达的内容,使合乎他自建的形式。这样他就把自己最深刻、最真挚的思想感情很完美地表达出来,成为伟大的艺术品。好比一股流水,遇到石头阻拦,又有堤岸的约束,得另觅途径,却又不能逃避阻碍,只好从石缝中迸出,于是就激荡出波澜,冲溅出浪花来。"石头、堤坝、石缝,等等,好比实现艺术目的的种种困难,原作者要克服困难,译者也要跟随着原作者克服困难,因为翻译本身就是一种有限制的艺术,所谓"戴着镣铐的舞蹈"。

什么是风格?我们只需听一听法国作家于连·格拉克是怎么说的。他说:"对一位作家来说,口吻最重要,比形象的美更重要,那是一种他称呼某些确为他所见的事物的口吻。"这"口吻"就是风格。他看见了什么,选择什么样的句式、什么样的节奏、什么样的叙述方式、什么样的篇章结构、什么色彩的词汇、什么独特的姿态,等等,构成了他个人的口吻。译者若对原作有所感觉和体会的话,那就是这种"口吻",译者应在译作中努力传达的也就是这种"口吻"。这种口吻望之有,即之无,但却是一种确确实实的存在。但是,周煦良先生说:"有人自诩翻译哪一个作家就能还原出这个作家的面目或风格,我看这只是英雄欺人语;据我所知,就有翻译家对文本还不大能弄得懂,就大吹自己的翻译是旨在表现原作诗一般美丽的风格。依我看,对一个作家或风格的认识也还是从对作品的理解而来的,否则便是空话。教外国文学的人最喜欢谈风格,但是对一个搞实际翻译的人来说,风格却是一个最难谈得清楚的东西。我觉得,在通常情形下,它好像只是在无形中使译者受到感染,而且译者也是在无形中把这种风格通过他的译文去感染读者的,所以既然是这种情形,就让风格自己去照顾自己好了,翻译的作者不可也不必为它多伤脑筋……我觉得翻译工作者如果花许多功夫去钻研作品的风格,还不如花点工夫去培养自己的外语感觉能力好些。"总之,"原文风格是无法转译的"。周先生说的固然是实际情况,译者多是做"英雄欺人语"者,50年前如此,今天也好不了多少。由于出版的商业目的导致的速度和数量的增加,坏的和好的译作都多了,显然不是50年前可比,但是翻译工作者面对的问题还是一个,即"钻研作品的风格"还是"培养自己的外语感觉能力"?如按周先生的意思,似乎前者是说给"教外国文学的人"的,后者是说给"搞实际翻译的人"的,两类人有两个不同的要求。实际上,无论是搞外国文学还是搞实际翻译,首先要做的都是"培养自己的外语感觉能力",如果一个译者的外语感觉能力不够,显然不能要求他传达原作的风格,如果他有了足以感受原作风格的能力了呢?可以说,如果周先生"风格不可译"的说法是指除了文学翻译以外的"翻译工作者"的话,是有道理的,但是不能说"原文的风格是无法转译的"。外国文学工作者对一部外国文学作品风格的"钻研"是他本职工作的一部分,他的研究成果用本民族的语言发表出来,也是题中应有之义。试问,如果他有了一定的研究和体会,他若想把这部作品翻译给中国读者,他将如何呢?能够用本民族语言说明的事物,也必然能够用本民族的语言传达,只是程度有所不同而已。他势必要尽力表达他的研究和体会的成果,即把原作的风格传达出来。当然,他的研究是否正确,他传达出来与否,传达到何种程度,那是需要读者和时间说话的。但是,他必然有传达的意图。他实现这种意图的过程,就是他逐渐接近原作风格的努力。努力传达原作的风格,是以钻研、了解、体会原作的风格为前提的。风格也许是不可译的,却是可以传达的。王以铸先生论诗之不可译时说:"译诗者要有知其不可而为之的劲头儿。"这"劲头儿"就是传达原作风格的意图。译诗者和译文者是一样的,有没有这种劲头儿,有没有这种意图,结果大不一样。

我是外国文学研究者,业余喜欢翻译,翻译的大多是研究对象的作品,极少旁骛。我"喜欢谈风格",也觉得在我的翻译中应该传达原作的风格,至于传达的是否原作的风格,传达到何种程度,不是我应该关心的事。例如,从20世纪80年代开始,我持续地关注法国作家阿尔贝·加缪,在研究之余,逐渐地把他的作品介绍给中国读者,在介绍的过程中注意其风格的传达,也是很自然的事。

1975年秋,我到日内瓦大学进修法文,在此之前,我很少接触法国小说,阅读过的法国小说原文也十分有限。在日内瓦的两年中,我读了大量的法国和瑞士的文学作品,也曾产生过翻译的念头,但没有付诸实践。1978年,我进入中国社会科学院研究生院学习,开始了外国文学研究生涯。整个80年代,我做了两件事:一件是波德莱尔研究,写了《论〈恶之花〉》和一些关于波德莱尔的专论;另一件是加缪研究,其成果以《阳光与阴影的交织》为题出版。此外,我翻译了《波德莱尔作品集》(四卷本)和《加缪文集》(三卷本),其中加缪文集的第三卷(散文卷)是在2010年最后完成的。1981年,短篇小说《约拿,或工作中的艺术家》中译本出版,是我翻译加缪作品的开始。1985年,《加缪中短篇小说集》出版。1986年,《西绪福斯神话》收入《文艺理论译丛(2)》。2011年,《反与正》《婚礼集》和《夏天集》的中文版问世。我翻译的加缪作品不多,但连续30年不曾中断。

　　我第一次接触加缪的作品是1976年在日内瓦时,当时连加缪是法国作家都不知道。《局外人》不长,语言也清晰简明,对国内本科法语毕业的我来说,很容易阅读,但深刻领会作品的内涵还谈不上。我是以一个"普通读者"的姿态阅读的,即约翰逊博士所称之"普通读者":"能与普通读者的意见不谋而合,在我是高兴的事;因为,在决定诗歌荣誉的权力时,尽管高雅的敏感和学术的教条也起着作用,但一般来说应根据那未受文学偏见污损的普通读者的常识。"普通读者"不同于批评家和学者",在接触作品时,头脑是空白的,心胸是开放的,作品的内容、形象、语词、符号遇到的是不设防的空地。

　　《局外人》首先吸引我的是清晰、简洁、透明甚至枯涩的语言。同时,主人公默而索以不同的面目出现在我的脑海中。他是一个敏感、清醒、具有明确的自我意识、有着正常的理智的人,然而他有意识地拒绝文明社会,拒绝撒谎,拒绝夸大其词,拒绝接受传统的价值观念和行为模式。他没有哭死去的母亲,但心里是爱她的;他"大概不爱"而娶玛丽,是因为他觉得人人都挂在嘴上的"爱"并不说明什么;他对职务的升迁不感兴趣,因为他觉得那并不能改变生活;他拒绝接见神父,是因为他觉得"未来的生活"并不比他以往的生活"更真实"。最后,检察官控告他"怀着一颗杀人犯的心埋葬了一位母亲",法院遂判了他死刑,而他则以看破红尘的面目出现:"面对着充满信息和星斗的夜,我第一次向这个世界的动人的冷漠敞开了心扉。我体验到这个世界如此像我,如此友爱,我觉得我过去曾经是幸福的,我现在仍然是幸福的。为了把一切都做得完善,为了使我感到不那么孤独,我还希望处决我的那一天有很多人来观看,希望他们对我报以仇恨的喊叫声。"读到这几句话,我叹了一口气:"一个人和社会的关系竟是这样的荒诞!"从此,一个孤独、冷漠,但是对真实和绝对、对现实的生活怀有一种执着而深沉激情的默而索便牢牢地活在了我的心中。我对默而索的口吻印象深刻：他以一种极冷静极苦涩却又不乏幽默、有时还带点激情的口吻讲述既单调又平淡，却又不乏欢乐，有时还带点偶然的生活，直讲到不明不白地被判了死刑。我的头脑中并没有"风格"二字，我的确是在"无形中"受到感染的。后来我又读了《鼠疫》《堕落》等，但没有找关于加缪的评论来读。读关于加缪的评论，标志着从普通读者向批评家的转变，但并不标志着一种纵向的提高，只反映出一种横向的转移。

20世纪80年代初，加缪成了我的研究对象。当时，加缪作品很少有译成中文的，几乎是一片空白，似乎只有施康强先生译的短篇小说《不忠的女人》，发表于1978年的《世界文学》。我有了翻译的冲动，而这时，我的心态也变了，不再以一个普通读者的姿态对待作品，而以学者的身份，即我必须关注作品的形式，使"无形"变成"有形"，因此，我必须钻研作品的风格，冷静地评价作品。学习外语的人很难对原作有语言运用上的亲近感，很难对其词汇语句的色彩有自然的体会，很难对其节奏的安排有恰如其分的感觉，他必须借助操原作语言的本国人评论来弥补自己的不足。我要从事翻译，就要以批评家的身份去引导和控制自己的翻译，也就是要传达原作的风格。除了自己的阅读与研究之外，还要靠法国人甚至操英语的人的研究。译者先做普通读者，后做批评家，再做译者，译者可说是普通读者和批评家的结合。

评论《局外人》的法国批评家有让-保尔·萨特、帕斯卡尔·皮亚、莫尔旺·勒贝斯克、让-克洛德·布里斯维尔、让·格勒尼埃、罗朗·巴特、罗杰·格勒尼埃、赫伯特·R.洛特曼、彼埃尔-乔治·卡斯特克斯、M.G.巴里埃、罗杰·吉约、J.J.布罗谢尔，等等，从中不难窥见加缪，特别是《局外人》的风格特点。总结一下，大概有如下数端：

一、《局外人》选用的词汇简单、直接、具体,少用分析性的词语,特别少见的是心理分析的词语。《局外人》的词汇大多兼有叙述和描写的功能。大多数批评家注意到《局外人》的风格是所谓"白色"的风格,即"没有色彩"、"没有风格"的风格,也就是罗朗·巴特所说的"零度写作":"一种直陈式、新闻式的写作,一种毫不动心的、中性的写作。"这种"白色风格"表现了个人的经验与世界之间有一种荒诞的、格格不入的关系。

二、《局外人》的句子是短小独立的,相互之间没有明显的逻辑联系。萨特将加缪与海明威进行比较,说:"两人在写作中运用同样的短句子。每个句子都不承接上一句话造成的语势,每句话都是一个新的开端。每句话都像是给一个姿势或一件物品抢镜头拍照。而对于每一个新姿势或话语,又都相应地造一个新句子。"他指出:"《局外人》中的句子都是孤岛。"小说中的每一个事件都是孤立的,其间没有必然的逻辑关系。

三、《局外人》篇幅很小,但出场人物众多,每个人都以极精简的笔墨勾勒出肖像,在冷漠的社会背景上木偶般地活动。

四、《局外人》的时间观念别具特色,大量地使用动词完成体,与传统小说中使用的非完成体具有明显的不同。非完成体的使用说明时间的叙述在过去的实践中已然完成,与现在没有关系,而完成体则不同,虽然事件在过去已经完成,但是它依然在现在的时间内保持着价值,即它的结果仿佛一直延续到现在。这一点是学习法语的外国人不敏感的,多半要靠操法语人的评论。

五、《局外人》常常通过隐喻的手法表现戏剧性的场面,例如主人公默而索枪杀阿拉伯人的过程充满了明喻和暗喻,太阳、大海、沙滩、泉水、刀光、手枪,等等,都有着正反两方面的象征含义,隐喻越丰富,主人公的幻觉就越强烈,这就有力地表现了他徒具自我防卫的初衷,却在检察官那里成了蓄意杀人的荒诞结果。

六、《局外人》不乏幽默和反讽,萨特第一个指出了"加缪的小说是分析的,也是幽默的",分析成了幽默的工具。加缪的分析是"重新构筑人的初始的直接经验",是"排除了作为经验的组成部分的一切有意义的联系环节"。幽默和反讽显然出自叙述者的口吻,而《局外人》在第一人称的使用中,读者难以辨别谁是叙述者,谁是默而索。

七、《局外人》巧妙地使用间接引语,突出了默而索面对世界的孤独与冷漠,把他的话以间接的方式说出来,少了生动性,却更能表现主人公"无所谓"的心情,例如:"我问他能不能关掉一盏灯。照在白墙上的灯光使我很难受。他说不行。灯就是那样装的:要么全开,要么全关。"

八、《局外人》的结构和节奏很有意思,全书共十一章,分为上下两部分,上半部("第一部")六章,下半部("第二部")五章,上半部的第六章仿佛全书的枢纽,"结构完美如同精密机械"。第一部语句简短,仿佛流水账一般;第二部人在监狱中,仿佛安静下来,难免有心潮澎湃的时候,语句相应地膨胀,也庄重了许多。

九、《局外人》在普遍的简明枯燥的叙述中夹杂着发自内心深处的诗意,一种抒情的氛围弥漫在明澈而纡徐的叙述中,这一点在第二部中表现得尤为明显,澄澈透明中有"诗意的爆发",这是加缪的"另一种风格,一种郑重、讲究的风格"。

《局外人》的风格兼有"斯丹达尔的风格的优点"和"某些夏多布里昂的风格的东西",两种相反的风格都是加缪喜欢的。简约枯燥的风格,表现出平和冷静的心态,而情绪高涨时的抒情口吻,表现出热爱生活、享受生活的激情。《局外人》的风格继承了法国小说的古典传统,萨特说,《局外人》"可以被视作道德家的中篇小说,具有审慎的讽刺笔触并包含一系列具有嘲讽意味的人物肖像,而且,尽管有德国存在主义和美国小说家的影响,从根本上说,它是与伏尔泰的小说一脉相承的"。

通过以普通读者的身份进行的阅读和中外评论家的议论,我大致掌握了原作的风格,余下的工作就是如何将一种语言转化为另一种语言。这不但需要译者有足够的中外文字水平,也需要有明确而坚定的传达意识。当然,由于中外语言的差异,译作完全传达原作的风格几乎是不可能的,只能在几个方面做到惟妙惟肖,其他则取其大概,勿使其距离原作太远。从长远看,汉语白话文的潜力和其丰富细腻也是无穷的,只有我们的能力是有限的。常常是眼到而心不到,心到而手不到,唯有"一句挨一句翻",才有可能接近理想的译本。一件经典的作品,因时代的前进而焕发出新的光彩,是常见的事情,所以,没有"定于一尊"的译作。新译未必胜过旧译,后来未必居上,艺术并不时时处处以新为贵,但是,人们总是希望后浪推前浪,新的译者正是在这一信念的激励下力争推出胜过旧译的作品。他们的努力是值得尊重的。

译　文

他走了之后,我平静下来。我累极了,一下子扑到床上。我认为我是睡着了,因为我醒来的时候,发现满天星斗照在我的脸上。田野上的声音一直传到我的耳畔。夜的气味,土地的气味,海盐的气味,使我的两鬓感到清凉。这沉睡的夏夜的奇妙安静,像潮水一般浸透我的全身。这时,长夜将尽,汽笛叫了起来。它宣告有些人踏上旅途,要去一个从此和我无关痛痒的世界。很久以来,我第一次想起了妈妈。我觉得我明白了为什么她要在晚年又找了个"未婚夫",为什么她又玩起了"重新再来"的游戏。那边,那边也一样,在一个个生命将尽的养老院周围,夜晚如同一段令人伤感的时刻。

妈妈已经离死亡那么近了,该是感到了解脱,准备把一切再重新过一遍。任何人,任何人也没有权利哭她。我也是,我也感到准备好把一切再过一遍。好像这巨大的愤怒清除了我精神上的痛苦,也使我失去希望。面对着充满信息和星斗的夜,我第一次向这个世界的动人的冷漠敞开了心扉。我体验到这个世界如此像我,如此友爱,我觉得我过去曾经是幸福的,我现在仍然是幸福的。为了把一切都做得完善,为了使我感到不那么孤独,我还希望处决我的那一天有很多人来观看,希望他们对我报以仇恨的喊叫声。

——郭宏安译加缪《局外人》

重译《追忆似水年华》

徐和瑾

我初识普鲁斯特,是20世纪70年代末在法国格勒诺布尔第三大学(现为司汤达大学)进修之时。进修时读到普鲁斯特的小说片段,对其长句印象深刻。在对文体的看法中,有一种"偏离说",认为文体是对语言规范的偏离,因此觉得普鲁斯特的句子,是我对文体研究的良好材料,而法语文体学又是我为自己确定的研究方向。回国后不久,我写了介绍普鲁斯特的长文《马塞尔·普鲁斯特》,刊登于《外国文学报导》(1982年第2期)。在教学中,法语专业三年级精读课的教材使用《法国实况》第四册,课文中有普鲁斯特的小说《追忆似水年华》第一卷《在斯万家这边》的选段,如讲马德莱娜蛋糕唤起无意识回忆的"回忆的机制"。四年级精读课教材由我自编,收入小说第一卷中叙述者去看望外叔公时巧遇穿粉红色连衣裙的女士即奥黛特·德·克雷西的那段,其译文和文体分析作为"课文讲解"的系列文章刊登于《法语学习》(1985年第1期)。后来,我又给《20世纪百部外国小说名著赏读》(辽宁大学出版社,2000年)、《世界文学名著选读(现当代部分)》(译林出版社,2000年)等书撰写介绍普鲁斯特及其小说的文章,但对普鲁斯特的了解还相当肤浅。对普鲁斯特及其小说有了比较深入的了解,是在翻译莫罗亚的《普鲁斯特传》(原名《寻找马塞尔·普鲁斯特》)之后。这部作品描绘的普鲁斯特的形象,被认为"至今仍是最审慎和最真实的形象",另外,书中用了三章对《追忆似水年华》作了详细的分析。

在翻译这部传记时,我还编写了3万字左右的内容提要,研究了译林社多人合译的《追忆似水年华》。虽然内容提要最后未被出版社采用,但对译林社的译本有了更加清楚的了

徐和瑾

解,觉得这个译本除因15人合译而风格各异外,在译名的统一上也有不少问题。更重要的是,20世纪80年代中期,法国弗拉马里翁出版社首先出版了让·米伊主持的根据普鲁斯特的手稿、打字稿、校样等文本校勘的《追忆似水年华》新版本,不久后伽利玛出版社的七星丛书版也出了新版本,而译林社的译本却仍根据皮埃尔·克拉拉克和安德烈·费雷在1954年校勘的老版本译出。因此,在替译林社翻译《追忆似水年华》第7卷《重现的时光》前半部分以及《普鲁斯特传》出版之后,我建议译林社根据新版本对小说的译本进行修订。译林社也意识到这些问题,约我于2002年初去南京商谈这部小说的重译工作,并决定请我独自重译,我承译了这部作品。

我当时已参加普鲁斯特之友协会,并被聘为巴黎第三大学普鲁斯特研究中心通信研究员。同年3月,我应邀去法国拉罗谢尔大学任教。去看望米伊时,我直截了当地问他:是否能证明他主持校勘的弗拉马里翁出版社的版本最佳?没过几天,他送来两篇文章,主要论述各种版本的区别,特别是后三卷各个校勘本的区别,以及他主持校勘的版本的特点。

翻译所依据的版本就此确定,但鉴于七星丛书版的影响,决定在译本中注出与该版本的区别之处。

一个月后,我收到普鲁斯特之友协会于5月11日和12日组织每年一次的"山楂花日"活动的通知,我觉得机会难得,立即报名参加。走出伊利埃-贡布雷火车站,就看到该市镇的一幅地图,只见左上方标出"盖尔芒特那边",下方标出"斯万家那边",觉得翻译时应加以区分,斯万家近称为"这边"盖尔芒特远称为"那边"。在两天时间里,我们在协会秘书长米蕾伊·纳蒂雷尔的带领下,参观了"盖尔芒特那边"的维尔邦城堡,还有"斯万的花园"卡特朗牧场,牧场周围是英国山楂树篱,当时正值白色和粉红色山楂花盛开之时。山楂树篱开花,犹如过去在马利亚月(即5月)初领圣体的姑娘,因此自1935年以来,普鲁斯特爱好者于每年5月来此朝拜,"山楂花日"的名称由此而来。此外,还参观了维耶维克的钟楼、圣埃芒的教堂、伊利埃-贡布雷的圣雅克教堂(小说中的圣伊莱尔教堂),当然还有莱奥妮姑妈之屋(现为普鲁斯特博物馆)。当然,普鲁斯特笔下的贡布雷,已经过系统改造,跟伊利埃-贡布雷的地貌有很大区别。

回沪后,我开始编写《新法汉小词典》,同时翻译普鲁斯特小说第一卷《在斯万家这边》。2004年,周克希翻译的《追寻逝去的时光》第一卷《去斯万家那边》在上海译文出版社出版,译林社要我先把第一卷译出,该卷于当年脱稿,并于翌年出版。翻译前,我觉得已有老译本,理解不会有很大问题,但开始翻译后,却发现我的理解跟老译本有不少差别,就请让·米伊解答疑难。当时电子邮件的使用还不普遍,我就把问题邮寄,每个句子至少提出两种不同的理解,以核实是否正确。一卷译完,竟写了12封信,提出了600多个问题。另外,我觉得伊利埃-贡布雷的照片对理解小说有帮助,就向普鲁斯特之友协会秘书长米蕾伊·纳蒂雷尔提出要求,希望能将照片用作中译本的插图。她要我先征得协会会长让-皮埃尔·昂格雷米(中文名杨鹤鸣)的同意。昂格雷米收到我的信后,于2003年10月初给我打来电话,表示同意。会长开了绿灯,秘书长亲自在普鲁斯特博物馆里拍了20多张照片,于2004年2月寄来,供我的译本免费使用。

2006年8月,昂格雷米寄来邀请信,请我参加当年11月19日在伊利埃-贡布雷召开、由法国中央大区博物馆协会组织的"中央大区欢乐博物馆日"活动,并作发言,谈普鲁斯特小说的汉译。发言稿写好后请老朋友米伊过目,他说以后会摘要刊登在翌年的《普鲁斯特学刊》上。第二年协会索要我的发言稿然后寄还时,我发现丝毫没有删节,并刊登在年底出版的刊物上。想起会长自始至终听完我的发言,觉得这应该是他对我这个只译完一卷的译者的一种鼓励。

2007年1月《新法汉小词典》出版,由我审阅修改和编写法国文学全部词条的《大辞海·外国文学卷》也几乎同时出版。这两项工作虽说推迟了普鲁斯特小说的翻译工作,却增加了我对法语和法国文学的了解,对翻译工作不无裨益。《追忆似水年华》第二卷《在花季少女倩影下》、第三卷《盖尔芒特那边》和第四卷《所多玛和蛾摩拉》相继译完,前二卷分别于2010年和2011年出版,第四卷正在编辑之中,估计不久即将面世。

在翻译中,我对小说语言的理解,仍由让·米伊相助解决。但有的句子即使正确译出,还是弄不清是什么意思,所以正如翻译前预计的那样,要对作品做些"研究"。如第三卷中的一句话,老译本译为"她说的这个人属于地位更低的动物",看了法文版注释才知道,这句话出自《拉封丹寓言诗》卷二第11则寓言"狮子和老鼠"和第12则寓言"鸽子和蚂蚁"之间的一句话,应译为"她的例子取自更小的动物"。句子理解后,还需要对每卷作品进行分析,如第二卷标题"花季少女"中"花"有点像"恶之花",因为这些少女中有同性恋,而第三卷中主人公对贵族社交界的失望,因分散各处而需要集中指出;至于第四卷中的同性恋题材,其实在第一卷樊特伊的女儿及其女友在蒙茹万的场景中已经出现,这些情况只有分析后才能引起注意。在这方面,法国朋友给予我不少帮助。第一卷的评论,让·米伊早已寄来他分析"贡布雷"这一章的小册子《普鲁斯特的"贡布雷"》,米蕾伊·纳蒂雷尔则寄来她评注的《斯万之恋》。第二卷的评论,米伊向我推荐了书名均为《马塞尔·普鲁斯特的〈在花季少女倩影下〉》两本专著,因我未能在巴黎买到,就把他自己的书借给我使用。另外,在翻译中,我也得到国内同行的帮助,特别是北京几位朋友的帮助。李玉民不但寄来《缪塞精选集》、十卷本《昆虫记》、米什莱的《海》等十分有用的参考书,还帮助解决翻译中的一些问题。如圣卢的情妇拉结的绰号,老译本先译成"拉谢尔,当从天主",后又译成"从上帝身边来的拉谢尔",都不像绰号。李玉民把我译的歌剧《犹太女》的唱词略作修改,绰号译成"拉结主托",既清楚又贴切。施康强也帮我解决了一些翻译问题。罗新璋则寄来《红与黑》的译本,书后附有十多篇评论文章,并祝我"普译普照大地"。广州外语外贸大学教授程依荣寄来的三卷本《墓后回忆录》,还有谭立德等译的梅特林克《花的智慧》,王文融译的热拉尔·热奈特《叙事话语 新叙事话语》,以及译林社领导寄来他们社出版的《埃涅阿斯纪》《物性论》等书籍,对理解和翻译普鲁斯特的小说都颇有帮助。今年年初,程抱一先生寄来贺卡,说我的法汉小词典及"似水年华"之精心译文是他不断参考、阅读的。确实,朋友们的热心帮助,对我翻译这部巨作是巨大的支持和鼓励。

当然,在艰苦翻译的同时,我也不乏愉悦的收获。由于要配插图,也陆续欣赏到小说中提到的绘画作品、人物以及各地的美景,后来就参阅普鲁斯特和绘画、巴黎、卡堡(巴尔贝克的原型)等专著。小说中也对音乐作品特别是一些歌剧的场景进行描绘,翻译时除参阅法文和中译本的《西洋歌剧故事全集》外,还听了《帕西法尔》等歌剧,以及对樊特伊"小乐句"研究的书籍及附有的碟片。翻译其实是一种深入的阅读,普鲁斯特的小说每读一卷,都会觉得展现了一个新的天地,随着主人公年龄的增长,对世界有了新的认识,可以说我是用主人公的目光在观察这五彩缤纷的世界。而小说涉及的题材又十分广泛,读者也可各取所需,对自己感兴趣的题材进行深入的了解。至于根据小说拍摄的影视作品,《斯万之恋》的情节并未局限于第一卷的同名章节,而是延伸到第三卷末尾"盖尔芒特公爵夫人的红鞋";《重现的时光》被嘲讽为"电影中浪费的(失去的)时间";前年拍摄的电视剧《追忆似水年华》始于主人公第一次前往巴尔贝克,被认为是小说改编的成功之作。不过,影视作品只能展现小说的主要情节,至于其中的深刻内容,还是要阅读小说才能领会。

目前法国对普鲁斯特小说的研究,已在寻根究底,自2008年起整理出版普鲁斯特的75本练习簿手稿,每本练习簿分影印本和文字整理本两册出版。最近,有法国学者提出,普鲁斯特在文学上受英国和俄罗斯的影响,在哲学和音乐上受德国影响,在绘画上受意大利和原佛兰德斯地区的影响,并喜欢日本文化和俄罗斯芭蕾舞,这在某种程度上说明第一次世界大战前法国在"美好时期"的文化情趣。对普鲁斯特的研究,从20世纪30年代起一直长盛不衰,看来还会长期延续下去。

译　文

在其他楼下包厢,居住在这些阴暗住所的白衣女神,几乎到处都有,都靠在阴暗的墙上隐藏起来,使人无法看到。但是,随着剧情的推进,她们模糊的身影一个接着一个无精打采地从她们编织的夜幕深处钻出,朝光亮处升起,露出她们半裸的身体,垂直地停留在半明半暗的水面上,她们闪闪发光的面孔,一个个从羽扇后面露出,一把把羽扇如波浪般轻轻翻滚,泡沫四溅,十分欢快,她们紫红的头发饰有珍珠,显得凌乱,仿佛被起伏的波涛压弯;然后,正厅前座开始显现,这是凡人的居所,跟阴暗、透明的王国永远分开,而王国的边界是海洋女神清澈而又明亮的眼睛,处于平坦的水面之上,到处可见。海岸边的折叠加座,乐池里乐谱的形状,在她们的眼里勾画出来,依据的是透视法仅有的那些原理,以及它们入射的角度,这就像外部世界的这两类,我们知道它们跟我们不同,连极其简单的灵魂也不具备,因此我们认为,对它们微微一笑或看上一眼,都是荒谬之举:一类是矿物,一类是跟我们没有交往的人。在这里,这些容光焕发的大海女儿,会随时从王国边界回来,微笑着回到游弋在高低不平海底的特里同身边,或是回到一个水栖半神那里,半神的脑袋是光滑的卵石,上面有一根波涛冲来的平滑海藻,眼睛则是圆形水晶。她们朝他们俯下身子,给他们吃糖;有时,波涛微微分开,又来了个海中仙女,她姗姗来迟,羞怯地微笑着,她刚从黑暗深处出来,如同盛开的花朵;然后,这幕戏结束,各位姐妹不想再听到把她们吸引到水面上来的人间悦耳却又嘈杂的声音,就一下子全都潜入水里,消失在黑暗之中。这些不准别人接近的好奇女神,对人类的作品略加关心,来到她们隐蔽所的门口观看,在这些隐蔽所中,最著名的是半明半暗的礁岩,被称为盖尔芒特王妃的楼下包厢。

——徐和瑾译普鲁斯特《追忆似水年华》

我译法国新小说

余中先

第一次接触到新小说,还是在我读研究生的时候。1984年,阿兰·罗伯-格里耶来访,我陪同他在北京参观访问,为了更好地了解他,我便读了他的小说《嫉妒》和《窥视者》,当时真不明白他为什么要这样写。

当然,也是在那一年,我从理论上明白了他为什么要这样写。当时,我对以罗伯-格里耶为代表的新小说的认识大致是,法国的小说诞生以来,每一个时代都有与当时相适应的小说,巴尔扎克的小说到了某种顶峰,20世纪的作家不应该跟在巴尔扎克后亦步亦趋,而应该创作出自己的"新"小说来。

第二年,我来到《世界文学》编辑部工作,马上就接触到了新小说作品译文的编辑工作。易超(罗新璋)先生译的克洛德·西蒙(当时他刚刚获得了诺贝尔文学奖)小说《农事诗》(选章),傅先俊先生译的西蒙在接受诺奖时的演讲词,都是由我做编辑后在《世界文学》上发表的。桂裕芳女士译的娜塔丽·萨罗特的小说《童年》,我也对着法语原文读过。

通过对阿兰·罗伯-格里耶、娜塔丽·萨罗特、克洛德·西蒙等人

余中先

作品的阅读,我对新小说有了进一步的认识,尤其是对新小说的不同写法有了具体的体验。新小说并非一种共同的写作流派,新小说作家们只是在一种小说写作不应该因循守旧的观点下团结在一起,而他们各人都有自己的写法。例如从写作的一些细节特点来说,罗伯-格里耶偏爱对物的精细描写,萨罗特重视挖掘人物内心的两重声音,西蒙强调文字中要透出色彩、线条等绘画因素,等等。

在这一时期,我动手翻译了贝克特的《马龙之死》和萨罗特的《金果》,但由于种种原因,它们一直在出版社编辑的抽屉里睡大觉,但这两部对我来说相当困难的作品的翻译工作,毕竟给了我实践经验。差不多也是这时,我翻译了罗伯-格里耶刚出版的"传奇故事三部曲"中《重现的镜子》的片段,连同作者访谈录,发表在《外国文学动态》上。不久,我留学去巴黎,对新小说的关注也暂告一段落。

1993年我留学归来,旋即看到了《重现的镜子》的中译本由湖南美术出版社出版。出于兴趣,我挑了译文中的几个小毛病,通过朋友告诉了后来也成了朋友的出版人陈侗。陈侗当时有一个在中国介绍新小说(尤其是阿兰·罗伯-格里耶作品)的计划,便邀请我参加翻译,我欣然答应。就这样,我开始翻译罗伯-格里耶"传奇故事三部曲"的第三部《科兰特的最后日子》(1994年版),同时我还校订了第二部《昂热丽克或迷醉》的中译文,也把对第一部《重现的镜子》部分译文的修改意见告诉了陈侗。1998年，这些作品终于出版，构成了《罗伯-格里耶作品集》的第三卷。

借着翻译罗伯-格里耶的那一股子冲劲，我又翻译了克洛德·西蒙刚发表的小说《植物园》(1997年法语版，1999年中译本出版)，让我大开眼界。原来以为，罗伯-格里耶与西蒙只是写法不同，没想到他们在对事物的感觉和思维方式上也很不同。《植物园》中跳跃不已又时隐时现的思想火花让我惊叹。而那些没有标点的段落让我颇费脑筋。尽管如此，翻译罗伯-格里耶时的经验对我翻译西蒙还是很有借鉴的，尤其是如何对那些又长又啰唆的句子(有时候一个句子就是一两页)作条分缕析，再移花接木，重新构成汉语的句子。我的经验大致是，以句子为单位来翻译，特别地重视作者的句号；对那些没有标点的段落，则按照自然语气产生的停顿来安排汉语的断句。

翻译罗伯-格里耶的作品还没有完。2001年，陈侗告诉我，罗伯-格里耶刚写出了一部叫《反复》的小说，作者希望我按照法国午夜出版社提供的校样开始翻译，争取中译本和法语原作同期于秋天出版。这当然是作者和出版人的一种战略，对作为译者的我来说也是挑战。我4月份得到校样，"五一"节期间开始翻译，由于时间紧，只能加班加点，用陈侗的话来说，我是"牺牲了每一个晚上和周日"，用了三个多月的时间，在8月中旬完成了11万字的译文。之所以能完成得那么迅速，还有另一个原因，在此前，我刚刚翻译了罗伯-格里耶的短篇小说集《快照集》和论文集《为了一种新小说》，对作品的感觉尚有余温。

翻译中，我对"反复"这个词的原文"reprise"琢磨了半天，我一开始翻译为"重复"，但认为不太妥当，因为这个词有我们汉语中"反复"、"重复"、"修复"、"重来"、"重做"等意思，一时间拿不定主意如何解决。于是，我便给作者发传真请教，但回信迟迟未到，等得我有些着急，便通过朋友又去问他,同时再给他发传真。

　　终于,在即将做完最后修改的8月17日,我收到了罗伯-格里耶的回信,对我的问题做了详细的解答。他这样解释说:"重复是照原样复制,而反复是反复使用旧的因素以求改变它们,把它们推向更远。"由此,我明白了好几点:一、这部小说是对作者自己作品的反复;二、它也是对自身文化背景的反复。当天修改完毕,第二天就定稿。书名遂定为《反复》。

　　我对新小说的翻译也在"反复"。

　　在完成了罗伯-格里耶的一部长篇、一部短篇集、一部论文集之后,我又"杀了一个回马枪",在2003年转而再译克洛德·西蒙。这一次"反复"是为浙江文艺出版社译《常识课》(1975年版)和《有轨电车》(2000年版)。不知怎么,我似乎觉得这次译西蒙比5年前译《植物园》容易多了,可能是我对这一类小说不再陌生,做翻译也不再畏惧的缘故吧。有例为证,以前查资料为中国读者介绍西蒙时,把《常识课》这部作品的名字翻译为《事物的教训》,因为没有读过作品,只能从字面"Leçon des choses"来理解意义,而"Leçon des choses"既可以译为"事物的教训",也可以译为"常识课"。翻译这部小说的过程让我知道了,在这部作品中,《常识课》是一本小学教科书,图文并茂。这样,"事物的教训"便成为我在翻译工作上的"教训":不熟悉就要出错!

　　再后来,我又忙着翻译贝克特,直接从法语翻译了他的剧本《等待戈多》,还有小说《无法称呼的人》《马龙之死》(修订译文,再来一次"反复")《看不清道不明》《如何是》等。这些本来非常难的小说中连篇的呓语和梦话的独白,变得难度低了很多。细细想来也是,我毕竟在近20年的新小说翻译(包括编辑)中,对不同作家的写作有了大概的了解和把握。

我还要补充一句，贝克特本身不是新小说作家，但他是法国新小说家们比较崇拜的一位，某种程度上也可视为新小说的先驱或精神同行，尽管他是以荒诞派戏剧家的身份出名的。

说了先驱，还得说说后继者。目前在新小说的"出版基地"午夜出版社发表作品的新一代作家中，有几位被看成是新小说派的自觉继承者。我翻译了其中的两位，一位是让·艾什诺兹，我翻译了他的小说《我走了》（1999年获龚古尔文学奖），另一位是让-菲利普·图森，我先译了他的《做爱》（2002年），后译了他的《逃跑》（2005年）。两者都与作者在中国和日本的旅游经历有关，也让我感到熟悉和亲切。前者对题材得心应手的把握、点到为止的处置，后者极其简洁的文字和优美的文笔，都给我留下深刻印象。我与图森先生有联系，在翻译中可以借助E-mail向他求教，及时得到指点，不必像等待罗伯-格里耶的传真那样等上老长时间。这是跟新一代作家打交道时的另一种乐趣，也是我在翻译已逝世的老作家时不曾有过的经验。邮件的来往令"反复"的过程加快了好多，接到他们的E-mail以及给我的确切答案时，感觉真好！

译　　文

乍一眼看去，似乎没有什么道理会想到，一种完全新的文学在某一天——比如说，现在——成为可能。三十多年以来，旨在使叙述从困境中走出的连续不断的众多尝试，至多只是导致产生了一些零零星星的作品。而——人们反复地对我们说——这些作品中，无论其价值如何，就其对读者的吸引力而言，却没有任何一部比得上资产阶级小说。在今天，唯一流行着的小说观，实际上还是巴尔扎克的小说观。

人们甚至可以毫不费力地追溯到拉法耶特夫人。在那个时代，神圣的心理分析就已经构成了一切散文作品的基础：是心理分析在主宰着作品的构思、人物的描画、情节的展开。

　　——余中先译阿兰·罗伯-格里耶《为了一种新小说》中的《未来小说的一条道路》

法语文学在台湾翻译出版的进程

阮若缺

埃斯卡皮(Robert Escarpit)将文学活动归纳为书籍社会学、阅读社会学、文学作品三大层面,以他主导的波尔多文学社会派影响深远,成为法国文学批评中的一支流派。而文学社会学中探索阅读行为及文学现象是十分耐人寻味的,重新诠释作品往往又开发了作品的社会适应性,使其得以延续传递甚至新生,翻译就是最显而易见的例子,当它以另一种语言文字转化之后,就变成了"美丽的背叛"。

讲到书籍,我们能想到的是生产者——作家,接着是中介者——编辑、出版社和书店,然后才是购书者——读者。译者的角色很特别,他必定得是读者,始能翻译;他也是中介者,是两种不同文化的桥梁,而且跟出版社关系密切,有时也负责推荐值得翻译的书。他也是半个作者,透过另一种语言,将原作者的意思转换给另一批读者。

而文学现象也往往因为种族、环境、局势有所不同,明了文学活动的特质,对于从事出版者是一桩好生意。对读者而言,精神上也获益匪浅,甚至还有利于研究文学史或文学批评的发展。

而透过翻译,引进各国不同的思潮与想法,可增加国内知性生活的多样化与丰富性。文学作品虽不具功能目的,不求实用,但却能满足人

阮若缺

类文化的需求、文明的集体记忆。至于如何判断其作品的优劣,当下经常是因时制宜,出版社有所筛选,得奖也是评判的标准之一,作品畅销的保证、后台金主的赞助也可能是作品诞生的原因之一。具有文学意义的作家群像,往往要等相当年代,甚至盖棺才能论定,不过偶尔也有戏剧性的老瓶新酒回收热潮,这就要靠专业读者独具慧眼了。

在小说、诗歌、戏剧三大文类中,一向是小说翻译为大宗,因为读者手捧着书便可神游于作者建构的天地中,并可注入个人的遐想,它可以是种学习,也可以是心灵的开阔或成长。诗歌的字句精练,读者有时必须花较多的时间才能心领神会,但它文字不多,有些人喜欢将诗集当做床头书,于夜深人静时,信手拈来,当做启示语录阅读。而剧本原先就是供演出的根据,有些读者不见得只对其中的演出有兴趣,而观众则在看到实体演出时才觉得其中的独白或对白更有趣味,因此销售量较小;不过若是经典剧目,它的台词及演出指示或分析,仍是我们的文化遗产,具有保留下来的价值。

法国是个文学强势地带,历年诺贝尔文学奖得主居世界之冠,其文学人口、阅读人口遥遥领先,这也带动了庞大出版集团的发展及图书消费。不过法国人不因此为满足,他们也强力向文学产品不敷人民所需的地区输出,但碍于语言,因此寻求翻译来扩大其销路和影响力,这也可达成文化输出与文化交流的实效价值。

以上这些手段、目的都是为了整合分散在群体中的潜在阅读人口。

在这个社群中,我们发现性别、年龄与社会阶层都是应该考虑的元素;尤其女性文学和儿童文学方兴未艾,其影响力深广。而社会中受过相当教育及美学熏陶,又有闲暇从容阅读,手头宽裕可经常购书者,属中产阶层;其中教育界为主力,艺术爱好及艺术工作者次之。他们有责任带动全民一齐阅读、成长,换言之,"文人圈"有使命提升大众素质,让"大众圈"培养出理性判断与诊释思维的能力,甚至对文学作品的鉴赏力。

台湾早年通晓"非通用语种"的除了神职人员,就是多年前学过这些语言的前辈。但语言毕竟不等于文学,因此市面上流通的译本,多是从大陆迁台前已有的译本或由日文翻成中文,以法语为例,译作以19世纪小说为主。20世纪80年代之后,欧陆文学人才留学归来者增多,才逐渐形成有规模的文学翻译。

台湾几家重要出版社出版法译中文学作品的情况如下:

志文出版社创立"新潮文库"的目的在于把握当前时代潮流,满足读者知识的成长与需求,因此选择了世界各国的名作,其中包含文学、哲学、心理学、艺术、科学、音乐、传记等。法国文学的译介由于语言文字的隔阂、当时人才的不足,一直不及英美文学受重视,但仍排除万难,出版了不少名家的译本:如梅里美的《双重误会》、乔治·桑的《魔沼》、莫泊桑的《脂肪球》《两兄弟》、罗逖的《冰岛渔夫》、《法国短篇小说选》都为黎烈文的译作。波特莱尔的《恶之华》《巴黎的忧郁》译者则是胡品清。志文出版社的"新潮文库"也有一系列世界文学名著译本:拉封登的《拉封登寓言》、巴尔扎克的《欧琴尼·葛兰德》、莫泊桑的《女人的一生》、波特莱尔的《恶之华》、大仲马的《三剑客》、福楼拜的《波法利夫人》。他们的选书标准则多参照日本出版社所选的译本书目。

光复书局的《当代世界小说家读本》,则强调此套书采用直接翻译,包括英、俄、德、西、法、韩等文学作品。但原先设计的作家群之作品版权或已卖断,或受出版契约合同的限制,使这套书无法呈现当初规划的全貌。这一系列包括普鲁斯特的《史旺之爱》、莫里亚克的《蛇结》和尤瑟娜的《哈德里安回忆录》。

"桂冠世界文学名著"基本上是采撷世界文学(尤其是西方文学)花园中的精华,这套书在时间方面上下绵延数千年,空间方面横跨全球五大洲,多参酌英、美名家所编纂的书目,或依总编辑个人品位而定。他们考虑的现实条件包括译介的人才和人力、社会氛围、读者的期待及反应。

一般经典法国文学涵盖戏剧、小说、诗歌三大类。戏剧包括17世纪莫里哀喜剧六种(李健吾译)、哈辛的《费尔德》(华辰译)、《昂朵玛格》(齐放译)、《勃里塔尼吉斯》(张廷爵译),皆为早期大陆译本。小说以19世纪经典为主,如史丹达尔的《红与黑》(黎烈文译)、福楼拜的《包法利夫人》、佐拉的《酒店》《娜娜》、巴尔扎克的《高老头》(傅雷译)。至于20世纪的经典小说,则包括纪德的《窄门》《伪币制造者》、卡谬的《瘟疫》、罗伯·葛利叶的《妒》《窥视者》,罗伯·葛利叶的作品是经由刘光能教授推荐而收录其中的。而诗歌则集中于19世纪,计有《韩波诗文集》《马拉美诗选》《魏仑抒情诗一百首》,这要归功于曾任桂冠出版公司总编辑、热爱法国诗的莫渝先生。至于20世纪的戏剧,包括卡谬的《卡里古拉》、伊欧涅斯柯的《伊欧涅斯柯戏剧精选辑》、阿努伊的《小偷嘉年华会》《美狄亚》、惹内的《女仆》。后两位剧作家的作品是敝人所推荐,由台湾年轻译者所翻译。只可惜桂冠在2008年金融海啸风暴中悄然收手,目前可订书,却不再出新书,也无门市。

此外,桂冠还出了"新知丛书系列",其中包括了法国三位重要文学批评大师的作品:罗兰·巴特的《恋人絮语》《罗兰·巴特》《神话学》《流行体系Ⅰ、Ⅱ》《批评与真实》《罗兰·巴特论罗兰·巴特》《写作的零度》;德希达的《言语与观察》《立场》《他者的单语主义》,傅柯的《傅柯》

《傅柯——超越结构主义》《性意识史》《规训与惩罚》《疯癫与文明》。译者扩及海峡两岸,多为学校教师。

国科会经典译注计划与联经出版社合作,出了一系列的外国文学译著约30本,法译中的有《马里伏剧作精选》(林志芸译注)、《修女》(金恒杰译注)、《剧场及其复象:阿铎戏剧文学》(刘俐译注),贝克特的《等待果陀》《终局》则为英译中版本(廖玉如译注)。此外,联经还特辟了莒哈丝文集系列,一口气出了这位女作家的6部小说中译本:《写作》《广场》《劳儿之劫》《副领事》《印度之歌》《中国北方的情人》,译者涵盖海峡两岸。此外,若为大陆译本,繁体本则会请一位审稿者润稿,以适应台湾读者的阅读习惯。

在台湾,两大报系(联合与时报)竞逐意味浓厚,时报亦不甘示弱出了大师名作坊系列作品:计有米兰·昆德拉的《生命中不可承受之轻》《缓慢》、尚·惹内的《窃贼日记》《繁花圣母》、让·纪沃诺的《种树的男人》《抑郁的国王》、派屈克·穆迪安诺的《戴眼镜的女孩》《环城大道》(1972年曾获法兰西学院小说大奖)《暗店街》(1978年龚固尔文学大奖)。

1992年,远流出版公司的"欧洲百科文库"译丛,是为引介当代西欧人文思潮的重要文库,对其渊源、形成、发展、应用、动向及影响加以介绍,尤偏重引介当前最新知识,以弥补对欧洲因认识不清所造成的隔阂与误解。于是选上法国大学出版公司(P. U. F.)的小百科《我知道什么?》这套公认最深入浅出又最具欧洲观点的普及文库,它的题材包罗万象,且理论与实用并重。首批译丛主要是找台湾各大学留法教师,共出版了36本,主编依他们的专长分配工作,其中包括《电影美学》(刘俐译)、《欧洲文明》(吴锡德译)、《文化理念》(翁德明译)、《二十世纪法国戏剧》(阮若缺译)。

2002年,"欧洲百科文库"译丛主编吴锡德不愿见《我知道什么?》这套优良套书就此停摆,乃说服了麦田出版"法国文化丛书",首批选定8本与法国文化主题相关的书籍,其中包括《法国时尚》《法国当代艺术》《法国文化工程》《法国餐饮》等,译者则仍以法语教师协会的各校法文老师为班底。"欧洲百科全书"和"法国文化丛书"都从属类文学范畴。

高宝集团于2000年出了文学勋章系列,缘起是1999年FNAC锁定台湾,创立了亚洲第一家分店,出版商嗅到艺文与经贸带来的商机,于是利用公司转型的机会,推出新系列书,且雇用通晓法语的编辑。译本包括具法式幽默的《幽默公寓》(I、II)、创造无限想象空间的《巴黎市民》、女性情爱观点的《卡布奇诺》、马瑟巴纽的童年四部曲、沙巴提耶的童年大街三部曲,并找教授、名人撰写导读或推荐,开启了翻译经典与畅销书并重的一页。

在台湾,20世纪80年代以前的法国文学译著多为大陆版本,不然就是从美、日译本再中译,转译过程,原味尽失,错误亦不少;台版则以黎烈文、胡品清的译作为多,两位都是大学教授。之后,台湾留学归来的学生增加,其中不乏获得硕、博士学位者,并以法文系毕业生占大多数,包括辅仁、淡江、文化大学。到了90年代,较晚成立法文系的中央大学也有不少同学加入翻译行列。比较特别的是,仅有外文系而没有法文系的台湾大学,竟有多位毕业生投身于法译中的工作。

这些译者的职业类别如下:中、小学教师,大专教师、记者、出版社编辑、自由译者,少数为专职译者,甚至有人得兼英、法译中的翻译,才得以维生。为何多数译者属于"不务正业型"?最大原因是稿酬不足以糊口。但可看出仍有不少人出自对文化传播的热忱,愿意在公余之暇,翻译一些书籍,以飨读者。

除了经典文学作品(长销书)和畅销得奖文学作品(畅销书)之外,2000年之后,台湾更大量引进法国精美的儿童绘本,将之译为中文,让家长选购给儿童翻阅。其实,市面上已有多种英文译为中文的故事版本,为何法译中绘本仍有生存空间？其实,质优绘本经得起比较,它在纸质、印刷、色差拿捏上都略胜一筹,因而获得出版商(如格林、米奇巴克、缪思)及家长和孩童的青睐。翻译是种"具有创意的背叛",译者得依时代、国情、当下用语稍做微调,才能得到不懂外语却渴望吸收外来知识者的共鸣。当然除翻译外,做注释是一个增进理解的方法,可是它有时会打断阅读的兴致,除非是具学术涵养者,才肯仔细深入阅读。至于儿童文学,做注则不大适宜,有时甚至只好选择改写或节译,以配合儿童或青少年的需求。

再者,早期翻译书籍,除非译者名气大,否则出版社不列译者名,可见当初对译者并不太重视。不过从90年代起,在书页中都会附上作者及译者简介,亦保留原文书名,以兹对照。这除了是种系列促销手法,也是对作者、译者的尊重,又可提供读者一些基本信息,一举数得。而且大家也意识到知识产权的重要性,于是出版社积极参加国际书展,并签订合约,其中尤以经典、畅销文学为多。法国政府也意识到译本对法国文化传播的重要性,对出版社或译者也都有补助的鼓励办法。

此外,大陆译本因用词语法与台湾略有出入,往往需要找一位文字工作者润稿。近十年来,出版社精益求精,认为值得推荐的文学译作也会找名人或学者写推荐序或导读;在读书会风行之际,这些译书就更能发挥作用,带动爱书人进行讨论,交换心得。

栖身于大学附近的都会圈、文教区,知性活动相对频繁,外文书和外翻中译书的比重占书籍大宗,阅读人口年龄也以20岁至40岁为主,这些书店也都能掌握内容与数量,甚至只需上网订书,即可到住家旁的连锁便利商店索取或直接寄到府上,唾手可得,真可说是"秀才不出门,能知天下事"。

在法译中文学作品里不难发现,法国新秀作家如过江之卿,他们的作品产出量颇惊人,速度亦加剧,其中以"轻小说"居多,因此也需要大量译者。不过笔耕本来就是十分辛苦的工作,翻译更要负起不曲解原意的责任,因此不仅译本文笔要流畅,还要外文底子佳,了解其中文学意境才能翻译出其中滋味,任意找仅会外文者是不行的。如今计算机可处理繁转简、简转繁的文字问题,因此海峡两岸有了一项合作契机:若结合双方彼此人才,有系统地分工合作,可避免重复翻译,相信必能事半功倍,加惠更多华人区的读者。

(注:本文所提到的作家、作品均按台湾地区译名)

漫漫翻译路

金龙格

> 人是探索者,也许从某个年龄段开始,他就会停止朝前看,就会转过身去。
>
> ——弗雷德里克·贝格伯德:《一部法国小说》

我小时候喜欢读书,是远近闻名的"书孬子"。在我们老家,这是一个贬义词,指的是读书读傻了的呆子。父亲是医生,可他在外地工作,一个月只能回一趟家,家里田里地里的脏活重活都落到了母亲一个人身上。她一边干农活一边还得拉扯6个孩子,所以她并不喜欢我一门心思只顾读书,更希望我为她分担家里干不完的活,她常挂在嘴边的话,现在我依然记忆犹新:"你读那么多书,有什么用?"她可能更愿意看到家里南瓜、红薯堆积如山的景象吧!我的姨父参加过抗美援朝,是朝鲜战场上的英雄,他也很担心我读书读成了"孬子",批评过我,也为我的前途担心:这孩子,瘦得跟麻秆似的,肩不能挑手不能提,将来怎么办?

"书孬子"还算争气,1983年考上了复旦大学外文系法语专业,再次变得远近闻名,一个常常被人笑话的书虫突然之间变成大家学习的榜样。那个年代国家包分配,跨进大学校门等于进了保险箱,学习不必像

金龙格

以前那么刻苦了。大学4年我过得有些漫不经心,喜欢看《萌芽》《文汇月报》等文学期刊,喜欢《新民晚报》上的"夜光杯"和"文学角",喜欢听复旦大学诗社和上海人民广播电台联合举办的"青春不朽诗歌朗诵会",甘伟的《黄梅雨季》、刘原的《冬阳》、杜立德的《没有桥的河和没有河的桥》等诗作和施天音等人的朗诵,给我的心灵带来多大的震撼啊!大四的时候,平时只能在台下仰望的林秀清老师给我们上阅读课了,她把法国作家丹尼尔·布朗热的短篇小说集复印出来,分发给大家,要我们翻译成中文,说可以出版,还可以有稿费拿。那时候,名字被印成铅字还是很了不起的事情,所以大家干劲很足,我做得比较认真,译文得到林老师的肯定。林老师1943年毕业于西南联大,1947年赴法留学获巴黎大学文学博士学位,能得到她的肯定对我来说是莫大的鼓舞。

1987年7月,经林老师推荐,我进入漓江出版社工作,接手柳鸣九先生主编的"法国20世纪文学丛书"的编辑工作,同时还与其他同事一起携手编辑以培养年轻译者为己任的《青年外国文学》杂志。同一时期,我把大学念书时外教推荐的《梦多和其他故事》中的《梦多》翻译成中文在杂志上发表,从此与文学翻译结下了不解之缘。那时候,出版社环境还算宽松(譬方说上班不用打卡,要是我们熬夜了早晨起不来,我们的老总刘硕良就在楼下一个个地"叫早")。那时编辑还属于让人羡慕的职业,出版社领导对懂外语的编辑从事翻译还是持鼓励态度的,所以才涌现了韩沪麟、罗国林、周克希、胡小跃、管筱明等一批编辑翻译家,我翻译的第一部短篇小说集《少年心事》就是在那个时候出版的。更重要的是,那个时候出版人还都有些文化理想,年终奖金可以少拿,但碰到好书一定要出。正是在出版社工作期间,我编辑了近百种法国当代作家的代表作品,这些作品都是由许钧、余中先、袁筱一等现在依然活跃的国内一流翻译家翻译的。对我来说,这是编辑的过程,也是学习的过程,从他们的身上、从他们的译作中,我学到了不少东西,包括对法国当代文学的深入了解,对原文理解力的提高,对译文文字的把握,这是一个潜移默化的过程。在做编辑的同时,我也翻译了《都德短篇小说精华》《法朗士短篇小说精华》《莫泊桑短篇小说选》《我希望有人在什么地方等我》等,做编辑没有整块时间,所以也只能翻译这种上手比较快并且很快就能脱手的短篇小说。就像很多作家一开始只写短篇小说一样,对于有意从事文学翻译的年轻译者,我建议他们不妨先从短篇小说开始尝试。

  我年轻时的理想就是当个老师,不管是中学老师还是大学老师都行,但是2005年我离开出版界进入高校之初还是迷茫、落寞过好一阵子。当年我被出版社派到北京分公司工作,做了两件很有意义的事情,一是与法国使馆文化处一起成功接待了法国作家、《灰色的灵魂》作者菲利普·克洛岱尔,另外就是到北京后编辑的第一本书在短短一个月内就卖了20多万册,被同事们誉为"开山之炮"。事业在蒸蒸日上的阶段,我却选择了"急流勇退",同事们很不解。现任《出版人》主编、当时还在《新闻出版报》工作的冯威兄在我临走的时候还专程跑去送了我一程,他只说了一句话:"有点可惜啦。"出版社的欢送晚会上,我朗诵了《再别康桥》,想潇潇洒洒地"挥一挥衣袖不带走一片云彩",但有位同事的一曲《驼铃》却唱得我潸然泪下:干了18年出版,还真有些依依不舍。

  不过,上苍还是很眷顾我这个"书孬子",为我关上一扇门的同时还真的为我打开了一扇窗。到高校后,碰到了开明识才的领导,教学任务不是特别繁重,属于自己的时间多了起来。那么多闲暇,你可以拿来混日子,当然也可以好好加以利用,让自己有所收获,让时间结出果实。我终于有空有闲心写稿了,进学校后在《出版人》杂志上发表的第一篇评介当年龚古尔奖获奖作品《在我母亲家的三天》的文章为我引来了世纪文景出版公司的翻译稿约,这部作品的翻译又为我带来了法国文化部的"奖译金"。套用一句有些老掉牙的话,我属于那种"给点阳光就灿烂"的人,到巴黎充电一个月,重新激发了蕴藏在我身上的巨大的文学翻译热情。回国后,我开始卧薪尝胆,在连续6年时间里从不出差,在几乎是与世隔绝的"隐居生活"中,默默地耕耘着一份寂寞的事业,收获的却是一部部分量不轻的译作:《猎物》(内米洛夫斯基著,作家出版社)、《英格丽·卡文》(2000年法国龚古尔奖获奖作品,译林出版社)、《飙车》(2008年诺贝尔文学奖获奖作品,勒克莱齐奥著,人民文学出版社)、《青春咖啡馆》(莫迪亚诺著,人民文学出版社)、《一部法国小说》(2009年雷诺多文学奖获奖作品,人民文学出版社)、《穿短裤的情人》(法国五大文学奖入围作品,新星出版社)、《枕边的男人》(中信出版社)等,加起来有120多万字。我不得不承认,这6年是我稳健成长、进步最快的6年,这6年时间踏踏实实的"苦修"修出了"正果"。

《青春咖啡馆》获傅雷翻译奖之后,我接受过不少媒体记者的采访,他们问得最多的问题是:翻译那么辛苦、稿酬又那么低,如何能够几十年如一日像个苦行僧一样,心无旁骛地把翻译事业坚持下来。做过文学翻译的人都知道翻译工作的辛苦。我本人在翻译《英格丽·卡文》和《穿短裤的情人》这两部难度很大的作品时,为了赶进度,也为了尽快得到解脱,常常工作到深夜3点钟,而为了缓解疲劳,即使在禽流感肆虐的时候也斗胆坚持熬鸡汤喝,结果吃出了高血尿酸,痛风发作时几天几夜都睡不着。翻译过程中有很多问题拿去问外教或者法国朋友,他们也弄不懂的时候,会反过来问我:"你就没有别的事情做吗?为什么要做这么难做的事情?"所以,我也曾不止一次打过退堂鼓,也曾经暗暗发誓:做到××岁就不做了!可是,当我听说老翻译家、《红与黑》的译者郝运因长期伏案工作脊骨已经弯曲如弓仍然笔耕不辍时,听说罗国林先生颈椎腰椎都要做手术仍然坚持翻译完《波伏瓦回忆录》第一部,吟唱完属于他的"天鹅之歌"时,我为自己有"临阵脱逃"的想法感到惭愧。在法国文学翻译界,还有马振骋、李玉民、吴岳添、施康强、郭宏安等老先生退休之后还在孜孜不倦地从事翻译工作,年逾古稀的徐和瑾先生还在"追忆似水年华",周克希先生还在"追寻逝去的时光",他们本该颐养天年却仍然不辞劳苦地耕耘,他们真的不是为了那点少得可怜的稿酬,而是把翻译当成毕生的事业来追求。从他们身上我看到的不仅仅是热情——因为热情很容易被耗尽,我看到的是他们在坚守着的文化翻译理想——虽然这是一个奢谈理想的时代。

很多人都羡慕从事法国文学翻译的译者,因为他们在做着自己喜欢做的事情、实践自己理想的同时,还是法国积极的文化传播政策的受益者,译者还有机会被邀请去法国一边感受一边从事翻译。我在翻译《圣日耳曼大街上的小艳遇》时曾在这条街上徜徉多时;在翻译《曾经深深爱过》时也像书中的主人公一样沿着塞纳河一路往上走;在翻译《在我母亲家的三天》时享受到了如今已是法兰西学院院士的作者宴请的法国大餐;在翻译《一部法国小说》时去了巴黎西郊的讷伊,那是贝格伯德童年时生活过的地方,也是《青春咖啡馆》里的露姬婚后逃走的地方……实际上,法国政府对法国国内从事外国文学翻译出版的出版社和译者也有着非常积极的鼓励和扶持政策,比如法国文化部下属的国家图书中心(CNL)可以为出版社分担50%至60%的翻译成本,而译者则可以根据一部作品的难易度和篇幅长短申请获得1100至6600欧元的翻译经费。另外还有法国文化部或者民间组织资助建立的翻译协会，如果你有一个翻译项目要实施，他们可以提供完全免费的安静、舒适、方便的住所和生活补助。法国从1981年开始实施这些鼓励政策之后，法国文学翻译作品的数量呈现出爆炸式增长，在20世纪最后20年里猛增了50%，文学翻译图书品种占图书总量的18%（而美国只占3%），占了22%的市场份额，完全靠翻译稿酬为生的注册职业翻译家达750人。真希望有那么一天，我们国家也出台类似的政策，在促进文学翻译出版的"大发展大繁荣"的同时，广大有理想有热情的译者也能享受到一定的社会待遇，因为就像傅雷翻译奖评委会主席董强教授说的，"一个译者的工作，非常不容易，译者做的往往是默默无闻的工作，他不是明星式的人物，但是在中外交流过程中，译者起到最关键的作用"。

译　　文

　　我更愿意在一个春天的夜晚信步走到香榭丽舍大街上。如今，真正意义上的香榭丽舍已经不复存在，不过，到了晚上，它们还能给人造成一种假象。也许，走在香榭丽舍大街上，我依然能听见你唤我名字的声音……你卖掉毛皮大衣和镶嵌有光面宝石的纯绿宝石的那一天，贝洛-贝多万给我的那笔钱还剩下两千来法郎。我们有钱。未来属于我们。那天晚上，你善解人意地来到星形广场街区找我。那是在夏天，跟我们与"骷髅头"一起在河堤路那里见面、我看见你们俩迎面朝我走来的那个夏天一样。我们去了弗朗索瓦一世街和马伯夫街街角的那家咖啡馆。他们把桌子都摆到了人行道上。天色尚早。街上已经没有汽车了，能听见人们悄悄的说话声和脚步声。接近十点钟的时候，我们走到了香榭丽舍大街上，我寻思着，黑夜是不是永远也不会降临，这是不是一个白夜，不像在俄罗斯和那些北方国家出现的那种白夜。我们漫无目的地走着，我们有整整一个晚上的时间。利沃里街上的拱廊下面还映照着夕阳的余晖。这是在夏初，我们很快就要出发了。去哪里呢？我们还不知道。也许是去西班牙的马略卡岛或者墨西哥，也许去伦敦或者罗马。去哪里已经不重要了，这些地方已经混在一起了。我们旅行的唯一目的就是进入夏日的中心，时间在那里停止，时钟的指针永远指着同一时刻：正午十二时。

到王宫的时候，夜幕降临了。我们在卢克-尤尼维尔咖啡馆的露台上歇了一会儿，然后继续上路。一条狗跟着我们从利沃里街走到圣保罗。然后，它走进了那座教堂。我们一点也不觉得累，露姬告诉我，她可以走一整夜。我们穿过兵工厂之前的一个中立地区，那几条街渺无人踪，从那里经过的人不禁要问，这些街区是否有人居住。我们发现，在一幢房子的二楼有两扇大窗户亮着灯。我们坐在对面的一张长椅上，情不自禁地望着那两扇窗。那盏电灯的灯罩是红色的，在房间的最里头，暗淡的灯光就是从那里映照下来的。我们还可以看见，左边的墙壁上有一面镶了镀金镜框的镜子。另外几面墙上则什么也没有。我守候着一个可能会在窗户后面出现的身影，可守了半天也不见有人在这个不知道到底是客厅还是卧室的房间出现，恐怕一个人也没有。

"我们应该去按门铃，"露姬说道，"我保准有人在等着我们。"

在两条街的交汇处有一个类似于土台的地方，那张长椅则位于那块土台的正中间。几年之后，我坐在一辆出租车上，沿着兵工厂去往河堤路。我让司机把车停下。我想找到那张长椅和那幢房子。我希望二楼的那两扇窗户过了那么长时间之后依然亮着灯。可是，我差点就在几条通往塞莱斯廷会修士住的那些粗陋房屋外墙的小街上迷失方向。那天晚上，我对她说没有必要去按门铃，因为里面可能不会有人。再说了，我们坐在那里，坐在长椅上也挺好的。我甚至听见某个地方有泉水的潺潺声。

"你确定吗？"露姬问道，"可我，我什么也没听见……"

对面的那套房间住的是我们俩。我们忘记关灯了。我们一时把钥匙弄丢了。刚才跟着我们的那条狗一定在等着我们。它在我们的卧室里睡着了，它会在那里等着我们归来，直到时间的尽头……

——金龙格译帕特里克·莫迪亚诺《青春咖啡馆》

译事：
作为文学生活的一种方式

黄 荭

语　　言

说到翻译，首先绕不过去的话题是语言。歌德说过："谁不懂外国的语言，谁就不懂本国的语言。"我们打小说汉语，不会去深究，"不识庐山真面目，只缘身在此山中"。只有当学习了一门外语，有意识地去了解语言的构成和特色，有了对比分析，有了距离，可以退开一步，回望熟悉到已经忘记它存在的母语时，或许才能看清楚其中的真意。陶潜说："此中有真意，欲辩已忘言"，到了忘言的地步才是最高的境界——"妙不可言"、"不可言传"的诗意，还有语言和语言之间转化的可能性和不可能性——翻译中的不可能性往往承载了更多的诗意。

语言是一个渡口，学习外语就是从此万水千山，漂洋过海，看见别处的花，遇见别处的人，读到别处的书，经过别处的风景，被他山的石头硌疼了脚，被他乡的饭菜吃坏了肠胃……文化冲突的具体表现就是"水土不服"，而"人文教化"说白了就是放下自我、入乡随俗。很多时候，我们需要他乡来确认故乡的模样，需要别处的生活来印证此处的生活，印

黄荭

证我们自己作出的一种选择。

再说到文学和生活,其实,从小时候懵懂地背古诗开始,文学、诗歌就已经不知不觉进入到生活,只不过我们一直没有意识到,是它们在潜移默化中影响了我们的生活态度和艺术品位。因此,文学生活,或者说文艺并不是小资情调,它是我们每个人的日常生活,文学就像另一个维度的真实,从书本中获得的知识和领悟往往超过了我们在现实生活里得到的经验和教训。梵乐希在《幻美》的末章《棕榈》一诗中很好地诠释了人生和艺术的关系,梁宗岱先生译得也好:"忍耐着呀,忍耐着呀,在青天里忍耐着呀!每刹那的沉默,便是每个果熟的机会!意外的喜遇终要来的:一只白鸽、一阵微风、一个轻倚的少妇、一切最微弱的摇撼,都可以助这令人欣然跪下的甘霖沛然下降!"人生和艺术都是漫长的修行:起初的忍耐是一种积累,在寂静中慢慢等待,等待果实成熟,等待让你惊喜的相遇,等待心灵与心灵的投契。最后艺术家欣然跪下,是对自然、对缪斯、对神的感恩。

翻　　书

我的生活很简单,无事花草,闲来翻书。我的经历也很简单,读书、译书、教书、写书。我知道自己早已不再是单纯的读者,学了法语后,翻书于我,多半就有了双重的含义,是随手翻,也常常是随手译。从某种意义上说,是阅读经验定格了我对人、对事、对生活的看法,而我居然也在别人的故事和文字里听到了自己心底的"回声"。说到底,我也只是一个"回声"(Echo),一个跟在作者身后亦步亦趋、人云亦云的读者:作者创造,我再创造;作者思想,我再思想;自以为是"我注六经",殊不知懵懂里是"六经注我"。我的三本书《经过》《闲来翻书》《转身,相遇》在某种意义上说都是翻译的副产品。有朋友跟我说过:"时间就像中药,有疗效,但很慢很慢。"我觉得阅读、翻译和写作也一样,都是一种慢慢的滋养,在漫长的修炼中渐渐化蛹成蝶。我知道自己自始至终爱上的不过是一个"无聊的消遣",虽然手里抓着的是青春的尾巴,我仍然愿意"用一朵花开的时间",去邂逅一本书的浪漫。

"闲来翻书"也是我对翻译的态度。我们处在一个求快的消费时代,但读书、翻译、做学问是需要真正静下心来,需要有"闲工夫"去慢慢做。除了闲,还要自己喜欢,并且坚持。因为在今天,文学翻译对译者而言,多半是个寂寞、吃力又不见得讨好的苦差事,对像高校这样的教学科研单位而言,翻译得不到重视,不算科研成果,挣不到"工分"。译者和译者、和外界的交流不多,不像梁宗岱先生那个年代,译者和译者、译者和作家、译者和艺术家之间交往很多。我们在梁老的书信中,可以看到他写给徐志摩、梁实秋、李健吾、梵乐希、罗曼·罗兰、刘海粟、朱光潜等人的信,俨然各大门派华山论剑的架势。话说回来,外国文学翻译不算科研成果是件很荒谬的事情,试想一下:如果翻译出版市场的外国文学翻译无以为继,如果没有保质保量的当代外国文学适时有序地补充到中国知识界的阅读视野中,外国文学研究将何去何从?如果学术界重研究轻翻译的风气不及时扭转,如果出版界不改变翻译工作强度大、报酬低的现状,那么别说外国文学佳作的翻译质量得不到保障,恐怕好译者很快都要成为濒临灭绝的物种了。

自　　我

　　学习很重要,做自己也很重要。周国平在《拥有自我》中的一句话让我印象深刻:"尽管世上有过无数片叶子,还会有无数片叶子,尽管一切叶子都终将凋落,我仍然要抽出自己的绿芽。"这也是我们对待文学的态度。经典之所以成为经典,是因为每个时代都有不同的人在阅读,从某种意义上说是阅读成就了经典。同时的确存在人与他所读的书之间相互影响的问题,融入了自己的阅读才是有效的阅读。任何有效的阅读不仅是吸收和接受,同时也是投入和创造。享受阅读吧,因为它让你在似是而非、非你非我的过程中发现事物的本真。

　　"阅读是呼吸,翻译就是如鱼饮水,知道冷暖,我饮了别人的文字,于是那文字便也有了我的温度。"鱼儿喝了一口水再吐出来,虽然这口水又复归于河海,但它有了你的温度。我觉得任何翻译都是有温度的,这个温度是译者给予的。很多人在研究时往往忽视译者的存在,我也是在学了外语、做了翻译后,才知晓翻译的甘苦,才会去关注译者,好的译者会成全一本书和读者,而糟糕的译者对一本好书的打击往往是毁灭性的。

遇　　见

　　翻译虽是一件寂寞的事情,但是翻译活动却促成了很多"遇见",遇见是我的书《转身,相遇》的主题,也是我对待文学、对待人生的一贯态度,是一种在路上的心情和期许。翻译虽然孤独,但是在孤独中却可以伸出很多触角,接触到不同的领域,和各种人建立联系。卞之琳的《断章》:"你站在桥上看风景,/看风景的人在楼上看你。/明月装饰了你的窗子,/你装饰了别人的梦。"诗很短,意味却深长。在人生不同时期,我们承担的角色不同,有时一人分饰多角也不一定。小时候希望自己是桥上看风景的人;长大后含蓄了,更喜欢躲在楼上偷看;现在的想法更朴素,觉得能做一座桥、一扇窗就很好,可以让你遇见他(她),可以让他(她)看见你。译者的身份更像一座桥或一扇窗,而桥和窗自身也可以是一道风景。

梁宗岱、徐志摩、梁实秋、鲁迅、茅盾、施蛰存等老一辈翻译家,在迻译外国文学的同时也成就了自己的文学,成就了从文言文到白话文过渡的新文化运动。现在有些译者把自己的地位降低了,认为作者高高在上、神圣不可侵犯,而译者就要亦步亦趋、低到尘土里。我觉得这个想法是不对的,好的翻译文本是译者和作者的一种神交、一种共鸣、一种合拍。梁宗岱先生在面对罗曼·罗兰、梵乐希这样的大家时,一直都用平等对话的姿态来与之交流,这一点很值得我们学习。

我译过很多作家的作品,女作家有柯莱特、杜拉斯、萨冈、波伏瓦、内米洛夫斯基、萨勒娜芙、班科尔……男作家像罗曼·罗兰、勒内·夏尔、圣埃克絮佩里、菲利普·福雷……在南京先锋书店做《转身,相遇》新书读者分享会时,嘉宾周宪提了一个很有意思的问题,他说我译女作家的作品要比译男作家的作品好,又说我译坏女人的作品比译好女人的作品好。我当时被逗乐了,反问他好女人和坏女人的界线在哪里。我也把自己翻译的女作家分两类:一类极其感性,从某种意义上说未脱小孩子心性,更符合我的性格;而另一类则是理性的,用法国人的说法是"长了男人的脑袋",擅长理性思维和逻辑分析,像波伏瓦和萨勒娜芙,我在翻译时就有点小畏惧。这也说明翻译有很强的选择性,聪明的办法就是扬长避短。但我也不后悔翻译了自己不擅长的作品,因为这些原本在阅读视野之外的作品,因为翻译的机缘进入视线,它呈现的是另一个陌生而丰盈的世界,比如萨勒娜芙的《战斗的海狸》让我更了解波伏瓦,从而更了解女人的生存境遇,从某种意义上更了解作为(成为)女人的自己。

选　　择

梁宗岱先生曾说,一件艺术品是"想做"、"能做"和"应做"之间一种深切的契合。之所以"想做",是因为文本吸引你,它跟你是契合的,有共鸣的。每个人心中都有自己的小音乐,如果要译的文本跟内心的小音乐合拍,翻译起来就会得心应手;如果不合拍,就会觉得哪儿哪儿都不舒服。之所以在翻译前要研读文本,也是要找对调子或风格——原文的风格和译者可以呈现的译文风格。

但有时候想做的不见得就是力所能及的,有些文本很美,你懂得欣赏,但真正操刀去翻译却有心无力。所以翻译前要判断是不是"能做",不能做就诚实地表示自己做不了,要负责严谨。"应做"是一个更高的境界,是站在本国的文化立场上去选择、去"拿来",像"五四"新文化运动中学贯中西的老前辈就是特别有历史使命感的文人。

法国作家菲利普·福雷是一个很好的学者,没想过要从事文学创作。后来他女儿查出来患了骨癌,4岁就去世了,他开始写作《永恒的孩子》以及之后的《纸上的精灵》。我翻译的《然而》是他的第三部作品。他一直没有从丧女之恸中复原,希望通过别处的风景去冲淡这份无法慰藉的哀伤,《然而》就是他和诗人小林一茶、小说家夏目漱石和摄影师川端庸介的"相遇"。这个文本之所以特别打动我,一是死亡一直是引我沉思的主题,其次是文本弥漫出来的诗意和这种诗意对翻译提出的挑战让我着迷。我在中学时代写诗,上大学后被法语苦苦摧残,弄得诗意全失。留校做老师的头两年,生活仿佛又放慢了脚步,于是整理了一些旧时涂鸦,也译了几首勒内·夏尔的诗歌。但译诗很难,我很快就放弃了。

翻译《然而》让我觉得又回归了以前的自己，回到过去对诗歌的热爱，从某种意义上说，这样的翻译是遇见也是重逢，你遇见了一个合拍的外国作家，同时也重逢了或已失落的自己。当我把小林一茶的俳句从法文翻译成中文的时候，我也享受了阔别已久的写诗的乐趣。"是的，一切皆空／过客、烟云、寂静／诗云"。

如果译者对文本没有感情，它没有吸引你、打动你，那么文本经过译者翻译出来也很难打动别人。译者要投入感情，译出来作品才会有感染力。《然而》整本书都萦绕着一抹色彩。这种色彩特别契合我翻译时的心境，稍有点年华老去的感觉。

爱　　情

有时候是因为作品而想去认识作家，有时候是因为作家而想去阅读他更多的作品。这种文学的相遇很多人都曾用不同的譬喻去形容过。许钧说翻译是一场艳遇，被毕飞宇引用后变得非常有名。"艳遇"或许更多是男性语汇，有猎奇、偷欢的意味，我更喜欢袁筱一的说法，她认为翻译和爱一样，是最难的事，但虽然难，却不能不做。爱情给人的感觉似乎更执著、更投入，也更女性吧。

把翻译比作爱情的确很贴切，有些文本令人一见钟情，如《小王子》《玫瑰的回忆》《花事》《然而》，我对它们是一见倾心。但也有些文本令人日久生情，书是别人介绍的，就跟父母之命媒妁之言一样，一开始不见得对上眼，但朝夕相处下来，慢慢体会到文字的好，慢慢有了感情有了依恋，比如杜拉斯、波伏瓦、萨勒娜芙。

也有一些作家会在人生不同阶段以不同形式跟你多次重逢。对于我，最典型的例子就是杜拉斯，我1997年翻译《外面的世界》之后做关于她的硕士论文、博士论文。《外面的世界》是杜拉斯写给报纸杂志的文章集子,很芜杂,所以翻译前和翻译中要查很多背景资料,请教很多人,文字的愉悦在某种程度上被繁复的资料查证冲淡了,当时只觉得翻译很难,南京的夏天又特别闷热,难免有一点焦躁的情绪在里头。《外面的世界》并不是让我眼前一亮的作品,不过因为翻译它,我阅读了杜拉斯很多作品,做了一些研究,所以译完我对她已颇为了解,可以说给我打开了一扇门或几扇窗,因为她的领域宽泛,涉及戏剧、电影、政治、音乐……我喜欢杜拉斯是因为她给了我想要的触角,经由她可以接触到各个领域和不同的人。

复　　译

　　复译文学经典跟初译作品感觉不同。我复译的作品不多,有《小王子》和《人类的大地》,因为圣埃克絮佩里是我特别喜欢的作家,所以当出版社找我重译《小王子》时,我开心得不行,一个非常孩子气的梦圆了:我只想有一个自己的版本,在暗夜里,可以用自己的声音把这个故事再说一遍,说给自己听。英文译者孙仲旭也谈到:"喜欢到了极点,就有这样的感觉:'我要咬你几口才过瘾!'我的咬法,便是重新译一遍。对自己特别喜欢的作家,以后有机会时,或者仍不会拒绝。"成熟的译者,碰到自己喜欢的作品,还是希望跟文本有一段情缘,这是译者的"力比多"。很多经典作品在复译中有了新生命,但如果出于追求某种商业利益,宣扬自己做出了一个最好的译本、其他译本都错误百出云云,这种态度是特别危险、特别要不得的。复译有助于提高翻译质量,读者会有更多的选择,这是一定的;但是过多的扎堆复译还是有点浪费资源。

　　说到翻译态度,法语界很多老翻译家都值得学习。罗新璋老师曾很尖锐地指出了我行文的缺点,他说年轻一代都有这个通病。老一辈翻译家有古文功底,遣词造句简洁凝练,罗老师的《红与黑》译好后校稿时删去了3万字,而现在年轻译者的毛病就是"的的不休",一句话好几个"的",显得句子拖沓啰唆。对作家、对译者而言,"节省语言是基本的美德。要养成一种洁癖,看见一个多余的字就觉得难受"。又比如周克希先生谦称自己几十年翻译的经验和感悟只是丛生在译文边的杂草,他在《译边草》的后记说翻译"只因为热爱",而这热爱和坚持最难能可贵。

一个好的译者、好的作家也一样,不追求著作等身,而是把心思花在质上,在"精"上做文章。梁宗岱先生有个说法:好译文是改出来的。做翻译是在寂寞中成就文字的圆融,里尔克写给青年诗人的信中说:"你要爱你的寂寞。"因为心灵是在寂寞中成长的。

"译事无成",这是南桥一篇文章的题目,或许在很多人眼里也是如此,但在我,译事最大的收获是在阅读、翻译的过程中,认识并成为了自己。

译　　文

　　终于所有的回忆都淡忘了。之后留下了一个个梦。既然从此只剩下梦,我们便把生活的烦恼托付给它。

　　很快,我将回想不起所有一切,一切除了这个我每晚一睡下就会回来的故事。它成了我最清晰最古老的回忆。那或许可以追溯到我四五岁的时候。夜降临了,房间的黑暗越来越厚重,我闭上眼睛,一切又重新开始。于是我又成了一个很小很小的小孩,我离开了房子。我踏上去学校的路,或者是通往花园的路。一切都很冷清。巨大的、神奇的静谧停歇在世界之上。在白天殆尽,暮色苍茫中,我走了很久很久,但一点也不累。我享受着这份极度的轻盈和我走过身边万物时的从容。我穿过城市:楼房灰色的门面给人一种迷失在天空的印象，巨大的楼梯旋转着通向虚空，就像沾染了辉煌宫殿的幻影。远处，依稀是铁青色的运河，水池和泉水静静地为它供水，运河的深处倒映着一座座巨大的拱桥。

太阳还在照耀，但已经照不见影子也没什么热度了。我小心地不走出我的街区的边界，但街区变得很大，大得可以容下世界无法想象的全部空间。什么人也没有。我丝毫认不出周围的一切。我一直向前走着，越发深入一个寂静而无休止的仙境中心。我发现的新景象越发滋长了我的困惑。我无法指出家的方向。我明白自己是到了世界真正的尽头，而在那儿，一无所有。永远我都找不到归途了。

我彻底迷路了。在梦中，我知道无边的忧愁、无底的绝望在那一时刻一定会狠狠地折磨我。我权衡着自己作为迷路孩子的悲惨境遇，但不管怎样，我觉得有一份巨大的宁静栖息在我身上。我感到自由，这份忧伤的自由在我就像是一种我不想舍弃的眩晕感，多亏了它，我听任自己带着感恩之心，从容、快乐地迷失。

整个梦境都沉浸在同一种颜色里，但奇怪的是这一颜色，这种颜色我在任何地方都没有见过。可能它和某种"黄色"相仿。而且，我根本无法准确地去说明它，更不能去描绘它。因为它更多的是一种（质地？着色？）非常难以捕捉的特点，不易觉察地表现出所有色差，绿色、灰色、蓝色、红色，并不是一种颜色接一种颜色地交替更迭——绿色依然是绿色，蓝色依然是蓝色，等等——而是赋予它们一种相同的、模糊的虚幻神采。或许更多的是因为一种特殊的光泽，一种固有的、特别的、闪烁的韵味，而不是一种颜色，就像这个梦的世界所固有的飘忽的磷火，把世界包裹在它那一抹深海的、沉寂的透明里。

——黄荭译菲利普·福雷《然而》

不可译性的救赎

刘 焰

　　文学翻译是一件两难的工作。译作依赖原作,因此,忠实无疑是衡量翻译作品质量的不二准则。但是,这恰恰又是一个几乎无法企及的标准。"橘生淮南则为橘,生淮北为枳,叶徒相似,其实味不同。所以然者何？水土异也。"仅仅相隔一条淮水的地理差异,一种农作物就会蜕化演变,更何况翻译往往要跨越数百上千年的历史,横亘无法计数的山川河流,面对句法、语法截然不同的两种语言,沟通以上种种造就的文化差异! 所以,从绝对忠实的角度而言,任何一部翻译作品在动笔之前就已经无可救药地面对失败。难怪意大利著名作家翁贝托·艾柯将翻译定义为以不同的语言"讲叙几乎同样的事情","几乎"这个词正体现了译作与原作之间无法回避的差异。

　　翻译理论界以文本的不可译性来解释这种差异存在的原因,在语言转换的过程中,原文的双关语、俗语、节奏韵律甚至句式等等往往难以完全对等地传递。那么,不可译性是否会导致原文的形象、意境或者情感趋于平淡或流失,影响译文的文学性？或者说,译文是否无法达到原文的文学水平？ 译者能否找到弥补的方法？

　　要理解译作,恐怕首先要阐明译者与原作之间的关系。瓦尔特·

刘焰

本雅明在《译者的任务》一文中,将翻译定义为一种"形式"。作品一旦完成,情节、结构、人物、对白、情感等一切因素已经完全被限定,译者对此没有任何主动权,他必须心甘情愿地全盘接受原文的束缚,无条件地尊重作者的意图。在这种前提下,译者唯一能做、唯一需要做的就是在另一种语言中为原作寻找对等的表现形式,任何其他的尝试都会被认为是曲解或背叛。当然,本雅明所说的"形式"并不能机械地理解为逐字逐句的文字翻译,而是在理解、尊重原作的基础上得出的文学形式。只有在清末民初外国文学译介与外语人才双重匮乏的特殊前提下,不懂外语、不读原著的林纾才有可能仅仅借助几个留学生的口述,凭借自己的想象和写作完成180余部作品的翻译,兼及英、法、俄、西等几个语种,这样的情形在今天绝对不可能再发生。

闻一多先生在讨论诗歌格律的时候,曾引用英国布里斯·柏瑞教授的一句话,"差不多没有诗人承认他们真正给格律缚束住了。他们乐意戴着脚镣跳舞,并且要戴别个诗人的脚镣",赋予格律诗最生动的意象。从某种意义上而言,"戴着脚镣的舞蹈"同样是译者的写照。译者乐意戴着作者的脚镣,追随作者的布局谋篇,自己只保留语言这最后一块,也是最纯粹的一块文学领地。他的文字工作似乎受到极大的制约,正如一位写格律诗的诗人必须遵循字数、平仄的规则,然而,正是束缚才能显出他舞技的高超。

译者放弃了文学表达中说什么的思考(他在选择翻译作品的时候

已经给出自己的答案),只探索如何说的方式,语言成为翻译最终的表现手段。文本的不可译性为译者戴上双重镣铐,它加倍地剥夺译者本来就少得可怜的自由,却又给他一个绝处逢生的机会,让他于不可能处实现可能。正如《译者的任务》中所言,"原文的语言越是平凡庸俗,越容易沟通,翻译就越难以体现其价值,当表意的需要超越了一切,它不但不能为译作的正式完成提供任何帮助,反而会消解翻译的必要性。当作品越是微妙,意义变幻,则越值得被翻译"。平铺直叙的句式可以在两种语言间轻易转换,本身缺乏表现力和生命力,译者只能亦步亦趋无法伸展;而带有原文语言特色和作者风格的文本突出地呈现出两种语言的差异与张力,译者必须调动自己对两种语言以及两种文化的理解和转化能力,仅仅凭语言这唯一的自由和手段架起沟通的桥梁,借字、词、句的雕琢、拆开、重组探索文字的内涵与文学表达的可能性。此时,译者被动的追随转变为主动的创作,蕴华于无形,而这正是翻译工作不为人所知的回报和愉悦。从某种意义上,可译在某种程度上反而退化成不值得翻译,恰恰是不可译才体现出文学翻译的价值和尊严。

当无法在两种语言中找到直接对应形式之际,译者往往不得不借助转移意象、替换双关语、切割长句等技巧,目的无非是在译文中最大限度地再现原文的文学性,尽可能地复制相同的阅读效果。法国著名诗人伊夫·波那弗瓦在《译者的悖论》中讨论诗歌翻译时,索性放弃对诗歌形式的执着,明确提出诗意的位移重组,"诗意并不会在翻译困难中丧失,它只是产生了位移,从它过去寄生的文本位移到新的文本,重新开始生活"。在他看来,诗的不可译性促使译者必须在恪守音律与表达诗意中做出选择,而在翻译语言中重建原作的诗意才是对原作最根本的尊重。如果将这个观点推广到文学翻译,以文学性的再现为标准衡量忠实与背叛这一对始终纠缠着译作与原作的命题,或许可以得出不同的定义与结论:译作与原作的关系似乎终于可以脱离这种情人式的归属,建立起一种亲人式的传承。译文终于不再背负背叛原文的宿命,它通过文本的位移再现原作的文学性,最终赢得文学的忠实,它从原文那里获得生命的同时,又被所翻译语言的文学所滋养,于是带着两种文化两种语言,以更坚强的姿态延续着原文的生命力。

作品的不可译性正是文学翻译的意义和价值所在,它让译作从原文的阴影下走出来,获得自己的骄傲和生命,也使译者的工作不再是简单的传声筒,而成为最隐秘最精微的创作者。当然,每一个译者根据自己学识的不同,处理不可译性的能力也会不同,但是,就连傅雷也时常在家书中提到对自己的译稿不满,"我的文字太死板,太'实',不够俏皮,不够轻灵"(1954年2月10日)或"改来改去还是不满意……等到书印出了,看看仍旧有毛病"(1963年3月17日)。译者的努力只能尽量贴近文学理想,却始终感觉无法企及,这不仅仅是翻译的困惑,更是文学的困惑。

文学翻译如同手握长杆走钢丝,一边是原文,一边是译文,既要尊重原文的语言习惯,又要给读者交出通顺流畅的译文,避免生硬的翻译腔,同时还要兼顾作者的个人风格,不能让其等同于本国作家的创作……在众多的悖论中寻找平衡,是每个译者在翻译的每时每刻都要面临的问题。踩钢丝的译者既是不幸的也是幸运的。不幸的是,他可能永远找不到完美平衡点,在读者、评论家的注视下,每一步都晃晃悠悠摇摇欲坠,时时有落地的危险,而且在这趟孤独的旅行中只能依靠自己。幸运的是,他即使摔下来也并不会有性命之忧,仍然可以随时再踩上钢丝,并且,也许能因此更接近理想中的平衡点。

译　文

　　法国是一个自我贬低的国度。也好，不然，她将会是世界上最自以为是的国家。重要的是她缺乏自我认同。她认同的东西使她变得平庸。我在小说《可怕的孩子们》中，非常谨慎地表现了一对并不了解自己的兄妹。他们应该肯定自身写诗的才能而不是试图成为美学家，这使他们从主动变为被动。没有。他们痛恨自己。他们痛恨自己的房间。他们想要过其他人的生活，也许正是那些模仿他们的人的生活。他们失去了在一个世界的特权，一个必须相信它才能存在的世界，而那些特权非同一般，常人并不具备。

　　我家里有一封缪塞的信，写在那个天才辈出的时代。他抱怨当时没有一名优秀的艺术家、一本像样的书、一个真正的画家、一出精彩的好戏。他说，法兰西剧院落满尘埃，玛利布朗夫人①不得不到伦敦演唱，因为巴黎歌剧院的演员唱歌走调。法国在每个年代都是如此：财富就摆在鼻子前，她却熟视无睹，到别处去寻找。

　　那些在口头上希望法国强大的人是可笑的。"伟大，纯洁，有建设性的作品"，这是现代人的惯用语。然而，与此同时，伟大，纯洁，有建设性的作品以不为他们所认知的形式出现，并被他们视为国家的耻辱。批评家审判这些作品，不知道他们也被这些作品所审判。是谁缔造了法国的伟大？是维庸，是兰波，是魏尔伦，是波德莱尔。而这个美丽的世界却被封存。人们想把他驱逐出境。人们任他在医院里死去。我就不提贞德了。至于她，审判说明了一切。忧伤是她的报复。可怜的贝基②！我曾经很喜欢他。他是一名安那

---

①　玛丽亚－费利齐亚·玛利布朗（1808—1836），西班牙著名歌剧演唱家。
②　夏尔·贝基（1873—1914），法国诗人，记者，专栏撰稿人。第一次世界大战爆发的时候参军，战争结束前夕阵亡，被称为贝基中尉。

其主义者①。当他看到人们这样援引他的名字的时候,他会说什么呢?

解放后法国的态度很简单。她没有态度。为军事问题所困扰的法国该怎么表态?该怎么说?向世界说:"我不希望战争。我不喜欢战争。过去,我没有武器,将来也不会有。我有一种秘密武器。是什么?因为是秘密武器,我怎么回答您呢?"如果世界坚持要答案的话,"我的秘密武器就是安那其主义的传统"。

……

——刘焰译让·科克托的《存在之难》

---

① 又译无政府主义。

俄语

"翻译是要流汗的"

高莽　王杨

记者(王杨)：高莽老师，首先祝贺您获得"翻译文化终身成就奖"。您刚刚度过85岁生日，再次向您表示祝贺。几十年来您做文学研究、绘画、翻译、创作，堪称多面手。那么，文学翻译在这许多"面"中处于一个什么样的位置？

高莽：中国翻译协会向四位老译者颁发了"翻译文化终身成就奖"，是对翻译事业的关怀、爱护、鼓励和鞭策。我深为感动，并深致谢意。翻译工作几乎伴随了我的一生。我做过10年口译，更多的是从事笔译和文学翻译。很难说文学翻译在我从事的文艺活动中占有何种地位，但可以说，我除了"文革"十年中没有从事翻译活动之外，其他时间或多或少都与这一事业有联系。

记者：您是怎样开始从事并热爱上文学翻译的？

高莽：倘若我不出生在哈尔滨这座国际文化城市，倘若我不居住在俄侨聚集的南岗和马家沟区，倘若我上的不是外国人办的教会学校，倘若我学习用的不是俄语，我就不会爱上俄罗斯文学。正是诸多因素的组合和个人的兴趣与爱好使我一步一步地走上了俄罗斯文学翻译之路。

记者：几十年了，您还记得自己的"处女译"是哪个作家的哪部作品

高莽

吗？跟我们分享一下您当时的心态和感受吧！

高莽：我译的第一篇作品是俄罗斯作家屠格涅夫的散文诗《曾是多么美多么鲜的一些玫瑰……》。那是1943年，我17岁。我家住在一栋木板平房里，屋子比较矮。第一次见到自己的译文刊登在报上，高兴地跳了起来，手甚至触到了天花板。事情已经过了几十年，可是当时兴奋的样子还依稀在眼前。

真正算做"处女译"的应该是1948年译的剧本《保尔·柯察金》，这是根据奥斯特洛夫斯基的小说《钢铁是怎样炼成的》改编的，作者是邦达连科。那时我在哈尔滨市中苏友好协会工作。有一天，苏联对外友好与文化联系协会赠送了一批书籍，其中有这个剧本。我读了大为震撼。我有生以来第一次在文学作品中见到保尔这样一个人物。他自幼和不劳而获的人不共戴天，他参加革命队伍，为新生活而战斗，即使负伤后，身残失明，依然奋斗不息。他的名言："生命属于人们只有一次。人的一生应当这样度过：当他回首往事时不致因虚度年华而悔恨，也不因碌碌无为而羞耻。这样，在临死的时候，他能够说我把自己整个生命和全部精力都献给了世界上最壮丽的事业——为全人类的事业而斗争。"他的话使我激动不已，我眼前出现了一个新人，我要以他为榜样。我很快就将这个剧本译成了中文。

出版社将它出版了。哈尔滨市教师联谊会文工团很快将它搬上了舞台，演出轰动了哈尔滨。每天散戏之后，大街上都可以听到观众在大声背诵保尔那句箴言。后来,这个剧又在全国一些大城市演出过,受到观众热烈的欢迎。

1950年,北京青年艺术剧院上演了这部话剧,演员都是一些名家:金山、张瑞芳等人。演出时我发现剧中的台词好多是家乡东北话,在北京听起来非常刺耳。这一现象使我明白了一个道理,舞台上的每句话都应该讲的是标准语言,即使是一句普通话,也要艺术加工,不可随便堆砌,更何况是外国戏呢!

《保尔·柯察金》使我与剧中第一个扮演冬妮娅的女演员相恋,后来成为夫妻。15年前,我妻子因青光眼双目失明,像当年保尔的亲人照顾失明的保尔那样,我也担负了照顾她的重担。

记者:到现在,您的翻译有过什么变化吗?

高莽:翻译有两种现象,一是自愿选译作品,二是出版社约稿。

我最早并不喜欢当翻译。可是我又喜欢俄罗斯文学,又想译。所以用过笔名"何焉",即"为什么"的意思。后来经过戈宝权先生的指点,我放弃了错误的概念。他告诉我:"重要的是翻译什么作品和为什么人翻译。"这句话使我茅塞顿开。我要翻译革命的作品,为中国人民大众服务。我不再用"何焉"这一笔名,改用"乌兰汉",即"红色的中国人"。在长期翻译过程中深明翻译之苦之难,便把"汉"字改为"汗"字。翻译是要流汗的,绝非轻易之举。

最早开始翻译,我似乎天不怕地不怕,什么都敢译。后来逐渐发生了变化。20世纪50年代,我译的作品多是歌颂胜利、歌颂党、歌颂领袖之作。十年"文革"使我另外长出一个脑袋,对世界历史、对祖国命运、对未来展望、对人际关系都有了新的认识,我选译的作品也不同了。最能说明问题的是我翻译了阿赫玛托娃的《安魂曲》。这部长诗是用另一种观点审视了过去被掩盖的事实,揭露了苏联另一面的生活。我虽然做的只是翻译,但拷问的是自己的灵魂。

曾有一段时间不敢翻译了,总觉得吃不透原文的精神。记得有一位老翻译家曾经讲过,他晚年产生了不太敢翻译的想法,我当时还以为这是他的谦虚。其实我也经历了同样的时期。

我已经八十开外,近来忽然想译些难度很大的诗作。诗中的用词、联想、比喻都很古怪,查遍了各种字典依然感到心虚,但不知为何却想把它译出来。也许这是老年时代的闯关思想?或想攻克新的堡垒?我自己解答不了,留给后人去琢磨吧!

记者:翻译过程中遇到过什么困难吗?有没有什么是印象比较深刻的?

高莽:遇到的困难太多了。

我们翻译外国的东西就是要把新的或不了解的事物介绍到本国来。一个人的智力毕竟有限,岂能万事通。异国的古代史、宗教、风俗习惯、生活用语、异国的新词汇,等等,有时在字典里、百科全书中也查不到,或还没有收录,为此必须下大功夫。不但平常要注意各方面的现实,还要积累新的词汇,要有广博的知识、强大的记忆力,又要有高超的表达能力。

其实翻译就是攻关,就是克服语言文字上的屏障。

记者:翻译工作中最大的乐趣是什么?

高莽:翻译中的乐趣是解决了长期困扰自己又不能解决的问题。

口译时为双方谈话做翻译,使交谈者感觉不到译员的存在,我觉得这是对译者最高的褒奖,也是他本人最得意的乐趣。

翻译文学作品时能表达原作的精神、风采和语气,读起来不佶屈聱牙,这是笔译者的乐趣。达到这一境界谈何容易,因为再准确的翻译毕竟是翻译而不是原作。

对翻译中的乐趣要有一个正确的认识,即便译的得心应手也不能自满,因为翻译的好坏是没有止境的。

记者:在您看来,老一辈翻译家最需要传承的品质是什么?

高莽:老一辈翻译家积累的经验是宝贵的财富,不管是成功的或者是失败的都是心血的凝结,对未来译者富有参考和研究价值。

在新科技大发展的今天,还没有任何机器可以代替文学翻译。从事翻译工作的新一代要通过新科技掌握更多的知识、更精确的语汇,完美地传达不同语种的色彩,以利于不同民族之间的深入理解,加强友好往来,共促文化繁荣。

翻译是一种光荣的神圣的事业,切不可被私心杂念所玷污。

记者:您对当前外国文学翻译状况有什么看法?

高莽:文学翻译应尽力原模原样地、原汁原味地把外国作品中的鲜花移植到中国的土壤中开放。我对当前外国文学翻译状况不敢妄加评论,只能说两点希望:

外国杰出的文学作品具有永恒的艺术价值和历史价值,翻译成汉语时要讲究文字,文字是作品之母,切不可粗制滥造、囫囵吞枣。

翻译外国优秀文学作品不要急于求成,不可片面图快,更不可为赶时间急出版而拿出禁不起时间推敲的译文来。

我深信后浪推前浪这一道理,我深信后来的译者一定胜过前辈,而且必须优于前辈。

译　　文

　　消防队员的妻子:我们结婚不久。逛大街时还要手拉手,我对他说,我爱你。但当时还不知道我是怎样爱着他的。有天夜里,我听见喧哗声,他安慰我说,继续睡吧,站上发生了火灾,我很快就会

回来的。爆炸声我没听见,只看到了火焰,老高的火苗,落着黑烟子,热得可怕。总不见他回来。早晨十点,操作员希尔诺克死了,他是第一个死者。我们听说第二个死者没从废墟中弄出来,被水泥封住了。我的丈夫被送往医院,不久因受到严重辐射死去了。我们电站的人有好些都死了。有人坐在公园长椅上,突然倒了;有人出门等公共汽车,也倒了,他们一个个地死去。我终于知道自己有多么爱瓦西里,然而他却感受不到了。

——高莽译阿列克西耶维奇《锌皮娃娃兵》

译诗是一次冒险的恋爱

汪剑钊

谈及诗的翻译,我不由得想起了瓦雷里关于"纯诗"的著名论述,每个诗人在内心都潜伏着一个对"纯诗"的追求,但在写作过程中,他可以无限地逼近这个目标,却不可能最终抵达。译诗也与之非常相似,其情形有点儿像竞技运动中的跳高。译者对译文的每一次修订都在提高译文的质量,类似于比赛过程中一次次加高的标杆刻度,但每一次都不可能真正与原文找齐。经验告诉我们,在由原文向译文的转换过程中,不论多么优秀的译者,不论他的水平达到了怎样的高度,最后都逃脱不了跳高运动员式的命运——被迫面对一个自己终究跳不过的高度。说实话,那一刻,所有译者恐怕都会感觉自己就是永远推着巨石上山的西西弗斯。因此,有人说翻译是一种失败的艺术,也有人说翻译是一种遗憾的艺术。

这似乎印证了弗罗斯特的话:"诗就是那在翻译中失去了的东西。"但是,我们不能不提到另一个事实,好的诗歌应该是经受住了翻译之考验的作品,亦即"诗就是在翻译后留存下来的东西";否则,我们就很难解释荷马的《伊利亚特》《奥德赛》、但丁的《神曲》,乃至《圣经》中的《雅歌》何以能流传千古。毕竟,绝大多数的读者在品读和欣赏它们时都借

汪剑钊

助了译文,而不是通过希腊文、意大利文和希伯来文。所以,前述令人沮丧的那个现实,也同样隐伏了新的希望,它对译者的智力和耐力发出了挑战,同时也给了他一个证明自身的机会。因此,我要说,巴别塔的坍塌,诚然宣示了人类必须正视的局限,但也从另一侧面为人类的自我实现、自我提升提供了契机,失去了巴别塔的人类依然热切地渴盼交流,而且达成了文化史上数不胜数的交流。

就某种意义上来讲,译者(以及他所欲抵达的目标语)和原文,就像一对自小成长环境各不相同的男女,有着不同的生活习性,受着不同的文化滋养,拥有不同的思维表达方式,为了一个共同的心愿——爱(或创造,在文字上体现为诗),走到一起。或许是日久生情,或许因媒妁之言的撮合,或许出自美好的邂逅,由初次的相识到随后的相知,乃至最后的两情相悦,末了成就一段令人艳羡的姻缘。译诗和恋爱的相仿佛,在于都是一个灵魂对另一个灵魂的辛苦寻找,最终只有真诚的相爱者才有机会携手进入婚姻的殿堂,开始一个新生命的孕育与生产。译诗的整个过程,有快乐,也有痛苦,而且正如绝大多数婚姻一样,也会出现在坚持中的妥协与磨合,其中有放弃和修补,有纠结和快慰,也有畅行和停滞,结果既有成功的范例,也有失败的教训。

这就意味着,我们必须认识到译诗是一种特殊的创造,它绝不是"克隆",更不是原封不动的重现和复制。最后的译文应是父精母血结合后诞生的一个孩子。这个新生儿既不是父亲,也不是母亲,而是有着父母各种遗传基因的另一个,它在容貌、性格上与父母有诸多相似的地方,却绝不等同;它的智力和体魄既可能强于父母,也可能弱于父母,在与后者千丝万缕的联系中保持了自身独异的存在。此外,译诗并不是总能收获一个中外文化交流的"宁馨儿",而在翻译过程中出自诸般原因而中断的一些例子,实际也与生命孕育过程中的夭折极为相似。

因此,我说,译诗就是一次恋爱,有时甚至是一次不无冒险的恋爱。

译　文

佛罗伦萨是我的继母,
我祈望安息在腊万纳。
过路人,别谈论什么背叛,
任随死亡打上它的印记。
在我白色墓穴的上空,
鸽子这只甜鸟在咕咕叫,
但至今祖国仍在我的梦中,
至今我只忠诚于祖国。
不再带着破碎的诗琴上路,
它已死在故乡的营垒。
我的悲伤,托斯卡纳,
为什么还要亲吻我孤儿的嘴?
而鸽子从屋顶俯冲而下,
仿佛在惧怕着什么人,
陌生飞机凶恶的影子,
在城市上空划出一个个圆圈。

敲钟人,就这样撞击鸣钟吧!
不要忘记,血泊中的世界!
我祈望安息在腊万纳,
但腊万纳对此也爱莫能助。
——汪剑钊译扎博洛茨基《但丁墓畔》

长篇小说《脑残》译后

张晓东

"我一直想把世界各地翻译我作品的译者邀请来,安排一次聚会,跟他们道歉,因为我的小说太难翻译了。"2011年12月1日,在人民文学出版社"21世纪外国小说奖"颁奖典礼上,该奖得主、小说《脑残》的作者奥莉加·斯拉夫尼科娃对媒体如是说。最后还不忘加上一句:"美国的英语译者一直说要揍我一顿。"

奥莉加·斯拉夫尼科娃算得上当今俄罗斯文坛领军人物,她是俄罗斯文学最高奖项"布克奖"得主、文学活动家、"处女作奖"的负责人。她的作品并不玩艰涩的时髦技法,而是具有很强的可读性,却在轻松阅读之余又让人觉得回味无穷。最初为她赢得声誉的小说《放大到狗那么大的蜻蜓》可以看做"儿童文学",也可以看作寓意深刻的讽刺小说。她既有传统俄罗斯男性作家那种驾驭宏大叙事与场面的能力(这在女作家中极为罕见),又有女性作者所特有的细腻与委婉,以及对时尚与细节的偏爱。

然而,对于俄国读者来说轻松和有趣的文字,在翻译成别国文字的时候却遭遇了极大障碍。斯拉夫尼科娃不喜欢书面语,而是倾向于现代口语化的写作,她使用的、来自乌拉尔的语言背景又增加了翻译的难度。

张晓东

偏偏她又喜好"语不惊人死不休",小说中充满了繁复和奇谲的想象。更何况,她文字中无处不在的辛辣甚至于刻薄的讽刺,怎样才能通过中文传达出来,都是对译者的极大挑战,因为幽默感是比诗歌更难传译的东西。

当然,"难译"和当下翻译生态的艰难,并不足以成为译者推卸责任的理由。幸好82岁高龄的翻译家、中国电影出版社前总编富澜先生与我一起翻译,并提出了宝贵的修改意见。

小说书名原意为"轻飘飘的脑袋"。小说主人公马克西姆·T.叶尔马科夫天生没有脑子。某日,莫斯科"社会调查部"找到他,声称由于他的特殊存在,给"因果联系"造成了不良影响,从而给人类带来了各种灾难;他们以人民的名义要求他开枪自杀,并允诺在他死后给他一大笔钱。他们采取一切克格勃式的手段,并通过电脑在线游戏《脑残》对马克西姆·T.叶尔马科夫展开了全民攻势;而马克西姆·T.叶尔马科夫通过上网、玩赛车、潜水,和这个"社会调查部"展开了殊死的较量,从未屈服;最后他还是在对手精心的策划下,开枪自杀。

并不难弄清楚作者的寓意所在。"因果联系"显然和"因果决定论"有关。"因果决定论"显然属于过往的意识形态。这种意识形态长期存在于集体无意识中,并依然遗留在新的社会意识里。这种意识借助网络游戏的传播,共同入侵了主人公私人领域的生活空间。而主人公马克西姆·T.叶尔马科夫,则是俄罗斯文学中的一个全新形象。有的评论家认为该形象是这个时代的"当代英雄"。

表面上看，一般读者会觉得匪夷所思，因为马克西姆·T.叶尔马科夫只不过是个普通人，并无任何英雄事迹，正如小说主人公所说的："我真的就是一个普通人，经常被人以或者上帝、或者灾难、或者因果联系吓唬的那种普通人。"他是典型"后苏联一代"，属于俄罗斯出现的"新人类"。这一代青年成长于苏联解体之后，他们没有经历过种种苏联式的意识形态教育，对于他们来说，日常的、普通的、实实在在的生活高于一切。为了捍卫自己普通的、个体的生活不被侵犯，他们愿意付出代价。那种类似于苏维埃时代宣传的马特洛索夫、斯达汉诺夫等英雄形象，在他们看来不仅是虚假的，而且是非常可笑的。没有脑子的马克西姆·T.叶尔马科夫，恰恰具有一定的独立思考能力，这种有脑/无脑的倒置，形成了一种鲜明的反讽。

然而，对于"社会调查部"的人来说，这个马克西姆·T.叶尔马科夫太可恶了，因为作为普通的老百姓，他竟然敢于对成为"人民英雄"，死后获得被塑像的权利嗤之以鼻。不仅如此，他敢于对他们引以为傲的提议表示不高兴，并采取行动与之对抗；而主人公为了自己的"不高兴"，也付出了惨重的代价。以至于他提出了这样一个问题："当我为自己斗争的时候——是仅仅为我一个人而奋斗吗？"

普通人有"不高兴"的权利，而小说中大众网民的言论则暴露了有多少人并不这样认为。这或许是将书名译为《脑残》的又一种反讽吧。马克西姆·T.叶尔马科夫的抗争当然不仅仅是为他自己。正如书中的主人公舒托夫对他的评价："在以前的传统社会里，为别人奋斗意味着为整体，某种超越个体之上的、甚至是野蛮的集合体而奋斗。如今——只是拯救个别的、只是属于上帝的自由个性，并没有为普通人的。您，马克西姆，为跟您境遇相似的人和武装到牙齿的魔兽斗争……您的斗争跟斯巴达三百勇士比起来，希望还要渺茫得多……"

斯拉夫尼科娃获布克奖的小说《2017》是一部带有明显反乌托邦性质的作品，在《脑残》中，这一特质延续了下来。

译　文

……对马克西姆·T.叶尔马科夫来说白天太长了，每天他的内心都在晃来晃去，就像一枚豌豆在玻璃罐里蹦跶。他开始在下班之后散步。以前在他看来，莫斯科河不过是一带不好看的、灰不溜秋的脏水，偶尔在城市建设凹凸不平造成的短暂停车中，从左边或右边一闪而过。如今他用新的眼光来看这条河了。莫斯科河散发着一个老女人的气息，她那拍打着河岸、仿佛在寻找拥抱的波涛声始终如泣如诉。同时，她的河水奇异地沉重，仅仅用污染和多年没有清淤难以解释。莫斯科河的水只有四分之一出自天然，其余的部分顺着城市难以计数的排水管道，挟裹着首都一千五百万居民的生化成分源源涌入。实际上，在曲折的河岸流淌着超级大都市的淋巴；这个黄色的器官充满了各种信息，河水，好像支撑不住背上那生锈的、看起来半沉的巡洋舰，克里姆林宫的倒影，于是把奥卡河、伏尔加河，远到没有出口的卡斯皮河都连接到自己不可读的存储器上。莫斯科河水中的倒影，不受天气的影响，有稳定的惊人的内存：被风吹浪打后，它们可以迅速恢复原貌，水平线的部分收拢起来，仿佛水波的闪耀中隐藏着一个有着磁性的、巨大而排列齐整的基座。

莫斯科河天生就与神秘的莫斯科地下世界有共生的东西，比如一些活着的、在莫斯科的山丘里晃来晃去的生物，它们前进，变形，聚成一团，死去，死后留下腐朽的硬壳。所以一些著名的建筑，古老的钟楼会突然收缩、歪斜，就像比萨斜塔一样。具有这种天性的还有莫斯科地铁：古老豪华宫殿的结构，没有阳台，没有屋顶——本质上,没有外观,看不到,也不存在。莫斯科地铁坚决不向人类的感受屈服,每天运载七八百万的乘客;应当说,人们在地铁里用读物填满彼此的空隙,不是没有理由的,当列车咆哮着在黑暗的地道里飞奔,突然跳出来一具刚从地下挖出来的骷髅:消失了,时隐时现着有棱角的拱门,杂草丛生的圆柱,以及一些透明的电缆,上面稀稀编织着几盏碘化灯。这是什么?不清楚。

在地铁里,头顶上是密不透风的厚层,马克西姆·T.叶尔马科夫的脑袋犹如一只顶着天花板的气球:摇摇晃晃,皱着眉头。在遇到通风系统压送过来的气流,还有悄无声息地沿着墙壁滑行的穿堂风时,脑子就熄火了。地铁像一只手套,总是伸开许多指头的、无形的手,马克西姆·T.叶尔马科夫在地下对这种富有个性的运动,不仅通过他那游荡的大脑,而且是通过他的脊柱感知到的。在很多站都能注意到,在拱门下面,轨道上面,没有任何明显的缘由,沉甸甸地、零散地晃荡着昏暗的灯——犹如一只只水桶,装满了用汲水吊杆从莫斯科河里打来的水。它也在那样摇摆,也是那种忧伤的竞赛舞曲的旋律,就如同马克西姆·T.叶尔马科夫在河浪中见到的那样:旋律完全可辨,不像任何其他旋律。如今,这个新的、低沉的、无形的莫斯科在牵引着马克西姆·T.叶尔马科夫,顺便说一句,与当初诱惑他过来的那个电光火石一般的、富庶的、独一无二的莫斯科相比,吸引力一点都没减少。莫斯科接纳了马克西姆·T.叶尔马科夫,把他带进自己的子宫,预先让他明白,那里,在她的大地下面,没有也不会有平静。

——张晓东译奥莉加·斯拉夫尼科娃《脑残》

德语

字面有深意　得意勿忘言

李双志

先讲一个有趣的故事。有个译员陪领导会见一对从国外来的说英语的高官夫妇,对话最后领导说:"我们今天的事情解决得非常好,简直就是'小葱拌豆腐——一清二白'。"这位译员也算机灵,他想到英语中有一句很贴切的话"as clear as crystal",意思是形容事情清楚就像透明的水晶一样。至此,这位翻译做得很不错。可领导又问:"不知你们那里产不产豆腐?"翻译只好硬着头皮往下译:你们那边会不会有 crystal。老外就说:"Yes, of course!"领导问:"硬豆腐还是软豆腐?"这下译员没办法了,只好翻译说:"Soft or hard?"两位外国友人一听,拿着自己的水晶项链说:"As hard as this。"(像这个一样硬)从此之后,这位译员再也没有出现在类似场合。

做翻译理论的人都知道,翻译要找对应。小葱和豆腐在字面上有一个很明确的意指,一般翻译所追求的,就是把它的意指翻译出来。这位译员确实找到了对应,用水晶来表示事情的清楚明白。可是翻译最重要的是字不离句,句不离篇。他没有想到马上会出现一个下文,恰恰脱离了它所指向的东西,而停留在它的字面意思。

字面有深意,概括成四个字就是:意在言内。言最重要的是指向

李双志

意,意达到了,就是翻译的最高标准。但是在文学翻译中,恰恰不能小瞧了字面的意思和它比喻的意象。我的心得是,文学翻译往往要沉潜下去,要去把玩每一个字里面的含义,而且要尽量地瞻前顾后,想想上下文中这个字是不是本身也具备了一定的自主性,也体现出一定意蕴来。文学中重要的不是说了什么,而是怎么说。好的文学作品关注的不仅是内容,还有言说方式。俄国形式主义学派提出过一个重要观点:文学是陌生化的语言。我在大学上文论课时,一位老师用一句古诗来解释陌生化理论:"欲得周郎顾,时时误拂弦"。文学要做的就是要引得"周郎顾",必须常常"误拂弦",要在大家听惯的弦音之外奏出不一样的乐音来。就文学翻译而言:言者所以在意,得意勿忘言。翻译要牢牢记住"言"是怎么样的,把一种语言里面最精粹的、最美好的东西变成另一种语言或者是母语中最精粹、最美好的东西,又怎能不把它原来言中所有的美好都好好体会、感悟呢?

停留在字面上不是说要直译不要意译,讨论意译和直译容易走入误区,仿佛直译就是抠字翻,意译就是抛开了语言。其实文字本身的意和言是分不开的。王尔德表达过这样的意思:一切的艺术都是表面的,同时也是象征;如果有谁要沉到表面之下,他自负风险;如果有谁要去解读这个象征,他也要自负风险。这也适用于文学翻译,所有文字都是表面的,也是有意指的,译者不能完全把表面抛开,那就沉到它们下面去了。另一方面,文字本身也是象征,它既牵着字面的意思,也牵着意指的象征意味。文学语言有足够多的意蕴才是好文学,而这种文学却是让译者最痛苦也最有快感的。

德语中有两个词:Schein,Sein。Schein 是表象,Sein 则是存在、本质的意思。文学不是通过表象来抵达本质,而是把表象和本质结合到了一起。唯美派作家经常说,本质不在文字下面,不在文字背后,它就在文字本身。文学翻译需要好好体会每一个字,才知道本质是如何表现到了表象中的。也只有这样,才能在中文里找到合适的语言来表现。很多翻译会让读者觉得,这不是想象中美好的文字。就是因为译者虽然抓住了原文中的美好,但在中文里对应不起来;或者是用和原文相对应的文字来翻译,而这个过程往往破坏了中国读者的审美定式。我觉得,在没有找到更好的意象时,译者还是得回到字面。文学翻译有时要打造一个不一样的风景,要让读者知道,这个风景也是美好的。译者不需要为了迎合读者的审美定式而破坏了原来字面的意蕴,更不需要放弃原文中绽放出异样光辉的字眼。字面有深意的另一层意思是,译者要敢于去翻,对于中国读者的审美定式或中文里面没有的意象,要想办法找到"第三种语言"——既不同于原文,也不同于中文原有的词汇。

下面是里尔克的《哀歌》中第一首的第一句:

Wer, wenn ich schriee, h rte mich denn aus der Engel/Ordnungen?

在很多作品的第一句中,作者会把最多、最精彩的意味糅进去,翻译时要小心,尤其是和平常所接触的语言习惯不同时,它可能包含很多不同的意蕴。诗歌的翻译是经常被批评的,尤其是里尔克的翻译,在德语里是被较真和批评得最多的。一位非常受欢迎的翻译家是这么翻译的:

有谁在天使的阵营倾听,如果我呼唤?

没有翻译成"呼唤"的,有前辈这样翻译:

如果我哭喊,有谁会在天使的阵营里面听到我?

还有人把"呼"和"喊"放在一起:

如果我呼喊,在天使的阵营中有谁听?

最后是我个人最喜欢的一位诗人的翻译:

如果我叫喊,谁将会在天使的序列中听到我?

这些翻译最大的不同是,有人把"schreien"译做"呼唤",有的人译做"叫喊"。德语中,"呼唤"更可能是用"rufen",rufen 和 schreien 最大的区别是,rufen 需要有一个对象。但我认为里尔克的诗中不用"呼唤"是有深意的,所以我很喜欢"叫喊"这个翻译。为什么里尔克用了"schreien"? 我看到"叫喊"这个翻译后,再看诗作,就明白了"schreien"是文中一个非常奇崛绝妙的意象。"叫喊"就是人在痛苦时发出的呐喊,甚至是一种号叫。

蒙克有一幅作品为人所熟知,中文名是《呐喊》,德语是 Der Schrei。用 Schrei 来命名,是因为这幅画表现了进入 20 世纪的现代化过程中,现代人失去了上帝的信仰,面对已经异化的世界,找不到外界的依靠,在街头看到大自然奇美的黄昏景象,内心被恐惧所攫取,突然发出一声号叫。而里尔克非常熟悉蒙克,蒙克还给里尔克画过画像。里尔克自己解释说,《哀歌》里的天使不是基督教的天使,而是一个超然的存在,是与人区分的,人无法接触天使,两者之间有隔阂。每个人在世界里是孤独的存在,没法去抵达天使那个超然的存在。里尔克笔下的"叫喊",一开始就是绝望的,包含了"天使听不到我"这个含义。翻译成"叫喊"把里尔克诗作中奇异和惊悚的陌生感表达出来了。

文字精美的小说布局谋篇、遣词造句都是其风格所在。翻译时,我希望尽量还原其句式,捕捉其中流动的韵律。黑塞《荒原狼》中有这样一句:

Der Tag war vergangen, wie eben die Tage so vergehen; ich hatte ihn herumgebracht, hatte ihn sanft umgebracht, mit meiner primitiven und schüchternen Art von Lebenskunst。

比较早的一个版本是这样翻译的:

> 这一天就像往常一样过去了。我把它慢悠悠地,随便地消磨掉了。

我是这样翻译的:

> 白日尽逝。一如往常日子一般逝去。我消磨尽了它,温柔地消磨尽了它。用的是我那原始而羞怯样式的生活艺术。

我为什么没有翻译成"一天就像往常一样过去了"。德语中,"der Tag"往往是白天的意思,而不包括黄昏和夜晚,但作品后面还讲到黄昏和夜晚的生活,所以"Tag"和一天是有区别的,是指白天消失了。后一句的"die Tag"加了定冠词,是讲一贯以来的这些日子都是这样过去的。再者,黑塞喜欢反复用相同的话语,这种重复是有深意的,是他的文学风格,我就把它翻译出来。而这重复也很有意思。第一个说的是"ich hatte ihn herumgebracht"——"我把它度过了"。第二句说的是"hatte ihn sanft umgebracht",发生了一个转义。umgebracht 是"谋杀"的意思,英文中有个说法叫"killing time",而德语里是没有的。我翻译成"消磨尽了",这是一种左也不是右也不是的消磨,它还有中文里百无聊赖一点点消磨日子的意思,强调了"我消磨尽了它,温柔地消磨尽了它"这样一个反复,原文中的韵律感陡然出现。

很多西方作家喜欢玩长句,当一个考究的有匠心的句子达到一定长度后,会排遣出一种绵长、反复的诗意,我称之为"长句风雅"。以托马斯·曼的《威尼斯之死》开篇一句为例:

Gustav Aschenbach, oder von Aschenbach, wie seit seinem 50. Geburtstag amtlich sein Name lautete, hatte an einem Frühlingsnachmittag des Jahres 19XX, das unserem Kontinent monatelang eine so gefahrdrohende Miene zeigte, von seiner Wohnung in der Prinzregentenstrasse zu München aus allein einen weiteren Spaziergang unternommen。

很多时候,翻译长句要切碎然后拼起来,但我觉得这个句子不应切开翻译。比较细碎的翻译是这样的:

20世纪某年的一个春日的午后,古斯塔夫·阿森巴赫从慕尼黑摄政王厅的府邸里独自出来漫步。在他50岁生日以后,他在公众场合则以封·阿森巴赫闻名。当时,欧洲大陆形势险峻,数月以来阴云密布。

我希望提供另外一种译法——译本的第一句话就是人物的名字,它很重要。"古斯塔夫"实际是影射了音乐家 Gustav Mahler——马勒,他死于威尼斯。很多翻译将阿森巴赫所获得的贵族封号作为附加信息,但我觉得,这个附加信息是紧跟名字而来。小说中,古斯塔夫·阿森巴赫为了保住他的尊贵,始终不肯承认他爱上了一个美男子。他始终觉得:我不可以的,我是贵族!所以"Gustav Aschenbach, oder von Aschenbach"是反讽,如果不放在一起,就很难体会到这种反讽。另外,文中的50岁也是一个关键词,影射了歌德的小说《威廉麦斯的漫游年代》,这部作品中讲到一个50岁的男人爱上了自己的侄女,觉得自己不般配,所以男人想方设法地使自己看上去年轻。这实际上是一个潜文本——阿森巴赫爱上年轻的男子,便想方设法使自己变得年轻。最后,为什么要把欧洲大陆当时险象环生的景象描写出来?托马斯·曼为此很自豪,他在这部写于1912年的作品中预见了1914年欧洲大陆会发生大事。小说虽以爱恋生死为主题,但还有一层政治涵义在其中。综合以上几点,我斗胆将其糅成一个长句翻译:

> 古斯塔夫·阿森巴赫,或以他50岁生日时获封的贵族名号称之,古斯塔夫·封·阿森巴赫,在那接连数月让我们这块大陆连续目睹危机四伏的年份,19××年的一个春日午后,从慕尼黑摄政王大街的居所出门,独自一人散步,走了挺远的一段路。

我对文学翻译的理解是,它不仅是为了达意,更多时候是为了传情,而传情主要通过字面深意。如果作者在文字上花了很多心思,那么译者也应该在翻译的文字上花心思,让读者了解作者的良苦用心。文学翻译者非常辛苦、也很无奈,却一直挣扎着想做这样一个人:他能够让读者真正去接受,去认可;他能够让一个遥远的时空里的文字,变成现在这个时空也就是自己母语读者心中一片美好奇异或者还带一些陌生化的风景。

译　文

　　带着乔装出的欢快兴致，我快步走过小巷中湿漉漉的沥青路。路灯滴着泪，蒙了雾，投下光，穿过凉湿的沉幽，从浸湿的地面吸取慵惰的反光。我那已经淡忘的年少时光重回脑海——我那时多么钟爱这些深秋或冬日里幽暗而阴沉的夜晚，我那时多么贪婪而沉迷地吸取孤独与忧郁的情氛，当我半个夜晚半个夜晚地裹着大衣，冒着雨和风，穿行于满怀敌意、树叶凋落的自然。那时我已是孑然一人，可是却有着深挚的享受，心中油生着诗句，那些我之后在自己那间斗室里就着烛光，坐在床沿写下来的诗句！而今，那些已成往事，杯中酒已被饮尽，无法再为我斟上。这让我遗憾吗？这没什么遗憾。已成往昔的，便无可遗憾了。可遗憾的是此时，是今日，是所有不曾数过的时日，我失去了它们，我只是熬过了它们，它们既没予我馈赠，也不曾震撼过我。可是，要赞美上帝，毕竟还是有例外；偶尔间，罕见地，会有不一样的时光给我以震撼，予我以赠礼，撕开了四壁，重新将我这茫然若失的人带回到世界活跃的心脏旁。我怀着哀伤，内心深处却又激动不安，努力回忆着我上一次有这类经历的情形。那是在一次音乐会上。当时演奏的是一种美妙的旧式音乐，在木管乐手演奏的一首钢琴曲的两个节拍之间，通向彼岸世界的门突然向我敞开，我飞越了天庭，看到上帝在行他的功业，我承受了极乐之痛，不再抵抗世间任何物，不再畏惧世间任何物，我肯定一切，将我的心交付于一切。这并没有维持多久，也许是一刻钟，但是在那天深夜的梦里，它又重现了。从此以后，在所有这些荒芜的日子里，它时不时地暗中发出光亮来。我偶尔能得到几分钟的时间，将它看个分明，看它如同一线金色的神之痕印贯穿我的生活，几乎总是深深陷入污泥与尘埃中去，然后又在金色焰光中放射更夺目的光，似乎永不会再沉落,可是很快又还是深深坠落了。有一次是在深夜,我卧床未眠,突然说出几句诗来,那诗句太美,太神奇,以至于我不曾斗胆将它们写下。而次日早晨我再也记不起它们来,但它们却藏匿在我内心,就如同藏于一层古老脆弱的果壳内的沉沉果仁。

——李双志译黑塞《荒原狼》

《浮士德博士》的版本和语言

罗 炜

《浮士德博士——一位朋友讲述的德国作曲家阿德里安·莱韦屈恩的生平》为1929年度诺贝尔文学奖获得者、德国大文豪托马斯·曼(1875—1955)流亡美国时期创作的一部长篇小说,也是作家晚年最令人揪心和震撼的鸿篇巨制。托马斯·曼本人更是对其青睐有加,推崇备至,视其为"一生的忏悔",称之为"最大胆和最阴森的作品"。在生前最后几年接受的一次采访中,托马斯·曼非常明确地表示这本艺术家小说是他的最爱:"这部浮士德小说于我珍贵之极……它花费了我最多的心血……没有哪一部作品像它那样令我依恋。谁不喜欢它,我立刻就不喜欢谁。谁对它承受的精神高压有所理解,谁就赢得我的由衷感谢。"

《浮士德博士》的写作开始于1943年5月23日,结束于1947年1月29日,总共历时三年零八个月。其间,托马斯·曼勤学好问,博览群书,大量涉猎了欧洲中世纪以来直至20世纪的思想史、文化史、哲学史、音乐史、文学史等相关文献和资料。如音乐方面,托马斯·曼不仅熟读了有关莫扎特、贝多芬、赫克托尔·柏辽兹、胡戈·沃尔夫等音乐家的专论和传记,同时也亲自结交了同时代著名音乐家如伊戈尔·斯特拉文斯基、阿诺尔德·勋伯格、汉斯·艾斯勒等人,并向他们认真讨教。又如神学、哲学、文学和历史学方面,托马斯·曼对马丁·路德时代的文献、三十年战争时期的史料、传统浮士德题材的多种文本、中世纪文学作品和成语集录以及尼采著作,乃至几乎所有关于尼采的传记作品基本上都了如指掌,运用裕如。

小说的写作虽然结束于1947年1月29日,但实际交稿给出版社和英文翻译的日期则是1947年2月5日,这期间托马斯·曼又进行了一些修改和完善。1947年10月小说出版,并

罗炜

于一个月之内就出版了两次。然而,这两次首版甫一问世,作者却又担心作品篇幅太长,内容过于繁冗,会对读者的阅读造成不良影响。于是,他赶紧又对小说的首版进行删减,删去了其中涉及音乐技巧的不少段落。1948年,贝尔曼-菲舍尔出版社再版《浮士德博士》,这一次使用的就是删减版,不仅如此,出版地点也变为维也纳。而这一次的文本形态乃是此后一直为德国日耳曼语言文学界认定和沿用的所谓学术版本。当然,不同的是,这一版当时还没有在最后附上"勋伯格是十二音技巧发明人"的那份声明。那份声明首次出现在同年由苏尔坎普出版社被特许授权出版的翻印本上。而自1951年起,萨·菲舍尔出版社在其所有版本中均收录了这份声明。

在德国,对究竟确定这三个版本中的哪一个为主导版本,至今意见仍不统一,主要分歧在于斯德哥尔摩首版和维也纳二版之争。比较传统的一派意见主张以在维也纳出的第二版为准,事实上,自1948年起,这

个维也纳第二版的权威性也一直保持了将近50年才遭到动摇。1997年,位于莱茵河畔法兰克福的萨·菲舍尔出版社刮起复古风,出版了以1947年斯德哥尔摩首版为样本重新审校修订的袖珍版,反响良好,多次再版。

我从2003年开始着手《浮士德博士》的中文翻译工作。幸运的是,北京大学图书馆藏有1947年斯德哥尔摩首版和沿用维也纳第二版的托马斯·曼全集,而北京的歌德学院图书馆也能借阅到1997年的袖珍修订版。笔者在对这两个版本进行通读和比对的基础上,发现维也纳二版有的,首版全有,而首版有的,二版却没有,这是其一;其二,托马斯·曼是在听到了读者的反馈之后再对首版进行的删减,其动机在很大程度上并非是单纯出于作品文学性本身需要。综合权衡,笔者认为,选择首版更能够保持作品的原貌和全貌。因此,简体中文版的《浮士德博士》(上海译文出版社出版)是依据1947年斯德哥尔摩首版和1997年袖珍修订版译出的。

另外,就语言层面而言,小说从头到尾充满隐喻,涉及大量浩繁而罕见的专业术语,如自然科学术语、音乐术语、基督教神学术语等,且经常性使用的语言达六种之多:德语、法语(如第37章)、英语、意大利语、希腊语、拉丁语,甚至还有古德语。小说同时还充满了长篇大论的对世界文化名著的描绘和引用,对于世界音乐史上各个伟大作曲家和名著的大段大段细致描绘,如丢勒的多幅木版画(《启示录》)和铜版画作品,莎士比亚的十四行诗和多个剧本,威廉·布莱克、济慈、魏尔兰等诸多非德语诗人的英文、法文原诗;音乐方面,对瓦格纳等一系列作曲家的音乐体系的专业性极强的描述,外加第12章中对16世纪宗教改革家马丁·路德书信和用语以及德国巴洛克小说《痴儿西木传》的引用等等,不胜枚举。

由于小说的内容和语言极为广博丰富,有时甚至艰深晦涩,而原书又无任何注释,考虑到该书对读者的预备知识要求较高,特殊的用语如第25章中对中世纪《浮士德博士》民间故事书里的有关地狱的几个概念,又如第34章中出现的巴赫之《马太受难曲》中的"巴拉巴"一词等,不作注读者可能会感到费解。为此,我在翻译中专门作了大量注释,以期增添阅读乐趣。

译 文

我再次停笔,我想起来了,我在这里大谈天才及其无论如何是受到了魔性的影响的天性,仅仅只是为了澄清对我的疑虑,即我对我现在所做的这项工作是否具备了必要的亲合力。但愿我要提出的任何制止良心的踌躇的理由,现在都已为之提了出来。命中注定,我一生中的许多年月都是在一个天才、亦即本书的主人公的身边度过,我和他亲密接触,了解他的童年,目睹他的成长、他的命运,参与他的创造并在其间充当一个谦逊的助手的角色。莱韦屈恩青年时代恶作剧式的作品——莎士比亚喜剧《爱的徒劳》的歌剧脚本的改编,便是源自于我,另外,对于荒诞歌剧组曲《罗马人的功绩》以及清唱剧《神学家圣·约翰的启示》的歌剧剧本的准备工作,我也得以施加影响。这是其一,或者说这已经既是其一又是其二了。而我此外还拥有一批文件手稿,一批异常珍贵的记录,它们都是逝者在他身体健康的时候,或者,如果我可以这样说的话,在他身体尚可且健康得较为合法的时候,赠送给我而非别的人的,而我也将把它们作为我的叙述的依据,是的,我打算对它们进行适当的挑选,把其中的一些直接安插到本书中来。然而,最后也好,首先也罢——要在以前,下面这样的辩护始终还是最有效的,即使不是在人的面前,那也是在上帝的面前:我爱过他——满怀着惊愕和柔情,满怀着怜悯和忘我无私的仰慕——与此同时却很少问过,他是否会对我的这份感情做出哪怕是丝毫的回报。

——罗炜译托马斯·曼《浮士德博士》

日语

学译谈艺

李长声

读了日本作家片山恭一的长篇小说《留下静的鸟儿》,又有幸见到译者侯为,听他谈翻译心得,正所谓获益匪浅。

侯为在大学执教,课余翻译了不少日本文学作品。他谈到书名翻译之难,我深有同感。书名的翻译无一定之规,或者照搬原文(应该有两种:音译,模仿其读音;字译,挪用其字形,望文生义),或者离题万里,各有千秋。不过,譬如藤泽周平的长篇小说《蝉时雨》,书名有诗意,但日语"蝉时雨"的意思是蝉噪如雨,这种照搬就有点"坑爹"。片山恭一还有一个小说被译作《雨天的海豚们》,不属于照搬汉字,却拘泥于原文,尤其这个"们"字。日语像汉语一样,没有西方语言的单复数,所以蛤蟆跳进老池塘,我们翻译时无须考虑蛤蟆有几只,可欧美人大伤脑筋:单数乎,复数乎?日本人用"们"是仿效西语,《留下静的鸟儿》原题也有"们",舍而不译就很爽。

日本人名的翻译也颇成问题。例如以小小年纪获得芥川奖的棉矢梨沙,她本名叫山田梨沙,但取为笔名,梨沙二字改用了假名,可我们像揭老底战斗队一样,还其本来面目。有的名字,爹妈给他起的时候就是用假名,例如宫部美幸,这"美幸"两个汉字是我们中国人给她安的;或

李长声

译作美雪,我们觉得美,但实际上日本从来叫"美幸"的多,动漫人物才追求时尚叫做"美雪"。三岛由纪夫的"由纪"也读"若雪",这是他老师路过三岛,望见富士山积雪,给他起的这么个笔名。命名当然要郑重其事,但日本对人名用汉字有限制,读法却随便,他们自己听其音也难以锁定是哪个汉字。现在日本人用假名(日语的注音字母)取名的越来越多,我们翻译的时候在照搬汉字之余,似不妨学学日本,行文也大大地发挥一下拼音的功用,用它来音译假名。中国自古以识字多为学问,孔乙己站着喝酒而穿长衫,知道"回"字有四种写法,偷也叫作窃。读书碰到不认识的字,查字典就属于好学。但我主张作家或编辑应该像日本同行那样,写稿或审稿时费心给生僻字注上音,读者就可以顺畅读下去,免得扫了阅读的兴致。否则抱着字典读书,那是学习,并不是"悦读"。

译者通常多关心"怎么译",至于翻译理论,那是研究者的营生。翻译的方法有二:直译与意译。这两种译法本没有高下之分。如梁启超所言:"若玄奘者,则直译意译,圆满调和,斯道之极轨也。"直译也好,意译也好,都必须达到圆满调和。但好像在不少读者的心目中,直译是一个贬义词,此大谬也。该贬的是硬译、死译以及误译,而不是直译。相比之下,意译更容易走火入魔,变成"超译"乃至"胡译"。林琴南是"超译"的元祖,现今日本也有出版社用此法译推理小说,更早些,日本社会评论家大宅壮一就搞过翻译工厂。我喜好直译,像倒爷一样,把原作提供的所有元素尽量都搬进译文里。人家写花园里绽开这种花那种花,你译个百花齐放或争奇斗艳了事,传递给读者的信息与文体就绝不是原作所想传达的。村上春树是小说家,也是翻译家。他的译法是一词一句照原文译,对于他来说,不这样做,翻译就没有意义,可这样亦步亦趋的翻译被某些专家视为工匠型翻译。直译为原作"守节",但也要活人,并非就不食人间烟火。直译与意译不是互相排斥,水火不相容,走笔直译也时常拉意译助拳。要变通的往往是语法结构,譬如日语的谓语在句尾,要是往死里译,那就像影视剧里鬼子说话了——"你的,死啦死啦"。

夏目漱石把"I love you"译成"月亮很美啊",二叶亭四迷译作"我死也行啊",都属于意译,但早已成为日常用语的是直译"我爱你"。日本古典小说《平家物语》用骈四俪六开篇,本来这是从汉文搬来的,再搬回去就是了:"祇园精舍之钟声,有诸行无常之响;娑罗双树之花色,示盛者必衰之理"。但有人译成了:"祇园精舍之钟声,响诸行无常之道理;娑罗双树之花色,显盛者必衰之真谛。"这是为译而译,劳而无功。看来直译是需要一点胆量的,或许对于今天的译者来说,还需要点功底也说不定。

没有译者,翻译就无从谈起,译者当然是翻译的主体。倘若把原作者、读者也视为翻译的主体,大而化之,就没主体了。翻译是语言层面的活动或工作,其他如文化交流或传播则随之而来。侯为以忠实于原作为准则,翻译了好些日本文学作品。所谓忠实,应该有两层意思:一是语言的忠实,再是文体的忠实。读他的译作,最令我欣赏并敬佩的是他好像从不用自己的文体翻译。关于翻译的标准,"信达雅"似乎是铁则,我却以为"信、达"足矣。信,乃是对源语言和目标语言两方面的要求,不解其意或词不达意都不可能信,旗鼓相当才能至信。达则是对文体的要求,尽可能达到原作的文体。至于雅,若定义为译者的风格,那还是不强调为好。村上春树说:"搞翻译的时候就应该撇开自己译。可自己是怎么也撇不开的,所以,作彻底撇开之想,也还是剩下一点,算作文体即恰到好处。一开始就想用自己的文体译,译文会有点讨人厌。其实,几乎没必要考虑文体,用心体味文本的文章之美,译法自然而然就决定了。"一个译者汲汲于自我表现,在字里行间拼命露出自己的嘴脸,好似鸠占鹊巢。读几位外国作家的作品,读出来的只是那个什么都抓过来翻译的译者,这译者的文体是堂皇地建立了,但人家作家呢?此类译者反倒能得到庸俗读者的喝彩,这就是翻译的无奈了。"把中文打造得漂亮一些",大都是画蛇添足,这个"雅"是多余的,只会给译者脱离甚而违背原文的文体当口实。翻译也不宜像怨妇,为提高自己的地位而过分强调什么再创作,翻译就是翻译。若放不下自己的文体,那就搞创作吧,何必退而求其"次"。

日语迻译为汉语会大大缩水,尤其是现代日语,把"委蛇沓复"(梁启超语)的假名都去掉,密密麻麻的汉字便好似跟鬼子藏猫猫的青纱帐。日语似乎很简洁,这首先是他们在明治维新以降越来越抛弃汉文所致。夏目漱石的文字是华丽的,主要华丽在他的汉文辞藻上。此外,近代日语形成时,自然主义文学家只顾赤裸裸地暴露私生活,几乎对语言不用心。评论家加藤周一说:"万恶之源是岛崎藤村、德田秋声等所谓'自然主义'作家们用不知道日本古典遑论汉文汉籍也能写的文法开始写'私小说'。写变得容易了。是日本人就能说日本话,也就能写小说,使这一可怕的思想普及开来的就是他们。"日译汉时常有难以成句之感,添枝加叶很常见,结果就违反释道安的主张:案本而传,不令有损言游字。

作家止庵在微博上把《枕草子》第一段起首四句的几种翻译抄出示众,周作人译:"春天是破晓的时候(最好)。""夏天是夜里(最好)。""秋天是傍晚(最好)。""冬天是早晨(最好)。"林文月译:"春,曙为最。""夏则夜。""秋则黄昏。""冬则晨朝。"于雷译:"春天黎明最美。""夏季夜色迷人。""秋光最是薄暮。""冬景尽在清晨。"三人的译法各显风格。周故作白话,而林刻意仿古,可能她以为这就是雅。就原文来说,那种文体在作者所处的时代算不上文言,也不属于雅。当时提倡白话、创造近现代汉语,周作人为白话而白话,情有可原,而且功不可没,但今天读来不免有过于直白之感;甚至用括号来补充原文内涵之意,这等于放弃了彻底的翻译。周作人认为俳句以及诗不可译也就不译,用一句大白话直译过来,让读者玩味不到俳句的妙处。知其不可为而为之,应该是译者的使命。《枕草子》是日本的古典,译成什么样的腔调为好呢?周作人有一段文字,我觉得用来译日本古典作品如《奥之细道》之类的再好不过了:"歌人用数单字以成诗,正犹画师之写意,淡淡数笔,令见者自然领会其所欲言之情景,其力全在于暗示,倘白描着色,或繁辞缛彩,反失之矣。盖其艺术之目的,但在激起人之深思,而非以餍饫之也。故读佳妙之短诗,如闻晨钟一击,幽玄之余韵,缕缕永续,如绕梁而不去。"

语言和文字以传统为重,本质上应该是保守的。日语的标准语并不是成熟的语言。明治维新后,二叶亭四迷、森鸥外、夏目漱石等文学家不懈地创造口语体文章,但标点符号至今也没有规范,有没有都可以,在哪里断,随个人的便,当然这也与日语有助词相关。当代日本经过经济大飞跃,急剧国际化、城市化、大众社会化、价值多元化,社会的混乱首先表现在语言上,假名词语增多,报刊标题滥用罗马字母等。另一方面,一些作家如井伏鳟二、福田恒存、大冈信、丸谷才一等固执地坚持旧式表记,更多的人对衰败的方言满怀乡愁。不用汉字写不出具有高度意义的内容,这是日语的宿命。日语与汉语有某种"同文"关系,董炳月在所著《"同文"的现代转换》中指出:"这种现代'同文'关系,导致了日语翻译为汉语时的一种特殊现象——'汉字借用'（表象为将汉字翻译为汉字）。比如在将日语的'国民'、'国语'、'尚武'、'个人'、'地球'、'银行'等词汇翻译为汉语的时候,汉字的书写形式本身并没有变化。本质上这是一种非翻译的翻译,汉字词汇只是从日语体系转移到汉语体系之中,因此仅仅是借词而不成其为译词。这成为日语借词大量存在于汉语之中的主要原因。"

日本人引进汉字,有音读和训读两个法子。音读就是连音带意思都要;训读是只要意思,音还是他们自己的。例如汉字词语"人气",翻译成中文只搬来了意思,读音还是汉语的。榻榻米,日语写作"叠",但我们翻译不取字形,拿来了字音和字意,类似于西方语言的音译。固有名词似不妨照搬,例如"寿司",几乎已植根在我们的生活里。但"玄关"、"在来线"、"四帖半"之类,还是请译者费心尽力地翻译为好,尽量别玩闹、偷懒或显摆,把那些没多大用处的日本词汇弄进来搅乱中文。由于时过境迁,一些日本词我们看着眼熟,其实意思已似是而非。譬如"晚酌",在日本不过是日常语,我们却觉得雅,这就有误解。周作人早就告诫:"日本文里无论怎样用汉字,到底总是外国语,与本国的方言不同,不是用什么简易速成的方法可以学会的……假如日文里没有汉字,更好是连汉语也不曾采用,那么我们学日本文一定还可以容易一点。"

眼下日本文学的翻译出版很热闹,也有点乱。原因起码有二,一是听说有书获奖或畅销就争抢着翻译出版;二是随便地翻译出版那些已丧失著作权的作家,如太宰治、永井荷风、林芙美子或自然主义作家的作品,使得翻译出版丧失了规范。行文至此,忽然记起学译之余吟过一首诗,在此献丑:两三点雨谁先沾,此地楼高应近天;偶遇生疏懒查问,百思一语胜参禅。

译　文

已经是晚上十一点多了,在藩城北濠边上的小海坊,家老杉山宅邸的后屋里还亮着灯。

有两位来客:总领寺内权兵卫和郡乡总管大冢七十郎。宅邸的主人杉山赖母紧抱双臂,不知叹息了多少次,终于放下手臂,啪地拍一下膝头。

"唉,总之等半泽再来消息吧。"

"若知道没搞错,打算怎么处理呢?"寺内问。杉山看着他那肉乎乎的红脸膛儿和圆眼睛。

"那时候就不能置之不理了。"杉山给自己打气似的,这回用拳头猛击了一下膝头。"乃至决战,把堀将监搞掉。"

藩里现在有一个积重难返的问题,那就是位居宰辅的首席家老堀将监专横跋扈。不过,他如此专横,杉山等其他执政也不无责任。

七年前,气候异常,藩里遭遇了前所未有的灾荒。插秧时节、插秧之后都滴雨未降,烈日普照田野,让人惴惴不安。农民们拼命找水,翘盼梅雨,但梅雨持续了还不到十天,进入六月便放了晴,只是把干裂的田地湿了湿。

到了往年梅雨结束的六月中旬,老天却下起雨来,那雨水竟冷得要命。一连下了五天,第六天变成藩民从未见过的暴雨。一天一夜,昏天黑地,简直分不出白天与黑夜,只听得雨声哗哗作响,大河小沟都荡荡横溢。雨终于停了,平地上的水田旱田全都沉在了水下。

不仅田地,流经藩城边的五间川泛滥,街镇也浸水。下游决堤,有的村落甚至被冲走了房屋。

水退了,七月的阳光照射劫后余生的稻子,当此时节,却又从藩境的山地连日吹过来冷风,吹遍原野,把本来就打蔫的稻田吹得翻江倒海。这样的日子一连好多天,抽穗太晚了。大灾荒已然是板上钉钉。

藩里前一年也歉收,但财政困难,藩府仍强行收缴地租,各村不少人家把存米都拿出来交租。转年大灾荒,这下藩里可要饿死人了。

藩府慌忙掏空了藩库,设法从京都一带购买稻米和杂粮,并禁止把粮食带出藩,鼓励米饭掺杂粮,采取了各种防止饥荒的措施。不待藩府指示,藩民争相到山野里挖葛根、蕨根。连萝卜、芜菁、白芋、红薯的叶子也弄干了食用。甚至把款冬叶、虎杖、蓟叶水煮或者去掉苦涩的部分,都用来掺米饭。

不出所料,藩域之内从秋到整个冬天遭受饥馑,藩民度过饥寒交迫的严冬,到了三月,从京都一带张罗的稻米杂粮终于运来了,藩府便实施强行配给制度,按家臣、市人、村民的顺序出售大豆、麦子。对于手里没有买米钱的藩民实施贷款,而连借贷也没有能力的赤贫,由坊官、村吏开列名单,每人每日发给一合五勺救济米。

总算没饿死人,度过了饥荒,但此后财政告罄,当时的执政们一筹莫展。分派下去的地租连三分之一也收不上来,又全都放贷。贷款也罢,用于赈灾的藩金也罢,都无法在限期内收回来。

之所以无法限定,是因为两年接踵而来的打击使农村普遍凋敝不堪。各村纷纷出现了开春没有种子往田里撒的农户。不要说借钱买种子,甚至都有人受不了连续两年借债的重压,放弃了田地,到镇上做工去了。

令藩府担心的荒地开始出现了。藩府有规定,荒地不许转卖他人,应由村里共同耕种,这个规定变成各村的重负。谁都是自己的事情还忙不过来呢。各村东一块西一块剩下春天还种不上的田地。债台高筑的乡村气息奄奄。

——李长声译藤泽周平《黄昏清兵卫》

漫谈日本文学翻译

竺家荣

不知不觉间在日本文学翻译园地已潜心耕耘了近20载。也许是与翻译有缘吧,年轻时,翻译就一直是我的梦想,历经种种坎坷,终于走上翻译之路,一路走来,可谓甘苦自知。尽管付出了很多,但终于能够圆梦,亦是人生最大的收获。

文学翻译有别于一般的专业翻译,要求译者不仅具有较高水准的双语能力,还要对源语文化和译入语文化都比较了解。此外,还需要具备对于所译文学作品及作者文学风格的读解能力、语言表现力、丰富的想象力以及自我认知度、身心投入度、生活阅历,等等。可见,文学翻译不仅是一项语言活动,也是一项认知活动(语言、美学、文化),更重要的是异文化间的传递。因而,译者算得上是跨文化交流的使者。尽可能准确地传达异文化信息,乃是译者应尽的义务。

除上述基本素质外,翻译还需要不容忽视的技术层面,即翻译规律和技巧。在大量的翻译实践与积累中,掌握这些技法,是成为合格译者的重要一环。这就好比一个条件非常好的体育苗子,只有经过艰苦训练,真正掌握动作要领,才能出成绩一样。

日语和汉语属于不同语系,具有句子成分不固定、主语常常隐身、修饰语长、不规范表现较多等特点,翻译起来难度较大。和其他语言一样,除了熟练运用加、减、拆、换、反等基本功外,日语翻译界同样长期存在着如下的本质争议:即在翻译过程中,是偏重于源语结构的表现或原作的传达(即直译、异化翻译),还是偏重于读者的期待或译入语文化的需要(即意译、归化翻译)的问题。

在国内外翻译界,自上个世纪中叶至今,对于译者主体性的研究逐渐受到了人们重视,译者逐渐由"隐身"走到了前台。但无论隐身与否,译者的角色都非常微妙,因为他要面对的不仅仅是作者,还有广大的读者。因此,在翻译过程中,因译者的审美取向、价值理念的不同,不可避免地会遇到上面所述的倾向问题。

竺家荣

以笔者的浅见,译者既然是跨文化中介人,恐怕过分偏颇一方无助于翻译质量的提升。说到底,世间万物皆相生相成,翻译亦不例外,不可绝对化,此中有彼,彼中有此,方为翻译之道。因此,越是能够最大限度地兼顾二者(即直译和意译)的译品,似应越符合时代的要求。

那么,如何才能最大限度地兼顾二者呢?笔者以为,衡量译本水准高低的重要尺度,不外乎四个字,即"达意"和"传神"。不知这四个字能否超越异化归化的争议。"达意"即"如实传达原意",避免误译、漏译、死译等,属于表层的翻译要求。"传神"即"再现原作神韵",追求语言符号的深层次对应。"达意"已不易,"传神"则更难。"达意"是基础,"传神"是目标。

日本文学翻译史上的大家,如鲁迅、周作人、钱稻孙、丰子恺、刘振嬴、叶渭渠等先生都为此探索付出了巨大努力,为后辈树立了楷模。看他们的翻译,很难说有什么倾向性。即便就二者孰优孰劣进行争论,也不外乎是为了更好地"达意"和"传神"而已。

具体到如何"达意"和"传神",为了说明问题,姑且以拙译试举几例。

一、运用翻译技巧使译文达意、传神。

拆译法·反译法:

風太はみかんの房についた白い筋を、面倒そうに一つ一つとっている。

译文:风太将橘子上的白筋,一丝一丝地揪下来,也不嫌麻烦。

(直译是"显得很费事似的一丝一丝揪下来",不如采用"拆译"和"反译"手法,一来加强语气,二来更符合汉语习惯。)

提炼法:

仙人みたいに見えなくもない苦労の味がある容貌なのに、

译文:别看他长着一副仙风道骨般饱经风霜的相貌。

意译法:

その再会は昼間の安いドラマそっくりだった。

译文:这重逢的场面简直和白天播放的那些粗制滥造的电视剧一模一样。

(安い原意是"便宜,廉价",此处则根据内容需要,译为"粗制滥造"无疑更加贴切。)

文脉译:

わたしは老人の暮らしを知らないが、どんなジェネレーションギャップにもあまり動じないでいよう、と決めていた。が、意外とふつうなのだった。デザートには手作りらしいコーヒーゼリーが出た。うずまき状にスジャータをたらす動作など、慣れたものだ。

译文:我不熟悉老年人的生活,不过我早就想好了,不管代沟有多大,我该怎么着还怎么着。没想到也差不了多少。甜点是自制的咖啡果冻。她把奶油挤成漩涡状的架势也蛮像那么回事。

加译:

その再会は昼間の安いドラマそっくりだった。

译文:这重逢的场面简直和白天播放的那些粗制滥造的电视剧一模一样。

二、多揣摩,多打磨,精益求精,追求达意、传神。

在达意的基础上,追求行云流水般的流畅自然、加一字则多的简洁明快、食不厌精般的细腻润色等,也有助于达到"传神"的境界。所以,参透作品,多多打磨,往往决定译文的成色。

比如,渡边淳一的作品尽管难度不高,但多描写男女之间的至情至爱,因此气氛的渲染至关重要。在选择词语时,需要特别用心地选用精致、浪漫、优雅的词汇营造激情澎湃的意境。为此,不厌其烦地修改润色必不可少。试举《天上红莲》开头的六稿修改来加以说明。

【初稿】一进入弥生时节,大地阳气回升,日光终于变得温暖起来,日照也仿佛顷刻间延长了似的。

虽已到酉时,四下里依然亮如白昼。庭园山石旁摇曳着的棣棠花,犹如要挽留住那残阳一般,在夕阳的辉映下,越发黄灿灿的夺人眼目。

【二稿】进入弥生时节,大地阳气回升,阳光日渐和煦起来,日照也仿佛顷刻间延长了似的。

虽已是酉时,庭院里依然亮如白昼。中庭山石旁的棣棠花,映照在金灿灿的夕阳下,摇曳生辉,耀眼夺目,宛如欲留住那残阳一般。

【三稿】进入弥生时节,大地阳气回升,阳光日渐和煦起来,日照也仿佛顷刻间延长了似的。

虽已是酉时,庭园里依然亮如白昼。前庭山石旁的棣棠花,映照在金灿灿的夕阳下,摇曳生辉,耀眼夺目,犹如欲挽留那残阳一般。

【四稿】进入弥生时节,阳光日渐和煦起来,只觉得日照也仿佛顷刻间延长了。

虽已是酉时,庭院里依然亮如白昼。面前庭园山石旁的一簇簇棣棠花,犹如欲挽留那夕阳残照,愈加摇曳生辉,灿灿炫目。

【五稿】进入弥生时节,阳光日渐和煦起来,日照也仿佛顷刻间延长了。

虽已是酉时,庭园里依然亮如白昼。盛开在假山石旁的一簇簇棣棠花,好似欲挽留那夕阳残照一般,愈加摇曳生辉,灿灿炫目。

【定稿】一进入弥生时节,阳光日渐和煦,日照也仿佛骤然延长了。

虽已是酉时(下午六时许),庭园里依然亮如白昼。正前方假山石旁盛开的一簇簇金黄色的棣棠花,好似欲挽留那夕阳残照一般,愈加摇曳生辉,灿灿炫目。

每一次修改,我都经过反复思考,筛选最合适而优雅的词语、最凝练的表现,避免重复。为此,对一个词的取舍,有时会犹豫很久,如"只觉得"、"起来"。甚至同样一个词会重复改好几次,如"庭院"和"庭园"。当然,整个译作都这样打磨的话,即使几万字一本的小说,也要投入相当大的精力和时间。但精益求精,应该是译者努力的方向。

不过,翻译工作者自身的努力只是内部因素,影响翻译水准的因素还有许多,如读者的反馈及社会意识形态、译者定位、翻译标准、译者酬劳等外部因素。一部译作的诞生是这些方面综合作用的结果,绝非单纯取决于翻译本身的优劣。

目前,出版界在市场作用下,引导着翻译的走向。翻译文学日益繁荣,与创作文学并驾齐驱。尽管不乏许多优秀译作,但翻译文学和译者的地位是否有所上升呢?笔者的回答是:在出版繁荣的表象背后,是缺少大师、精品的时代。

由于出版也受到市场某种程度的操控或经济利益驱动,导致选题盲目,鱼龙混杂。部分译者因各种外部原因,或流失,或被出版社牵着鼻子走。

例如,有些公版书(不需要购买版权的作品)存在参差不齐、盲目扎堆、急功近利等现象,重译过多。以古典名著《源氏物语》为例,除丰子恺初译本外,复译本达八九个之多。粗看了一下,好几本都与丰子恺的初译本几乎完全一样。当年,丰子恺的初译本有钱稻孙、周作人等翻译家校对,花费4年时间译成。因此,绝非随便什么人都可以翻译这样的名著,超越前译更非轻而易举之事。更有甚者,就是中国戏剧出版社的宋瑞芬现象,竟然一人翻译数十本各种语言的小说,且几乎都是盗版,却堂而皇之在网上销售,何其怪哉!

多年来,译界同仁就文学译者的付出与回报不成比例问题、盗版问题、评估体系问题、监管机制问题、翻译批评的建设等进行了"前仆后继"的努力,却收效甚微。优秀译者的流失导致精品越来越少。长此以往,势必给译坛带来致命的打击。

作为一介译者,我只想借此机会呼吁,译者首先应打破自身对于翻译工作的轻视和无视。"即使是仆人,一方面仍不妨保有自己的独立人格、人性和创造性。"只有保持一份自尊,不随波逐流,才能得到社会的尊重。但只凭借译者单打独斗,无异于像村上春树所说的"鸡蛋与高墙"的关系那样。创造良性循环的文学翻译机制,不仅寄希望于译界同仁的齐心协力,更需要全社会达成共识。

译　文

　　辞旧迎新的心情里含有两种因素。一是回返虔诚的太初之心,遥想自祖先绵延至今的营生,追溯民族的根源。二是更新心境,思考对未来的希望、实践与创造的蓝图。

　　我作为画家,对于万物复苏的新春的感慨必然是关于美,我想将当此静静的新年之际,站在对过去的乡愁和对未来的瞻望之歧路上,浮想联翩的思绪诉诸笔端。

　　日本人的审美感,自古以来,就是由日本的风土特质培育出来的。我认为日本的自然之美,一言以蔽之,蕴含于四季应时的细微变化之中。在这个气候温和、湿润多雨的岛国,少有峻烈的大自然景观。然而,山林草木犹如神经敏锐的人一样,不仅随着季节更迭而变化,甚至每一天都会因天气、时间的不同,而产生微妙的差异,其表情可谓千变万化。在这样的自然中培育出来的日本人,无论多么细微的自然变化都会感受到,不止是山川野趣的寥廓风景,即便对一草一木亦寄予了关爱之情。变幻莫测的风雨云霞更增添了自然景观的情趣,造就生动的美景令人们叹为观止。不,日本人并非将自然看作供人观赏的对象,而是生存于自然之中,让自己的呼吸与自然的呼吸合而为一,将自己的感慨系于自然。万叶以来的文学作品自不必说,就连原野上刮过的朔风、草叶上闪烁的甘露,皆可表现日本人心情的阴晴转换之妙。此外,日本美术史上的作品亦如此,一株花草,或霞光辉映下的几棵苍松翠柏,无不丰富地展示了自然生命的韵律。

　　我认为除自然观赏的细致入微外,日本式审美的另一特质在于优雅的装饰性。装饰性的美，不论东方西方，优秀作品数不胜数，但日本美的特殊性在于写实与装饰化的关联上。写实与装饰化原本是相反的因素，然而在日本美术中，它是浑然一体的。完成了这一典型的日本美的平安朝美术，既具有自然观照的细腻与优美典雅的装饰性的美，又不失存在对象的生命感的特质，这一审美感觉尽管形式有所变化，却延续至今。例如宗达的艺术所表现的那样，其装饰化与单纯化，更加高扬和凝聚了存在对象所具有的生命感。大和绘和琳派成为明治以后日本画的巨大支柱，便是不言而喻的了。

虽说大和绘式的美构成日本美的典型之一，但是如果没有宋元的水墨画、明清的南画、明治以后西洋画的传入，等等，日本画的血脉恐怕会枯竭的。与异质的东西相融合，受到外来物的刺激，实在是值得庆幸之事。

从前，产生大和绘的自然环境是以奈良和京都为中心的，现在，日本的山山水水都可以成为画题的对象，所谓日本式的这一观念内涵已经产生了很大的变化。非但如此，交通工具的发达，使人们远赴海外，扩大取材的范围成为可行之事。处于这样的时代中的日本画，增添了过去所没有的内容、形式和表现也是理所当然的。我也有许许多多的梦想寄托于国外之旅。

但是，我不想失去心灵的故乡。它就存在于我们民族的血脉之中。我愿继续致力于发扬日本画具有的优良材质。以上便是我于此新年之际的感想之一端。

——竺家荣译东山魁夷《思考于歧路》

闲话翻译

施小炜

囿于篇幅所限,只得开门见山。斗胆直言一句:笔者以为,文学乃是不可翻译的东西。

众所周知,有一本著名的"钦定本"《圣经》,系由英王詹姆斯一世钦定,1611年正式推出——无独有偶,我国历史上翻译作品的首次大规模登场,好像也是出现在宗教领域,那便是佛经的汉译。这本钦定《圣经》的"译者寄言"中这样赞美翻译道:Translation it is that openeth the window, to let in the light; that breacketh the shell, that we may eat the kernel; that putteth aside the curtain, that we may look into the most holy place; that removeth the cover of the well, that we may come by the water. (翻译,它开启了窗户,让光明进来;它打破硬壳,我们就可以吃到果仁;它拉开帘幕,我们就可以窥见至为神圣的场所;它揭开井盖,我们就可以亲近井水。)这种对翻译功能的肯定与颂扬,大概是基于成功翻译者们的自负,抑或是一种自卖自夸吧。然而对于这个钦定本,其实一直以来就有人不以为然。比如说做过都柏林大主教的英国人卫特里,他是位哲学家、神学家,就曾手举着这本钦定《圣经》高呼道:"Never forget, gentlemen, never forget that this is not the Bible. This, gentlemen, is only the translation of the Bible."（切莫忘记，诸位，切莫忘记这并不是《圣经》，这，诸位，只不过是《圣经》的翻译而已。）这位主教大人在这里传达的信息非常重要，他让我们认识到：《圣经》一经翻译，便再也不是《圣经》了；翻译过来的《圣经》归根结蒂，仅仅是《圣经》的翻译罢了。同理，一部文学作品，一经翻译，便再也不是原来那部文学作

施小炜

品了，仅仅是它的翻译罢了。英国名诗人蒲伯译成荷马史诗《伊利亚特》，颇为自得，要大学者本特里对"我的荷马"予以评论，而本特里的回答却是："It is pretty poem, Mr Pope, but you must not call it Homer."（那是相当好的诗，蒲伯先生，不过你不可以叫它荷马。）如同《圣经》一般，一经翻译，荷马也不再是荷马了。

卫特里在宗教经典里——我非基督徒，其实将《圣经》也是当做文学阅读的，本特里则在文学作品里，发现了同样的问题，那便是：文学——其实恐怕不独文学——是不可翻译、不可转换为另外一种语言的。能够转换或曰翻译的，只有"事实"，文学文本中传达的"事实"而已；而"事实"并非"文学"，或者说"事实"不具备"文学性"；在翻译中，原著传达的事实可以转达，而原著自身的文学性每每是与那种语言特有的色彩感、音乐感，从世间纵轴来看则有由历史积淀带来的、难为外人所理解的重层意义，从时间横轴去看又有由地域文化特色造成的疏离感亲近感等诸多为那种语言文字所独有、无法转换为别种语言的要素密不可分的，因而不可转达。翻译，其实往往就是寻找语言"替代品"的过程，而替代品说到底，不可能与原物一模一样。有时替代品甚至是找不到

的,这时我们只能做解释,这样,就更加不是原物了。非但不是原物,甚至连原物的对应物都不是。

实际上,便是连"事实",是否可以准确地转换、翻译,甚至都令人生疑。仅举一例。日语中有一名词:いとこ,可写作好几种形式的汉字组合:従兄弟、従姉妹、従兄妹、従姉弟、従兄、従弟、従姉、従妹。意思译成中文,可以是"堂兄堂弟堂姐堂妹、表兄表弟表姐表妹",须对应具体语境,选择对应的"替代品";而且译成中文后,甚至比原文更加精确、具体。但是我们必须认识到:任凭我们选择哪一个对应词,我们都面临着必须舍弃原文特有的"模糊性"的尴尬。亦即是说,日文"いとこ"一词原有的模糊性,是无法用中文来转达的,也就是说,此词具有不可翻译性。

有一个恐怕是最为著名的关于"不可翻译性"的论断,是美国诗人罗伯特·弗罗斯特(Robert Frost,1874—1963)的。他以谈诗的形式论及这一点。诗是什么?他定义道:诗就是在翻译中失去的东西。诗不可翻译,不论是笔译,还是口译。其实何独诗呢,即以小说为例,小说中文学性较强的部分,换言之亦即诗性较强、或者说接近诗的部分,因其近诗,按照弗氏的见解,也当是不可翻译的。

进而言之,岂独诗与外文,纵使是在同一种语言之内,且是对散文乃至日常口语表达进行"翻译",语义的损害只怕也在所难免。试举一例。譬如将日语"俺娘"一词在中文之内翻译成语义基本对应的"我妈"或者"家母",我们立刻便可发现意义上的落差。"俺娘"所传达的地域性信息,在后二者中便是"失去的东西"了,而"家母"所张扬的文化教养色彩,则又是其余二者所无的。于是乎结论便只能是:"俺娘"只能是"俺娘",它并不可以为"我妈"抑或"家母"所替代,就是说,不能翻译。

笔者曾在好几个场合说过这样的话:有一百个译者,便会有一百种译文——当然,这一百种之中不应包括误译百出的译本——而原作却只有一个。试看一部《源氏物语》,中文译本迄今为止就有了5种,今后只怕还会涌现出新的译本来。这就是笔者所说的"翻译的不确定性"。

不容置疑,不确定性隐含着直接威胁翻译这一行为之正当性的危险。

产生这种不确定性的理由之一,也许可以从风格文体的角度去考虑:每一个译者大抵都会有自己的文体风格,至少是表达习惯,要求译者完全抛却自己的文体风格或者表达习惯,百分之百地再现原著的风格,固然十分地理想化,但其实却是不可能实现的。译者至多只能无限地接近原著风格,却永不可能与原著风格融合为一。任何一部译著,无非都是译者自身风格与原著风格之间斗争、妥协的结果。

尽管不可能让译者"杀死"自己以适应原著,但译家不应该过分张扬自己。借用闻一多那个出名的比喻,不妨说翻译就是"戴着镣铐跳舞"——当然,他原来也是说的诗。

基于上述两大理由,我以为,欣赏外国文学最理想的方式,是所有读者都去直接阅读原著。然而同上所述,所谓最理想状态亦即意味着不可能实现的状态。因此,文学翻译虽属不可能,却无疑拥有市场需求。大量无法阅读原文的读者,只能借助翻译去欣赏、接受外国文学,就是说,文学翻译在社会生活中必不可缺,具有稳定的必需性。

明知翻译不可为,却因为读者需求而不得不为,这就是文学翻译行为不同于其他的特性:翻译其实是不得已而为之的物事。

译家倘使能够意识到文学翻译的这种局限,起码可以激发起对原著者的尊重。依笔者之见,译家必须尊重原著者,尊重原作,万不可妄自尊大,此乃作为一个译者的必需条件。他必需清醒地认识到,便是再好的译文,也是超越不了原作的。假定有人说:我的译文比原文漂亮得多啦!

声称作品的风行全在于译者的功劳,那么在笔者看来,就十分地可疑了。翻译说到底应当就是翻译,不能是什么"再创作"。而倘使是在对原文误解基础之上的"再创作"——这样的事情倒似乎时有发生——那就更加危险了。

记不清楚是谁说的了:翻译是一门遗憾的艺术。比照前面讨论过的文学自身的因素——即不可翻译性——来看,也许我们只得承认"翻译"果然是"遗憾的艺术"了。

夸张的意大利人则说得更狠,更黑色幽默。他们有一句著名的谚语叫做:"Traduttore traditore."翻译即叛变。专以讽刺所谓的"翻译家"——也许当称"误译家"才对。好像在他们看来,翻译岂但是"遗憾的艺术",简直就是"背叛的艺术"!可见他们对于翻译是何等地不信任。

不过,这种不信任可谓是良有以也。作为译者也罢,抑或作为读者也罢,笔者觉得,都应当保持清醒的认识,即:译成了中文的外国文学作品,比如说村上春树——之所以用村上春树的名字,纯系偶然。自然,换作任何一位作家都无甚大碍,其理一也——已然不再是"むらかみはるき"了,而仅仅是"cun shang chun shu"罢了。

就是说,我们或许有必要学学那位卫特里大主教,不时地告诫自己:"切莫忘记,诸位,切莫忘记这并非村上春树,这,诸位,只不过是村上春树的翻译而已。"

再加上个注:此处的"村上春树",当然也不妨更换为"外国文学"。

译　文

今天是2005年的8月5日,星期五。夏威夷的考爱岛。北部海岸。晴空万里,爽朗得令人瞠目。纤云也无。此时甚至连云彩这一概念的暗示都不存在。七月底我来到此地,一如以往,租了一套公寓,早晨趁着凉快的时候伏案工作,比如说此刻便在写这篇文章,关于跑步的、自由的文章。现在是夏天,当然很热。夏威夷每每被说成四季常夏,但毕竟位于北半球,四个季节大体一应俱全,相对而言夏天比冬天要热,不过与马萨诸塞州的剑桥那为红砖和混凝土重重包围、犹如拷问一般的闷热相比,此地的舒适简直有如天堂。空调根本不需要。只需打开窗户,凉爽的清风便自己吹进屋子里来。剑桥的人听说我要在夏威夷度过八月,都众口一词地表示惊讶:"分明是夏天,居然特地赶到那么炎热的地方去,莫不是有毛病?"他们并不知道,打东北方从不间断地吹来的贸易风(信风),让夏威夷变得何等凉爽;他们也不知道,在鳄梨树那风凉的树荫下安闲地读书,兴之所至便去南太平洋的海湾里游泳,这样的生活,让人感到何等幸福。

到了夏威夷之后,依然每天跑步。除非万不得已,一天也不间断地坚持。自打重新开始这样的生活,马上就两个半月了。今天早晨将录制了"满匙爱"乐队的《白日梦》和《满匙爱之歌》两个专辑的MD放进了随身听,一面听着它,一面跑了一小时十分钟。现在是坚忍地累积奔跑距离的时期,所以眼下还不必介意成绩如何,只消默默地花上时间累积距离。想跑快点就适当地加速,不过就算加速也为时甚短,只想将身体感受到的愉悦尽量维持到第二天。其要领与写作长篇小说一般无二。在似乎可以写下去的地方,果决地停下笔来,这样第二天重新着手时便易于进入状态。欧内斯特·海明威好像也说过类似的话:持之以恒,不乱节奏,对于长期作业实在至为重要。一旦节奏得以设定,其余的问题便可以迎刃而解。然而要让惯性的轮子以一定的速度准确无误地旋转起来,对待持之以恒,何等小心翼翼亦不为过。

跑步途中,下了一场短暂的雨,那是一阵让身体恰到好处地冷却下来的雨。厚厚的云层从海面上飘来,遮蔽了头顶的天空,下了一阵细细的雨,便仿佛"俺还有急事要办"似的,就这么一去不返了,甚至来不及回眸一顾。于是那永恒的、毫无遮拦的太阳,又火辣辣地灼照大地。这简单易懂的天候中,你找不到难解之处和含混模糊,既无比喻亦无象征。途中遇到几位慢跑健身者,男女人数大致相当。这些脚踏大地、气宇轩昂、精神十足的跑步者,望去仿佛有一群夜盗在身后追赶他们似的。也有双眼半睁半闭、一边跑步一边呼哧呼哧喘气、两肩无力地下垂、一看便知苦痛不堪的肥胖跑步者,也许是一周之前刚刚检查出了糖尿病,主治医师竭力劝告他们每天坚持体育锻炼。而我,大概居于两者之间。

"满匙爱"乐队的音乐百听不厌,是那种不无谓地夸大自己的音乐。当我潜心倾听这令人心平气和的音乐时,二十世纪六十年代发生在我身上的形形色色的事情,便点点滴滴地苏醒过来……

——施小炜译村上春树《当我谈跑步时我谈些什么》

翻译之技与翻译之道

李 征

严复译《天演论》谈到了信达雅问题。这三点并不纯然关乎翻译之技,且关乎翻译之道。大概只有这样理解,才更切合严复谈论的本意。因为严复自己只称其为三难,并未明言就是翻译标准。不过,自从三难说脱离了严复的谈论语境,被奉为翻译标准,论技者大盛。信达雅三字中蕴含的翻译之道反而就此沦丧。

翻译若只整日论技,必然导致偏离翻译之道,致使许多本来属于题中应有之义反倒被视而不见。何谓翻译之道?我的理解,一部文本既经诞生,原作并不是它唯一存在的形式。这世界上如果说有疆界,最大的疆界不在地理山川,反在语言。尽管原作只能在具体的语言空间诞生、成长,但要实现其生命在更大空间的延续与飞跃,则非有赖于语言疆界的打破与拓展不可。名作往往多译本就证明了这一点。即便不可译的惰性再强,也阻挡不住文本的越界。

相对于译本来说,原本在它所自来的语言空间中,处于相对封闭的状态。这状态与其说是文本的外部特征,不如说是其内部特征。说得再具体一点,那就是:一部文本的语言结构,在其诞生之后,也就无形中趋于固化。换句话说,原本只有作者自己才有权利改删,作者以外的任何

李征

人都无权随便增减一字。这种封闭性在作者过世之后更是达到极限。在此呈现的是一种原作至上主义。任何改动原作字句的做法,都会被视为非法。

文本的唯一性与作者的唯一性密切相关。虽然作者有可能是复数的,但文本却绝对只能是唯一的。近代以后尤其如此。以唯一性为特点的原作文本,影响无论如何深远,都只限于它所存活的语言空间。一旦要让原作文本走出这个空间,展示出更为广阔的生命活力,就必须借助翻译。译本可以说是原作在它所诞生的那个语言空间之外的投胎转世。译者则是在原作投胎转世时的接生婆。

与原作恪守封闭状态、不得更改一字的唯一性相反,在翻译中,文本恰好呈现出另外一种状态:反唯一性。没有任何一个译本可以宣称自身是排他的,是唯一有权存活于世的,其他译本都属多余。众多的《圣经》译本就是这种反唯一性的最好例证。即便在同一语言空间中,译本仍旧会时刻高举反对"独裁"的旗帜。这方面最现成的例子则是中文《圣经》译本。从这个意义上来说,译本没有最好,只有更好。这种开放性和多样性恰和原本的封闭性、唯一性形成对照,也形成互补。

原作的唯一性通过不可增减一字得以维系。然而,所谓翻译,却必须有所增减。如果不增不减,则与原作无异,翻译也就丧失了自身的立足之地。不妨说增减正是翻译天赋的权利。在原作所处的语言空间中,增减字句是非法。而在翻译中,增减则成了公认的合法。如果把世界视为由一个个语言疆域构成的话语共同体,那么文本就是这话语空间的造物。它从话语中诞生,又流回话语中。它借助翻译在不同的话语共同体中生生流转。文本的存在并不是只有原本这唯一一种形态,作者也不是唯一的。如果说有什么是唯一的,那就是话语和作为话语外显形态的文本的生生流转。

如此说来,无论封闭(原作所取形态)与开放(翻译所取形态),都不过是话语作为文本形式的一种外显。严禁增减(维持原作的唯一性)与鼓励增减(通过翻译扩展其生存空间),文本正是以这样两种看似不同的形式存活。凡是未经翻译从而未得机会在其他语言空间实现投胎转世的文本,其生命力必然弱化直至奄奄一息。这是极其接近死亡的状态。假如一个极有言说价值的文本只有原本这一种存在形态,却没有译本相随,这在某种程度上说明其生命力还有待激发,有待在未来投胎转世。

原作以唯一性赋予自身一个可见形式。正是这一形式,把原作与译作之间的生命流转在表面上分割开来,使得译作看起来好像是原作若隐若现的一个影子,似乎译作的存在可有可无。然而,如果从译作是原作的投胎转世这个角度看,译作的存在显然并非传统译论所理解的那样仅仅是原作的附庸。因为原作的封闭性恰恰要借助译作来打破,其被话语共同体所禁锢的生命的种子,必得借助翻译才能破壳而出,从而在语言的越界中实现生生流转。不同的话语共同体正是通过原本与译本才得以联结起来。或者竟可说,不同的文本圈定的是不同的话语共同体联盟。这种联结看起来极为松散,但却构成了不同话语共同体交际的常态。

翻译绝非传统译论所谓的"媒婆"之类的角色所可界定。原本有多大权力享受其唯一性,译本就有多大权力享受其多样性。因为翻译本来就是以反唯一性为特征的。翻译正是为打破原本语言结构的封闭性而存在。不增减一字,就用不到翻译。只要翻译,就势必意味着字句的增减。可以说,翻译体现的正是对原作封闭性的松动。这种松动就像农民翻犁土地,只有翻犁,庄稼(原作的生命)才能长得更好。

举个简单的例子。夏目漱石的《我是猫》是唯一的原本。原作中的"我"这个词用的是"吾辈"。如果日本的哪个编者或出版社擅自将"吾辈"改成"俺"、"私"、"僕"(在日语中,这些都是可与"吾辈"相互置换的第一人称),则必被目为非法。但在翻译中,原作的"吾辈"不仅可以沿用,甚至改成"我"、改成"俺",甚至"吾",都不是不可能的。在最新一版的《我是猫》译本中,译者于雷就采用了"咱家"这一说法。至于类似这种松动的意义,也正是翻译研究中应该给予高度重视的新课题。

向原作贴近的冲动,体现在翻译中,恰好是一种用词的远离或对原本进行的翻犁。沿着这一思路看,对译者的定位也需要在理解上来个颠覆。前面说过,通过译者的劳作,原本的封闭性被打破了。译者绝对不是原作者的附庸。译者置身于他所在的话语空间,把原作固化封闭的词句重铸一番,让它在另一种语境中以另外一种方式活转过来。原作要说的东西,并非字面上的那些东西,却是在字面之外的东西。如此说来,翻译绝不是仅仅译出那些可译的字面意思就算完毕。"春风又绿江南岸"不可能是"春风"、"又"、"绿"、"江南"、"岸"这几个词汇及语法的简单叠加。这一句话要说的东西反倒在话语之外。翻译也是如此。翻译要译的并不仅仅是原作的字句话语,更是那字句话语以外的东西。

由此可见,所谓翻译研究,可用功处实在太多。其中我最感兴趣的就是,在原本的话语秩序被译者在译本中松动后,会给不同的话语共同体带来什么?原作话语要说的那种话语之外的东西,在译作中是如何用另外一种话语呈现出来的?当原作以译作的形式反复再生产出来的话语回流到原本所在的那个空间时,又会上演怎样的一场精神戏剧?同时,在翻译实践中,我也在思考该如何充分利用翻译赋予译者的反唯一性的权利。译者在把原作的话语导入他自身所在的话语空间时,他要思考的与其说是忠实不忠实之类的翻译标准,不如说更在于如下方面——该如何把原本中那些尚属陌生的、还不能直接与译者所在的话语共同体内部既有文脉对接的东西截长补短,让异质的东西融进来、对接起来?也就是说,该如何让不同的话语共同体谈论同一话题?

如果说翻译有什么标准,我认为那并不能作为翻译研究的中心内容,更不是译者的最终追求。所谓忠实原文之类,不过是一个人从事翻译的准入门槛。就像读了大学,具备了基本修养后,会得到一张毕业证书一样。忠实不忠实之类的问题,更多的属于翻译之技,虽与翻译之道有关,但并不是全部,更不是翻译研究唯一要重点探讨的对象。迈过翻译的准入门槛后,译者更应考虑的是,他该如何行使翻译赋予他的权利?他该如何利用翻译自身特有的松动原本结构的那种翻译的合法性,去打破原作语言结构的封闭状态,让原作投胎转世,从而生生不息?

译　文

　　汽车瞌睡一般慢慢吞吞开进小城,四下里没来得及开发的农田东一片西一片——刚写到这儿,脑子忽地一下就"砰啪"了。心一虚,原本想好的下句也从眼前接二连三地溜走,搞得人好不狼狈。就算自己脸面上挂得住,可小说才开场就……要言之,假如刚写了个开头脑子就这样"砰啪",必然没了接着写下去的兴致。所谓出师不利,指的大概就是这种情形。眼前又异常清晰地浮现出某个冬日下午的景象:腹稿中的那个叙述者"我",在电车站换乘了市营巴士,一路颠簸着赶往叔叔的住处。阴沉的天空带着雨意,总有没完没了的工作等在那里,烦心写在"我"脸上。同车两三个上了年纪的乘客也不见有谁闲聊。巴士途经市政府、农协,一路开到病院前那站才停下,老人全都下了车。那司机是个乐天派,鼻子里哼着小调,愈哼愈起劲,想不听都没处躲。也不知他是否留意到车厢最后一排还坐着个乘客……身边这类鸡毛蒜皮的小事本来没什么写头,还是每每不等印象淡薄了就抓过来,匆匆记到纸上。其间也曾有过因心急导致思路"砰啪"的情况。写不下去就抓耳挠腮,这已成了家中我那个房间、那张写字台上司空见惯的风景。虽说稿纸上只写了一行字,撕了重来不需要太多勇气,可如今自己就连这点也做不到。绞尽脑汁想不出一个字却又无计可施,只是茫然自失地嘟哝着"砰啪"、"砰啪",仿佛给什么东西魔住了一般。偶尔也想撕心裂肺地吼上一声"砰——啪——"以找回灵感,可眼下就连这招儿也不管用了。你该不会就这么伏在稿纸上晕死过去吧,脑中仿佛有另一个自我高高在上、事不关己地说,世人所谓癫子大概就是你这个德行了!我就这样为写作而焦虑……不过,眼下敲打着现实中的键盘的我——这个我才是货真价实的我——要把望着只留下一行字的稿纸呆呆出神的另外一个我,刻意写进小说里,并且还要将这一现实有意遮掩在文字之下,直到故事结束都始终不动声色,如此这般的努力,想来也同样令人感到压抑而又荒唐。然而从另一个角度说,唯有一直装成煞有介事的样子方可保证小说的独立性,这一点已是世所公认的常识……这些且不去管它了,还是回到刚才说起的那辆巴士上。这篇东西能否写下去,概与这辆巴士大有干系。且让我手中这管笔——不对,应该说桌子上的键盘——驱动这篇思路尚不明朗的小说,朝着那个不知所终的方向不停歇地开下去——

  这就是我写废了几十张草稿纸,最后总算勉强拼凑起来的小说

《后天的人》最后一稿的开篇。

最后一稿——也许称之为最终草稿更恰当——的这段开篇,虽说如实反映了眼下作者进退维谷的状态,可一旦要心里全无芥蒂地把它置于定稿的全书之首,多多少少还是让我感到有些踌躇。写作中让我颇感棘手的就是散见于文中姑妄设之的分析性视角——随着场面推移维度不断后退的客观性视点的运用。如今回过头来读自己写的东西,仍能看出其中残留的故作聪明、玩弄高雅的痕迹。要用这种笔调来描写我那个年轻叔叔——他不肯迎合刻意而为的世风,离家出走,放浪于江湖——的癫狂风貌,确实显得过于"刻意"了。本来要摆脱"刻意",结果反为这"刻意"所拘,这岂不正是典型的"前卫"之辙?不过单就叔叔的故事而言,或者说单就这部小说《后天的人》而言,眼下也只有硬着头皮如此写下去了。

小说文体、叙事法的巧拙还在其次,写开篇一段时,反倒是那个莫名其妙的"砰啪"让我直到现在都无法释怀。正因为它在写作中频频兴风作浪,才使得这篇作品看起来显得有些前言不搭后语。

这一避无可避的冲动总是横跨在小说的现实与桌上的现实之间突然冒出来。一旦"砰啪"前来造访,也就意味着这小说根本没法再写下去。要在原稿中连同小说的这种不可能性都一道真实再现出来,除了靠我这个作者刻意去"刻意",此外还能有什么办法?小说开篇运用的这种苦肉计实属在所必需。

——李征译诹访哲史《后天的人》

归化，异化与原汁原味

周 阅

我在一年多的时间里先后翻译了日本作家田山花袋的《棉被》和吉本芭娜娜的《尽头的回忆》，这两部作品从作家经历、时代背景到文体风格都迥然相异。前者发表于1907年，后者出版于2003年，两位作者的生年相差近百年，性别亦不同，因此两部作品的整体风貌必然存在巨大差异。但是对二者的翻译却是在同一时期由同一个人完成，假如因此而遮蔽了原作的风貌，过滤了原有的特色，使中国读者看到的不是不同作者的创作，而是同一译者的译作，那么，这样的翻译不能说是成功的。原作与译文，肯定在文化与语言方面有同有异，而差异更是渗透在各个方面，这就涉及一个如何在语言转换的同时保留作品原汁原味的问题。

其实，翻译界对这一问题的思考由来已久。林语堂曾经把翻译比作女人大腿上的丝袜，认为丝袜越透明越好，因为袜子再好，曲线美也是取决于大腿。也就是说，丝袜不能掩盖、更不能取代大腿本身的美。丝袜的透明意味着译者的隐身，只有译者隐身了，原作者才能现身，读者也才能品尝到"原汁原味"。

为此，我在接受翻译任务时从来不敢接那种追赶市场、限期刊出的"急件"。因为我需要先通读原文，尽量深入地体会全篇的文体风格以及行文特点,让自己进入到作品的氛围之中,然后再动笔翻译。而在译完之后,我还希望能放置一段时间,再重读自己的译文,这时往往会发现一些在翻译时没能觉察到的问题。即便是这样,在日后每一次重读时,也仍然会发现一些值得改进的地方。恰如陈众议先生所说:"翻译永远是不完美的。"虽然可能永远不会完美,但适度地保留原汁原味却应该是每一个翻译工作者努力追求的目标。

周阅

怎样才算"适度",却是一个令人困惑的问题。我在翻译中就常常遇到这样的问题,总要几经斟酌才能确定一个自认为比较接近于"适度"的翻译方案。比如对原作中长句的处理。《尽头的回忆》中有一个自成一段的长句,台湾译本(时报文化2007年12月版,张致斌译)翻译为:"我也和其他人一样,被西山君那对待任何人都一概表现出的朝气,一种能将人笼罩、仿佛周遭都会随之亮起温和光辉的气质,以及仿佛海风吹过令人心情舒畅的辽阔海面的感觉所吸引。"这个译文应该说最大限度地保留了日文原文的外在形式,但是对于中文读者来说却难免感到滞涩。考虑到文学作品在传达意义的同时还应带来阅读的愉悦,我将原句切开,化为短句:"我也跟其他人一样,被西山所吸引,他那种对大家一视同仁的阳光性格,那种笼罩着人们、使周围明亮温和的闪光般的氛围,还有那种如同海风拂过美好大海般的感觉。"为了在避免滞涩的同时又减少与原文的差距,我保留了整段只有一个句号的形式。单句成段,凸显了作者把西山的生活态度作为理想人生境界的意图。这样处理是否算得上"适度"我不敢说,但至少我在自觉地朝这个方向努力。

再如对措辞的处理,这一点在日本文学翻译中尤为突出。一方面,日语本身具有极大的暧昧性,日本民族又存在着表达上的内敛性;另一方面,日语中存在大量的汉字词汇,其意义与汉语不尽相同甚至迥然不同,翻译时就面临一个保留原词还是更换措辞的问题。

《棉被》的女主人公芳子给她的文学老师写过好几封信,其中第一封和最后一封使用了完全不同的文体,原文中分别是"言文一致体"和"候文",前者源于日本明治初期的"言文一致"运动,指日语中力求使口语同书面语一致的文体,后者是日本中世以后直到明治初期常用于书简、公文等的正式文体,句末多用敬语"候",因此得名。如果在翻译时作为专有名词原样保留这两个汉字词汇,必然会给不了解日本文化的普通中国读者造成阅读障碍,所以我将二者分别置换为"白话文体"和"公文文体",这样也便于小说读者顺利地领会到芳子与老师心理距离的远近。这是更换措辞的情况。

同样是《棉被》的译文,有时候我又选择保留原词。小说开头写男主人公走下一道缓坡,缓坡的名字在原文中是汉字"切支丹坂",标有假名注音"キリシタンざか",而"キリシタン"是外来词的日语音译,意为"基督教的"或"基督徒的"。这个地名在现实中实际存在,位于如今东京都文京区小石川四丁目附近。德川幕府初期,井上政重在江户(今东京)沿小石川坡设置了关押基督徒的监狱,因此世人将"小石川坂"称为"切支丹坂"。如果翻译时将其改为"基督坡",显然不符合日本地名使用汉字的实情,但若仅仅按照原样使用中国读者从未听说的"切支丹坂",不但使读者颇感陌生,更会遗失原作者刻意选择这一地名的意图。因此,我使用了原文的汉字地名,但同时在页下加注。虽然有人认为在小说中加注会影响阅读的流畅,但实际上这取决于读者自身的需求——希望细读的人自然会欢迎这类注释,而只读情节者则完全可以忽略注释。我在这个并不算长的中篇里加了50多个注释,就是出于这种考虑。

上述两种情况,一种是彻底本土化,另一种是保留陌生感,此即翻译研究领域所谓的"归化"和"异化"原则。鲁迅早年赞成前者,晚年转向支持"直译",他认为不完全中国化的译本"不但在输入新的内容,也在输入新的表现法"。实际上,鲁迅早年与晚年的取向,是各有所据,也是各得其理的。从事翻译不应单一地恪守某一个原则,而应该视情况的不同而有所变化。"归化"能够带来阅读的轻松与流畅,但却有可能牺牲"原汁原味";"异化"给阅读带来陌生感,但却能使读者更充分地领会异域的风土、文化和审美特色,对于保留一部外国文学作品的"原汁原味"也是必要的。

对措辞的选择还关系到词语的文化内涵,有时会影响到作品的立场和感情倾向。有一次,我翻译一位日本学者有关澳大利亚的论文,其中有一句话引自英文书籍,说的是19世纪末澳大利亚对中国人和日本人的看法,句子里有日文的"中国人"一词(日文的汉字词汇也写作"中国人")。当我进一步查对引文出处时,发现英文使用的是"Chinaman"而不是"Chinese",这两个词语虽然都指代中国人,但在英文语境中的内涵和感情色彩并不相同,前者带有明显的鄙视和贬义,结合该文所涉及的"黄祸论"的意识形态,我把日文的"中国人""改"译为"中国佬"。这是典型的语言中的特殊文化内涵问题。而文字背后的文化因素,就如同构成"原汁原味"的佐料,它的丧失会导致作品内蕴的淡化甚至偏移。

翻译,实际上是一种涉及双边甚至多边文化的工作,因此在语言技能之外,译者的文化经验也很重要。与翻译对象相关的文化经验,包括对象国文化氛围中的审美意识体验、语言中特殊语义的理解、与本土在文化观念方面的差异性认识,等等。比如,蝉鸣在中国、日本等东方文化中代表寂静,所谓"蝉噪林逾静,鸟鸣山更幽",而在英国文化中却是令人生厌的喧闹,那么在处理不同对象国的作品时,就有必要区别对待,斟酌词句。70后女译者杨玲在翻译马尔克斯钦点版本的《霍乱时期的爱情》时,把女主人公第一次上街买的甜品翻译成"天使发丝饼",而没有简单处理成最常用的"甜饼",因为女主人公在购买过程中充满喜悦,而她买的这种用南瓜制作的糕点名称,在西班牙文中的意思是"天使的头发"。杨玲对这一名物的处理,就充分考虑到了故事发生的语境、物品的审美意蕴和特殊内涵,这些都是"甜饼"二字所无法传达的。因此,译者在文化氛围方面的经验,关系到对原文能否准确理解,对相关文化语境能否真实把握,因而也就关系到能否真实地传达原作者的创作意图。

20世纪90年代,我初次翻译吉本芭娜娜的作品时,芭娜娜还是一个刚刚在日本文坛璀璨升起的新星。到《尽头的回忆》出版时,芭娜娜已经为人妻、为人母,也经历了喧嚣过后的沉寂。这时的文字较早期的《厨房》,已经有了很大的变化,主题也从"少女疗愈"转入"感知幸福"。从某种意义上说,《尽头的回忆》意味着芭娜娜来到了回忆的尽头,从此将结束回忆,立足当下。如果说"幸福"是芭娜娜作品贯穿至今的关键词,那么在《尽头的回忆》中,"幸福"二字的背后则是:走出"疗愈",努力"感知",因为前者指向伤痛,而后者才指向幸福。我正是基于这样的认识,去翻译她的《尽头的回忆》的。我希望,读者能够借由我的译文感受到这一点,体会到"当下的幸福"这一文字背后更富深意的"原汁原味"。

译　文

　　寂寥而荒芜的生活，又回到了时雄家。妻子疲于应付孩子，喧闹的斥责声传入时雄耳鼓，带来一种不愉快的感觉。

　　生活重新回到了三年前的轨迹。

　　送走他们的第五天，芳子来信了。信并不是以往那令人怀念的白话文体，而是彬彬有礼的公文文体。

　　信中写道："昨夜安抵，敬请勿念。此度百忙之中多有费心，至感不安，歉疚殊深。理应别前面谢大恩，并致歉意，然心中百感交集竟至未允最终饯行之宴，万望海涵。新桥一别，每当立于窗前，总觉褐色礼帽映照窗上，先生之身影今犹历历在目。行过北山，天降瑞雪，湛井之后，十五里山路，唯有悲伤萦绕于心。一茶名句'此处终老雪五尺'，感触尤深。今日适逢町中集市，家父不得脱身，择日必奉函致谢。由我失礼代笔，谨致谢忱。言不尽意，感慨万端，就此搁笔。"

　　时雄想象着积雪深厚的十五里山路，以及淹没在雪中的山间田舍。他走上二楼，分别之后这里一直原封未动。强烈的思念和眷恋使他想在这里追忆伊人隐约残存的面影。这一天，武藏野寒风劲吹，屋后的古树传来潮涌般骇人的声音。打开东边的一扇木板套窗，光线像流水一样倾泻进来，恰似离别的那天。书桌、书柜、瓶子、胭脂盒，依然如故，不禁令他感到心爱的人只是像往常一样去了学校。时雄拉开书桌的抽屉，里面扔着一根沾染了发油的旧丝带。时雄拿起来嗅着上面的气息。过了一会儿，他站起身打开了壁橱。只见三个大柳条包为了邮寄方便用细麻绳捆着，包的后面，是芳子一直使用的被褥——葱绿色蔓藤花纹的褥子，和相同花色的厚厚的棉被叠放在一起。时雄把被褥拽出来。一股女人的令人眷恋的油脂和香汗气味使他怦然心动,无以言传。天鹅绒的被头上有明显的污痕,他把脸贴在上面,尽情地嗅着深深思念的女子的体香。

性欲、悲哀与绝望,顷刻间涌上时雄心头。他铺上褥子,盖上棉被,在冰凉的带着污渍的天鹅绒被子里埋头哭泣。

室内幽微昏暗,窗外狂风大作。

——周阅译田山花袋《棉被》

西葡语

翻译《2666》：
我进了老年进修班

赵德明

　　《2666》西班牙语原著共有1125页。接受了翻译任务之后，我先把全书看了一遍。第一个感觉是，这是一部用西文写出来的《清明上河图》，特点是篇幅长、场面大、人物多，涉及历史、哲学、数学、海洋生物学、社会犯罪等方面。作者波拉尼奥对智利、墨西哥、美国、德国、法国、英国、西班牙、意大利的风土人情都有生动细致的描写。尤其是上述国家里人物的心态、性格、语言特点，作者都有深入的了解和掌握；对于他们的生活方式都耳熟能详，仿佛在描写自己的亲朋好友。特别是他塑造的德国作家阿琴波尔迪，其栩栩如生的艺术效果，令德国文学界拍案叫绝，甚至出现对号入座的现象。一个智利作家如此熟悉他国的文学和历史，实在叫人佩服。

　　令人佩服之余，麻烦也来了。波拉尼奥的广征博引给才疏学浅的译者提出了一个大难题：已经进入古稀之年的我需要重新学习！于是赶紧拿起了"急用先学"的武器。在翻译《2666》的10个月里，我经常查阅的工具书有：《德汉词典》《法汉词典》《全息英汉词典》《意汉词典》《新西汉词典》《大不列颠百科全书》。对于我，这些词典不是偶尔翻阅，而是须臾不可离开。此外，还要经常用上互联网的搜索引擎谷歌和百度。

赵德明

即使如此,在《2666》中还存在大量美洲方言。于是,我托友人专门购买了原文的《美洲方言用语词典》(2333页!)。没有这些查询手段,我恐怕很难攻占这个当代文学高地。

但是,仅仅是搬运工具书解决不了书中深层次的问题。比如,暴力问题。这是作者通过5部长篇故事要探索的问题之一。围绕着暴力,作者提出了一系列质问:为什么书中的欧洲教授对暴力持冷漠态度?为什么书中的智利教授对暴力不得不采取容忍的态度?为什么美国的新闻记者敢于见义勇为,但又半途而废?为什么墨西哥警方对连环杀人案件要么不作为、要么办案不力?为什么杀人犯如此嚣张?为什么走私贩毒活动愈演愈烈?"二战"中德国法西斯在屠杀犹太人时为什么表现得那样"冷血"?前苏联的肃反运动造成了令人毛骨悚然的红色恐怖气氛,人与人之间的关系,为什么那样剑拔弩张?仅仅这一系列问题就迫使我在翻译的同时不得不思考人性中的兽性成分:贪婪、凶残、狠毒、疯狂……这些问题仅凭简单的阶级分析已经不能解释了。为此,我不得不看一些人类文化学和生态学的书籍,但依然有许多问题悬而未决。比如,人类道德问题。如何评估欧美等经济发达国家中知识界的道德水准呢?经济很发达,文化很发达,为什么书中人物的道德觉悟如此低下?三位欧洲教授在伦敦乘坐出租车,由于政见不合,居然对司机大打出手。文明呢?礼貌呢?教养呢?如果说这是文学人物,那么华尔街金融大亨们的欺诈行为应该做何解释?难道他们没钱?难道他们没文化?都有。就是没有公德心,就是极端的自私自利。利欲熏心让当今世界的许多政客、大亨以及各种权贵势力集团操纵各种舞台谋取私利,上演了种种尔虞我诈的丑剧,已经表现得淋漓尽致了。但是,有什么力量来约束他们贪欲的膨胀呢?没有。法律、舆论监督要么是一纸空文,要么是他们的工具。更不要说军队和警察了,那是他们巧取豪夺的鹰犬。《2666》的第四部分有大量事实可以为证。这样司空见惯的事实,为什么许多人置若罔闻呢?这是值得人深思的。它迫使我对半个世纪以来的重大历史事件进行比较和思考。

更值得我深思的是,在经济发展和信息时代的今天,为什么《2666》流露出悲观、绝望的情绪?在作者那里,2666这个数字本身就是人类灭亡的时刻表。难道发展经济、科学和教育不是人类的出路?波拉尼奥是2003年去世的。2008年美国爆发了经济危机,从而引发了全球性危机,至今没有摆脱出来。这场危机中金融系统的信用和政府公信力下降,说明一系列观念、机制、体制和制度的危机,但这并不是问题的本质。因为没有回答出造成这些危机的深层次原因,没有回答出这样的问题:谁来拯救和洗涤人类的罪恶呢?《2666》在这个意义上发出了警报:人类自相残杀,同时又毁灭自然环境,其未来就是自我灭亡,没有别的出路。这样的判断是不是过于悲观了呢?那就要看看人类的聪明才智能不能放在真诚、友爱、同舟共济、善待自己和地球一切物种的发展道路上了。

但《2666》毕竟是一部文学作品。它的成功依靠的是故事情节、人物的言行、喜怒哀乐的表现。书中没有半点说教的味道。无论马德里、巴塞罗那、巴黎、伦敦、罗马、柏林、纽约还是墨西哥城,作者写出来的景物都给人身临其境的感觉。波拉尼奥真是个高级导游,带领读者玩遍了上述城市。我在翻译时,因为去过马德里、巴塞罗那、巴黎、伦敦、纽约和墨西哥城,所以有意做了比对,发现的确准确无误、翔实可信。更为难能可贵的是在对人物的刻画与塑造中,波拉尼奥极大地发挥了艺术想象力的作用。其中主要人物就多达二三十人,有教授、作家、出版家、政府官员、军警、议员、记者、商人,上至达官贵人,下至平民百姓、土著人。波拉尼奥对这些人物都有细腻的刻画,其中有的人物是他不熟悉的,例如,二战中,一个德国铁路站长奉命杀害犹太人,他动员了14岁左右的少年组成行刑队,为了麻痹这些孩子的良知,他让孩子们喝烈性酒,然后发放枪支弹药,训练杀人技术,最后开往刑场。波拉尼奥是1953年出生的,不可能亲历现场。但凭借史料和想象力,作者很成功地表现出法西斯杀人的冷血场面(参见译文)。显然,作者很明白细节与全局的关系:具体人物和场景的描写水平决定全书的质量;而只有胸中有全局,手中有典型,才能在谋篇布局时注意到一个棋子位置存在的意义。这种大舞台与具体角色的结合是一些拉美作家努力追求的全景式小说的特点之一。

全景式小说的另外一个重要特点是对乡土、地域、民族文学观念的突破。这与波拉尼奥等一批出生在20世纪50年代的作家的亲身经历有密切关系。以波拉尼奥为例,他1953年出生在智利,20岁时赶上了智利军事政变,许多左翼青年作家被迫流亡海外。波拉尼奥就辗转到过古巴、墨西哥、美国、德国、法国和西班牙。那是一段苦日子,更为痛苦的是思想信仰上的迷惘。在苏联解体、东欧国家纷纷改制的90年代,这些作家已经是中年人了,他们原来的信仰模式被一一摧毁。他们的精神近乎崩溃的边缘。怀疑一切成了他们观察社会与人生的唯一尺度。进入21世纪后,这种怀疑态度愈加深刻。尤其是在西方连续发生社会、经济和文化危机之后,他们的认识上升到了从人类高度看人生。高科技手段对这样的认识起着促进和推动作用。科学帮助人类看到自己的渺小、自己对自然的破坏和自己的孤独与浅薄。高科技手段还帮助作家找到了快速、便捷的表达方式。《2666》的篇幅虽长,但是叙述节奏很快,语言简练,完全告别了20世纪70年代拉美实验小说的形式臃肿,恐怕与作家对时空认识的改变以及电脑写作技巧的应用不无关系。在这样的时代背景下,他们觉得就"乡土写乡土"是非常狭隘的,因为全球一体化的大潮席卷每个角落,不站在全球高度看乡土,肯定说不清楚局部与全球的变化。最近看拉美报纸,有一位评论员说:"中国千万别打喷嚏,否则全球会感冒的。"无独有偶,西班牙一家报纸明确表示"不希望中国放慢发展速度"。其实,全球这种"你中有我,我中有你"的态势早就形成了。孤立地看待本土问题或者仅限于维护本土利益是越来越困难了。作家,尤其是四海为家的文学家,肯定是(也不得不是)放眼世界的。囿于乡土一隅就很难走向世界了。

翻译《2666》的过程如同长征,要一步一步向前走,消耗体力,磨炼意志。尤其是翻译到第500多页的时候,很有西西弗斯推巨石上山的感觉。但我不是西西弗斯,不是小伙子,而是老头子。只能笨鸟先飞就是了:早起一点而已。起床后,打开电脑,看原文,查词典,从词义到整句、整段的意思,逐一分析和思考,想出来恰当的中文,一个字一个字地输入进去。日积月累,经过8个月的努力,完成了近70万字的初稿。又用了两个月的时间修改和润色,最终交稿,自我感觉尚可。10个月的劳动也并非天天经受磨炼,也时时有跟随作者神游欧洲和美洲的神仙感觉,也会为作者面对苦难的沉重感而沉重,也会为作者的知识渊博而折服……现在看来,10个月的劳动中,我的确感觉到必须活到老学到老。我给这一次的翻译、学习过程起了一个名字:老年博士后进修班。但是,我还没有毕业,还在继续翻译波拉尼奥的其他作品。小车不倒只管推吧!

译　文

　　警察局局长、我(铁路站长、德国纳粹分子——译注)的一个秘书和我的一个司机上楼来我办公室。我怀着不祥的预感等候着他们。我记得警察局局长和我的秘书坐了下来(司机站在门口);不用他们开口,我就明白了这交办的任务(指大批杀害犹太人——译注)对他们的伤害到了什么程度。我说:总得干点什么吧。

　　那天夜里,我没回家睡觉。司机开着车,一面抽着我送给他的香烟,一面在村子里静静地转悠。不知什么时候我竟然睡着了,我盖着毯子,梦见儿子喊着:前进!前进!永远前进!

　　醒来时,感觉四肢麻木。到达村长家里时,是凌晨三点钟。起初,没人给我开门。大门差不多是我用脚给踹开的。接着,听见有人犹犹豫豫的脚步声。是村长。他问:谁呀?我以为是银鼠的声音呢。那天我俩一直谈到天亮。到了星期一,警察没把扫地的队伍(由犹太人组成,以扫地的名义拉到荒郊野外枪杀——译注)拉出村外,而是等着踢球的孩子们出现。后来,警察给我带来了十五个小孩子。

　　我让警察把孩子们送进村公所会议厅。在几个秘书和司机的陪同下,我到了那里。我一看见孩子们是那样脸色苍白、那样消瘦、那样需要足球和烧酒,就非常可怜他们。他们不像是孩子,更像是一动不动的骷髅、一副皮包骨、有口气的一把骨头。

　　我告诉孩子们,面包会有的,烧酒会有的,香肠会有的。孩子们没有反应。我把烧酒和食物的诺言又重复了一遍。还补充说,还可能有东西让他们带回家去。我解读他们的沉默就是赞成我的话。接着,送孩子们上了一辆大卡车,送他们去洼地(行刑场——译

注),陪同的有五名警察,还装上十支步枪和一挺机枪。警察告诉我,这挺机枪是刚刚换来的新枪。然后,我命令其余的警察带着四个武装农民(是我强迫他们参加的,否则控告他们长期欺骗政府)把三支完整的扫地队伍押送到洼地去。还下令:任何犹太人不得以任何借口离开老皮革厂(犹太人临时住地——译注)。

下午两点钟,押送犹太人去洼地的警察回来了。大家一起在车站酒吧吃饭。下午三点,他们押送另外三十名犹太人去了洼地。夜里十点,押解人员、醉酒的孩子们和监视、训练孩子们的警察,统统回来了。一个秘书告诉我:一切顺利。孩子们很努力……

——赵德明译波拉尼奥《2666》

《百年孤独》译余断想

范　晔

寓　言

《百年孤独》可以读作一则关于翻译的寓言。书中充满了各种语言的众声喧哗：除了西班牙语，至少还有法语、英语、拉丁语、意大利语、加泰罗尼亚语、印第安土著语、吉卜赛人的语言、帕皮亚门托语等混合语、水手的黑话、费尔南达矫揉造作的个人语言以及阿玛兰妲对前者的戏仿……由此而来的是几乎无所不在的翻译行为：恋爱中的克雷斯皮将彼特拉克的十四行诗翻译成西班牙语，神父译解出被绑在栗树上的布恩迪亚口中的奇异语言（其实是拉丁语），甚至贯穿全书几代人的主线也是一项翻译作业：破解梅尔基亚德斯留下的羊皮卷，将梵文密码译成西班牙语。到全书最后，第六代奥雷里亚诺终于得窥天机，原来"那是他家族的历史，连最琐碎的细节也无一遗漏，百年前由梅尔基亚德斯预先写出"，他急不可耐地跳过已实现的预言，"开始破译他正度过的这一刻，译出的内容恰是他当下的经历，预言他正在破解羊皮卷的最后一页，宛如他正在会言语的镜中照影。他再次跳读去寻索自己死亡的日期和情形,但没等看到最后一行便已明白自己不会再走出这房间,因为可以预料这座镜子之城——或蜃景之城——将在奥雷里亚诺·巴比伦全部译出羊皮卷之时被飓风抹去,从世人记忆中根除,羊皮卷上所载一切自永远至永远不会再重复,因为注定经受百年孤独的家族不会有第二次机会在大地上出现。"这著名的结尾同时结束了"原文"(羊皮手稿)、"译文"(如果我们把读者手中这本记载了整部家族史、名为《百年孤独》的小说看作羊皮手稿的某种镜像的话)以及"译者"奥雷

范晔

里亚诺作为小说人物的生命。然而另一位"隐形的译者"仍在场:借助博尔赫斯式的(或者应该说塞万提斯式的)乾坤挪移变形术,"原作者"加西亚·马尔克斯成功换位变为"译者",而他笔下的人物吉卜赛智者梅尔基亚德斯反成了"原作者"。

策　　略

作为译者,面对《百年孤独》所采取的翻译策略很大程度上取决于我作为读者的阅读经验。译界前贤言犹在耳:"译应像写"(罗新璋),"理想的译文仿佛是原作者的中文写作"(傅雷)。我也曾鼓起勇气暗自设问:"如果加西亚·马尔克斯用中文写作,会是怎样的呈现?"在寻索答案中曾求助于翻译理论家奈达的"对等原则",即"尽可能使译文接受

者对译文的反应等同于原文接受者对原文的反应"。相信众多读者和我一样,对《百年孤独》最深刻的印象来自小说独特的讲述语调。那是超越时光的讲故事人的调子,不动声色又煞有介事,以不容置疑的说服力,能将司空见惯者重新赋魅,将离奇神异者看为平常。西班牙诗人豪尔赫·纪廉这样形容小说家:"他像神一样书写。"或许只有这样的调子才可能与那一个戛戛独造、浓缩人类历史的马孔多世界相匹配。这代表着强大而精确的控制力,由此衍生出的加西亚·马尔克斯形象俨然书中的奥雷里亚诺·布恩迪亚上校,站在粉笔画出的圈子正中,将所有人拒之于三米外,以造物主般的漠然俯瞰众生,天地不仁以万物为刍狗。因此在译文中重现这样的调子是迻译《百年孤独》成败的关键,也是我这名译界学徒在翻译过程中努力的方向,虽不能及,心向往之。

安托内·贝尔曼在《翻译及对异的考验》一文里曾提及"劣质写作"的概念,其实指的是散文体作品中的一些经典,都具有包含多种文体和话语形式的特征,《堂吉诃德》即是其中代表。而《百年孤独》在一以贯之的主调外,也不乏丰富微妙的变奏。例如在描写"法国女郎"的风月手段一节,将作家惯用的类比及排比手法发挥到夸饰的地步,原文连用6个不同的动词配上相应的宾词构成齐整的平行句式:"……para estimular a los inermes, despabilar a los tímidos, saciar a los voraces, exaltar a los modestos, escarmentar a los múltiples y corregir a los solitarios"——熟稔西语文学的读者或许会在这里发现对《堂吉诃德》的戏仿:"……para defender las doncellas, amparar las viudas y socorrer a los huérfanos y a los menesterosos(来保护贞女、援助寡妇、救济孤儿和一切无告之人)"(第一部第11章,据董燕生译本)。在译文中我也依样凑出6个互不重复的平行词组试图再现:"使无能者受振奋,腼腆者获激励,贪婪者得餍足,节制者生欲望,纵欲者遭惩戒,孤僻者变性情。"在这样的语境中,用语越是整饬堂皇,反讽的效果越是强烈。

又如美人儿蕾梅黛丝升天一幕:"身边鼓荡放光的床单和她一起冉冉上升,和她一起离开金龟子和大丽花的空间,和她一起穿过下午4点结束时的空间,和她一起永远消失在连飞得最高的回忆之鸟也无法企及的高邈空间。"加西亚·马尔克斯早年的文学实践本是从诗歌创作肇始,他对诗歌的热爱从未稍减。此处这位小说家有意选取浸润浓厚超现实色彩的诗歌语汇来描写这超自然的场景,"金龟子和大丽花"显然在向西班牙诗人洛尔卡的超现实主义诗篇《诗人在纽约》致敬,而"下午四点钟"会让热爱西语诗歌的读者立即联想到洛尔卡《伊格纳西奥·桑切斯·梅希亚斯挽歌》中反复吟唱的名句。翻译常常是在所谓的归化和异化中寻找平衡点,而在面对诗歌文本时,为了保护诗之所以为诗的质素,我倾向于将指针向异化一端倾斜,更多地关注能指多过所指。我斟酌再三,做出与其他译本不同的选择,将原文一段中多次出现的"aire"一词全数译作"空间",保留原文有意为之的重复及内在韵律。另一处"pájaros de la memoria",有评论家认定典出西班牙大诗人希梅内斯,我将其直译作"回忆之鸟"而未阐释为"回忆中的飞鸟"之类,也是为保留原有的隐喻结构,暗示其间秘响旁通的互文指涉。

再　　思

一位友人在书评里说到他对翻译文学的期待:"遇到一种略带不协调的中文,遇到一些罕见的用词、表达式甚至不很紧凑的语法,去进入故事所描写的一个陌生的语境",因而拙译《百年孤独》中"过多过密的考究中文,限制了我很钟情的陌生感的进入"。我在此无意自辩,因为相信上文中已经阐明了我在彼时彼地特定情境中所选取的翻译策略。在实际操作中常常在审订初稿时自问"西语读者读到这里会有生涩的感觉吗",答案如果是否定的,那么就进一步调整打磨。若读者在译文中能得到行文流利考究的印象,我倒会觉得是特定的翻译策略得到了贯彻,虽然考虑到自己的眼高手低,雕琢的拙劣痕迹怕也在所难免。不过实际上令我感兴趣处还不在此。

"严苛一点讲,在世界文学的版图里,我们还只有后知后觉效学的份儿,也正是因此,我才觉得《百年孤独》的重译本照顾了太多汉语文艺腔的语言习惯,削弱了走进一个陌生国度时扑面而来的新鲜感。"友人委婉的批评以及对陌生化"翻译腔"的期待让我想起韦努蒂《译者的隐形》中的主张,即摒弃"通顺流畅"的译文评估标准,打破"翻译是创作透明文本"的错觉,进而挑战主流趣味,发挥"文化重构"的作用,借此"有可能修正本土的文学经典"甚至"修正本土文化价值观"。韦努蒂提倡的"另类"翻译策略一方面旨在凸显译文的独立和自足,当出版商、评论家和读者认定"全无翻译痕迹"才是好译文时,容易无形中忽视译文生成的种种复杂因素,遮蔽了译者的工作价值;另一方面则着眼于对英语文化霸权和不平等的文化交流进行文化干涉,保全多元文化生态。饶有趣味的是,具体到《百年孤独》中译的个案,却是同属"边缘地带"的第三世界内部的文化互动,抵抗式的异化翻译策略是否适用或如何应用便成了值得再思的问题。国内学者关于拉美魔幻现实主义在华接受史的研究已经体现了异域文化对本土文学创作乃至文学经典塑造的既成影响,或许下一阶段不妨探索从选题到文体融入异质性元素的广义"异化"翻译,在凸显原文语言和文化差异的同时打破对拉美"斑斓、狂野、激情"的明信片式想象,抵御对异域文本保守的"同化"和"简化",为与"他者"的交流争取更开放的空间和更多样的可能。

译　文

　　只有奥雷里亚诺能理解这样的创痛。那天下午,当乌尔苏拉试图将丽贝卡从迷狂中拯救出来时,他跟马格尼菲科·比斯巴勒和赫里内勒多·马尔克斯去了卡塔利诺的店里。那里扩建了一排木板房,里面所住的单身女人散发出萎谢花朵的气味。一支由手风琴和鼓组成的乐队演奏着好汉弗朗西斯科的歌谣,他已有好几年没在马孔多出现。三位好友喝着甘蔗酒。马格尼菲科和赫里内勒多同奥雷里亚诺年纪相仿,但比他更通晓世事,轮流和坐在大腿上的女人喝酒。其中一个镶着金牙、神色憔悴的女人的爱抚令他浑身震颤,但他拒绝了她。他发现喝得越多就越发想念蕾梅黛丝,不过也更能忍耐思念带来的折磨。他不知自己从何时开始飘了起来。他看见朋友们和那些女人在耀眼的闪光中浮游,没有体积没有重量,他们所说的言语未经双唇,他们神秘的手势与表情彼此疏离。卡塔利诺一只手搭在他背上,对他说:"快十一点啦。"奥雷里亚诺回过头去,就看到了那张畸形的大脸,耳边还插着一朵毡绒花。他随即失去了记忆,好像当初得了失忆症那样,直到另一个早晨才恢复,他身处完全陌生的房间,一旁站着穿着衬裙、赤着双脚、蓬头散发的庇拉尔·特尔内拉,她拿着一盏灯照着他,一脸难以置信的神情……

　　他的衣服上满是污泥和呕吐的痕迹。庇拉尔·特尔内拉那时候和两个孩子生活在一起,她没有问他什么,把他引到床前。她用打湿的丝瓜瓢给他擦脸,为他脱了衣服,自己也赤裸身体,然后放下蚊帐,免得孩子们万一醒来看到。她已经厌倦了等待留下的男人,离开的男人,无数因纸牌的模糊指引迷了路没能赶到她家的男人。在等待中她的皮肤起了皱褶,乳房被掏空,心里的余烬熄灭。她在黑暗中摸索着奥雷里亚诺,把手放在他的肚子上,带着母性的温柔亲吻他的脖子。"我可怜的小宝宝。"她喃喃道。奥雷里亚诺颤抖起来。他平稳老练、毫无滞碍地越过痛苦的峭壁,发现蕾梅黛丝变成了无边的沼泽,闻起来好像幼兽和新熨好的衣服。

——范晔译马尔克斯《百年孤独》

《霍乱时期的爱情》翻译点滴

杨 玲

历时一年的翻译工作终于结束,加西亚·马尔克斯的《霍乱时期的爱情》第一次以名正言顺的授权版身份与中国读者见面,作为译者,我感到由衷的欣慰和喜悦。但同时,忐忑也随之而来,因为翻译是一项永远带着缺憾的活动,永远都留有修改和完善的空间。于是,我开始总结一些翻译中的想法、疑惑和感受,希望不断积累经验和问题。

我基本坚持的原则是直译。直译的目的是最大限度地再现作品的原意和源语文化。对于像马尔克斯这种作品意象丰富的作家来说,这样的方法会更为适合。《霍乱时期的爱情》的细节层面很丰富,若过多运用成语或俗语等汉语语料,会令原著中鲜活的意象被削弱甚至消解。我则希望能通过带给读者一种陌生感,让他们感受到西班牙语小说,特别是马尔克斯的小说在文化、叙事和修辞等方面的独特之处,毕竟这也是中国读者读外国小说的乐趣之一。

当然,直译绝对不等于硬译,绝不等于完全不顾译文优美的机械性翻译。对于适宜的成语、俗语,也绝不是完全不用。当外文的表达与中文成语的意思十分贴近时,成语当然是最好的选择;但当选择某一成语会漏掉很多原文信息时,直译可能是更好的选择,能够尽可能地把原文

杨玲

中的丰富意象原汁原味地展现给读者。直译首先追求的是准确并忠实于原文,同时兼顾汉语的通顺和优雅。当然,这只是总的原则,而过程永远是灵活的,直译和意译往往相得益彰,不可避免地始终会兼而有之。翻译永远不可能像自然科学一样,严格按照某个理论或公式便能得来结果。信达雅到底孰轻孰重一直是翻译争论的焦点,但终归仁者见仁,智者见智,究竟让它们之间在一种什么样的状态下保持平衡,就看每个译者的风格了。

在我的翻译过程中,如何保持语言的节奏是重中之重,更是马尔克斯作品翻译的难点。马尔克斯曾在一次访谈中说:"当读者由于作品缺乏节奏感或别的其他原因而觉得难以继续读下去并不断眨眼时,这就是读者开始分心,也是我面临着失去读者注意力的危险之处。我希望我的作品从第一行起到最后一行止都能紧紧地抓住读者。"对于译者而言,如果一部作品单纯由于译者的原因造成读者注意力的分散,那将是译者的失败。因此,能保持马尔克斯那种简洁紧凑、干净利落而又内涵丰富、蕴藏着幽默和智慧的文风尤为重要。西班牙语文学常常讲究语言的音乐性,也就是韵律,原文的韵律在翻译中几乎是不可能保持的,能尽量保持的是节奏。只有保持节奏,才能达到马尔克斯的初衷,紧紧地抓住读者。这也是我当初的目标。

要保持好节奏,句式的处理是关键。大家都知道,外文常常会使用长句,外文中的长句一般由复合句组成,所以不会造成冗长拖沓的感觉,但如果硬要在译文中使用长句,就会让读者读起来吃力费解,有时甚至会造成歧义和误读。这种情况下,在保证不丢失原文元素的条件下,按照中文的习惯调整为几个短句,不但不会破坏原文的味道,反而能起到保持节奏的效果。当然,在必须使用长句以保持原文的修辞或气势时,我也会选择长句。

此外,名物对于翻译来说向来是很麻烦的事情,例如动植物的名称。为了确定西文中的某个名词到底对应中文中的什么事物,需要查阅很多资料,光靠字典肯定是不够的(字典中往往列举出很多词义,而且有时会欠准确),还需要利用网上的广泛资源,利用物品的英文、拉丁文名等来确定,有时还要通过图片来比对,比如小说中出现的凤眼莲、火鹤、石鸻、鬣蜥、胡蜂、阿比西尼亚猫、暹罗猫、达尔马提亚斑点狗等。又如故事开篇提到的"苦杏仁"一词,小说的第一句我翻译为:"不可避免,苦杏仁的气味总是让他想起爱情受阻后的命运。"实际上,作者使用的名词既可以指苦巴旦杏,也可以指苦杏仁,到底应该选择果实名还是种子名呢?就要通过第一章的整体意思来理解和把握。作者之所以提到苦杏仁的味道,是因为苦杏仁有毒性,食用后可以产生一种氰化物,故事中的人物服用的毒药正是氰化物,所以产生了这个味道,而且后文中主人公乌尔比诺医生交代了原委:很多为情而死的人服用的都是氰化物。这也就是为什么苦杏仁的味道让他想起了苦涩爱情的原因。只有了解清楚其中的逻辑,才能正确选词。此外,小说的故事背景跟轮船有很大渊源,翻译时我还要查阅轮船的有关知识,正确翻译出轮船各部分的名称,如牛眼窗、桨轮等。再如人物的各种服饰,如帽子、礼服、领带等,翻译时都需要反复考证,毕竟很多东西都是19世纪的物品,有些现在已经不再使用了。如果在诸如此类的地方出现错误,往往会贻笑大方。

翻译中涉及宗教、文化背景等方面的知识,也令我颇费力气。小说中有很多宗教名词,需要了解背景知识,因为每一个细节都和作家的暗示、指涉、讽刺等密切相关,如果译错,就会失去很多暗含之意。一如《喧嚣与躁动》之中作者将小昆丁把冷酷的舅舅家洗劫一空的重要情节安排在复活节这天,《霍乱时期的爱情》中出现的每一个宗教节日都与情节相互呼应,暗含着特殊意义。例如圣神降临节(正如弗洛伦蒂诺·阿里萨的举动常常被费尔明娜认为是受到圣神恩典启示的,他的爱情也是受到神启的,乌尔比诺医生的死被安排在圣神降临节这天,也可以说是在圣神的启示下成全了他们这场惊世爱情),又如圣诞节(正是在圣诞夜里,阿里萨第一次近距离地见到了自己的梦中情人,他激动得仿佛觉得那一夜降生的不是上帝,而是他自己,突出了爱情对主人公犹如新生之意),再如复活节前的圣枝主日(就像复活的基督一样,正是在这一天阿里萨因假牙而获得重生,以全新的面貌重新走到大街上,战胜了衰老)。此外,再比如主人公阿里萨的父亲和叔叔的名字皮奥第五和莱昂十二,其实分别是教皇庇护五世和利奥十二世的名字在西班牙语中的说法。因此,不能单纯按照音译原则译为皮奥·金多和莱昂·多塞等,并且还必须加上注释,否则就会让读者错失重要信息。

另外,宗教和文化典故也要细细考察。例如,在一次艳遇中,阿里萨的情人奥森西娅·桑坦德尔想与他亲热,却被阿里萨拒绝了,理由是觉得好像有人在看着他们。听了他的话后,女人笑了,说道:"这个借口连约纳的老婆都不会信。"这个约纳的老婆是谁?此处是何含义?如果译者不能清楚了解并做出注解,恐怕普通读者会觉得莫名其妙,难以理解作者的意思。原来,此典故出自《圣经·旧约》中的《约纳》一章,讲的是上帝为试探约纳的信念曾安排一条大鱼吞掉了他,致使他在鱼腹中待了三天三夜。加西亚·马尔克斯曾在一篇文章中幽默地说,虚构文学是约纳发明的,因为他迟了三天回家,竟然能让他的老婆相信他的迟归是因为一条鲸鱼把他吞掉了。又如,阿里萨第一个真正意义上的情人被称作"拿撒勒的寡妇"。对宗教比较了解的人会知道,拿撒勒是传说中耶稣度过青年时期的地方,故常有"拿撒勒的耶稣"的说法。如果没有正确译出"拿撒勒"一词,又或者没有做出注释,就很可能使大部分读者错过作者的巨大讽刺意味。诸如此类的情况还有很多,只有全面了解文化背景并做出必要注释,翻译才算完整。

虽然翻译的过程有些艰辛,但的确是无比幸福的。最快乐的时候,莫过于找到和原文贴近的表达时的那种喜悦。马尔克斯那种不露声色的智慧和幽默让人不得不赞叹佩服。有时,译着译着,我真的会捧腹大笑起来,笑过之后,更体会到作品的精妙,例如阿里萨的浪漫情书遭遇鸟粪玷污的情节、费尔明娜对茄子的恐惧情结以及她和丈夫关于一块香皂的争吵等。又如书中的名言,如"死亡让我感到的唯一痛苦,便是不能为爱而死","世上没有比爱更艰难的事了"等,都值得细细品味和琢磨。每当能把马尔克斯这种智慧和幽默尽可能贴切地用中文惟妙惟肖地再现出来时,我都会感到由衷的喜悦。

做文学翻译的幸福感是做其他学术研究无法比拟的。翻译的过程就仿佛在和作者直接交流,对每一个细微的精妙之处都深有体会,并且更进一步,还要将这些精妙之处消化过后,再和读者进行心灵的沟通,把它们准确细腻地传达给读者。文学翻译给人的最大乐趣和成就感就在于此。作者的文字会变成形象,变成画面,书中每一段精妙的文字会让你的眼前浮现出不同的图景,会拨动你的心弦,而你再让这些形象和图景变回文字,去拨动读者的心弦。当然,翻译承担的压力也是不小的,想把每一个精妙的细节都尽量完整地呈现给读者,这谈何容易。

无论如何,完美的翻译是不存在的,百分百的原汁原味更是不可能的,我只能尽全力而为之。更何况我还年轻,远没有老一辈译者的积淀。

若是这个译本能够成为马尔克斯宏伟文学版图中的一个小小补充,便足以让我心满意足了。

译　文

"甘油三酯,严重偏高,血糖也过高,坏胆固醇已经占到多一半,好胆固醇只剩少一半,还没说类脂的问题。如果不能得到改善的话,您的身体简直就是一颗定时炸弹。"

"我来这里只是为了调养数日。两个礼拜,两个礼拜的调养后,我就又能对付十几年了。"

"您可以这样认为。等您要离开这里时,我们再验一次血,所有这些危险的指数都会下降。可一旦您恢复了糜烂的生活,不出三个月,您就又将如临深渊了。"

"我们对生活的理解不同。您怎么看胡椒蒜蓉煎鳕鱼?"

"是什么?"

"一道西班牙菜,巴斯克地区风味。"

"是用新鲜鳕鱼做的吧?"

"不,是腌制的鳕鱼。腌的时候要用油和蒜浸着,再涂上一层动物胶使鱼的皮肉分离,一直腌到渗出白渍为止。"

"放少量油就可以了吧?"

"要放很多油。"

"那太可怕了!"

加斯汀医生摆了摆手,将想象之中的这道菜推开去。他的姿势干脆利落,又不乏男人味儿,这是他长期服用维生素药的结果。医生背后的窗子半敞着,透过窗子可以望见"血之谷"那宁静的亚热带花园。这里是世外桃源,气候自成一体,卡瓦略每当想到这里的一草一木都赞叹不已。这里不单有神奇的蓝花楹,高耸的榕树、木槿和香蕉树,还有地中海的各种植物,松林,角豆树,橘树,甚至还有参天的月桂和夹竹桃,有高耸入云的参天古木,也有花枝招展的细枝柔藤。从诊所中间的落地窗望去,满眼枝枝蔓蔓,郁郁葱葱。庄园外古老的森林,主楼四周那精心修剪的花园,还有园中阿拉伯风格的亭台楼阁,错落有致,相映成趣。远远望去可以看见一些星星点点的标牌,仿佛是嵌在这植物迷宫中的指路标。其实,它们不过是疗养者随处可见的健康指南,有的建在岔路口,有的藏在硫化喷泉的背后,还有的则被安置在体操房或是这部庞大的健康机器的其他机构入口处。

你的身体将会知恩图报,

莫要厌弃自己,爱护你的形象。

上帝赐予生命,你应珍惜健康。

吃喝为了活着,而活着并非为了吃喝。

饮水也需咀嚼,

每口三十三下。

身体是你的挚友。

节制饮食意味着延长生命。

别人的美酒佳肴,也许对你而言就是毒药。

节食虽说不是奇方,但世上本无灵丹妙药。

想象着自己身材清瘦,一举一动照此进行。

冰箱里藏着的是你的劲敌。

吃喝一旦变成恶习,就将不再是快乐。

贪食宛如顽固毒品,危害你的生命健康。

"您在看那些标牌吗? 不错,有些疗养的客人,特别是一些西班牙人,他们觉得这有点儿幼稚。西班牙人总是对幼稚存有恐惧,生怕别人把他们当成孩子。而对我们这些中欧人来说,这一点就无所谓了,也许我们本来就有不成熟的情结吧。西班牙人则不。恕我冒昧,其实西班牙人也有幼稚的情结,哪怕他们其实并不幼稚。"

"标牌上的格言是出自您之口吗?"

"不是。这种格言在每个法贝尔的分支机构都能见到,我们这儿采用的是费多若芙娜夫人写的。费多若芙娜夫人是个虔诚的天主教徒,我想她本来是要当修女的,一位伟大的修女,就像圣女德兰·德·卡尔古特一样。"

"一位翻版的圣女德兰,专门保护富人和胖子。"

"在一定意义上是吧。可住在这里的也不全是胖子和富人。您就不胖嘛,但也许很富有。"

"也许吧。"

"人们一天比一天更关心自己的身体。毕竟我们对自己身体的了解和掌握一天比一天多了。"

"说得好呀!怎么没写在标牌上?"

"因为要留着给病人看病时用呢。"

加斯汀医生笑着说,巧妙地消除着卡瓦略心中的最后一丝疑虑。

"我觉得您很紧张。"

"应该说,是警觉。"

"为什么呢?"

"我把自己关在一家浴场里饿三个星期,这件事本身就是不正常的,是违背自然的。"

"您不会挨饿的。"

"对我的头脑而言,的确就是挨饿。"

"啊,头脑!"

医生用手摸了摸自己的脑袋,好像试图证实它还留在原地似的。加斯汀的头发已经尽白,几绺稀疏的头发贴在硕大的脑壳上,仿佛画上去的一般。他的皮肤被太阳晒得黝黑,尽管已经年过七旬,身材却像运动员一样结实。他的一举一动像个年轻人,而眼镜后面的目光却透出衰老。眼镜的镜片是变色的,在阳光下呈现出深色。他讲西班牙语时,总是把"r"的音拖长,而且语气让人觉得似乎是在用孩子的语言跟孩子说话,若非如此,别人根本不会听出他是个外国人。他总是不厌其烦地提起"血之谷"入口处的健康指南,令人觉得那些话是出自他之口,仿佛是他的原创似的。然而,卡瓦略却隐约感觉到在这位医生的眼神和声音中深藏着某种别样的东西,某种比他的医生职业更为重要的东西。他的病人们,无论经济财富还是社会地位个个堪称人上人,可面对生活中的诱惑却又显得那么可怜和脆弱,又或是因为遗传了某种基因而显得那么无助。他们都生活在世界重建的年代,在这样的年代里,脂肪、蛋白质和维生素的肆意补充同样扮演着重要角色。

——杨玲译马努埃尔·巴斯克斯·蒙塔尔万《浴场谋杀案》

其他小语种

我与特朗斯特罗姆(瑞典语)

李 笠

奇 迹

斯德哥尔摩今年圣诞节没有下雪。街边的树像两百年前那样黑着,窗口的蜡烛像两百年前那样亮着。下午3点天黑了。没人对此惊讶。这不是奇迹。

奇迹是绝望或放弃时突然变成现实的梦想。2011年10月6日是一个奇迹,它让瑞典诗人特朗斯特罗姆获得了举世瞩目的诺贝尔文学奖!我兴奋,像是自己获得了这一奖项。12年前翻译特朗斯特罗姆诗歌全集的时候,我希望他能获诺贝尔文学奖——"这对诗歌,包括中国的诗歌,会有促进作用!"5年前,我相信他一定会得奖,因为他是世界上活着的最好的诗人!但两年前我放弃了这一梦想——他不可能得,因为他是瑞典人!我想到1974年得诺贝尔文学奖而导致自杀的另一个瑞典诗人马丁松。瑞典学院不会重蹈覆辙。

但诺贝尔文学奖突然向特朗斯特罗姆走去。在他80岁的时候。一个奇迹。就像诗人在《孤独》一诗中描写的那样:雪天他的车滑入另

李笠与特朗斯特罗姆

一车道,对面开来的车辆在逼近……"这时出现了一个支点:一粒援助的沙粒或一阵神奇的风",他——驾车的特朗斯特罗姆——免遭了丧身之祸。

圣诞节我拜访了特朗斯特罗姆。我给他拍照。在莫妮卡(特朗斯特罗姆的妻子)去厨房拿香槟的时候,他突然握住我的手:"Tack-s-mycket!"("多——谢——了")。我吃了一惊。这,是老人的声音吗?这个中风后20年只会说"是"、"不"、"这"、"好"这几个字的失语者,此刻——第一次——在一个没有雪的圣诞节——从嘴里说出了一句完整的话。

特朗斯特罗姆的写作信条

夜已深。我躺在沙发上,听海顿的交响乐,大脑浮出特朗斯特罗姆《活泼的快板》的几句诗:"音乐是山坡上一间玻璃房/那里石头在飞,石头在滚/石头滚动着穿过房屋/但所有的玻璃都安然无恙。"宁静优雅的旋律,把我带回24年前的一个秋日。

那是1987年10月的一个上午,我坐火车从斯德哥尔摩到特朗斯特罗姆居住的小城韦斯特罗斯拜访他。这是我们的初次见面。

火车开了一小时后到了。车站空空荡荡。车站尽头,离我200米远的地方,站着一个穿米色风衣风度翩翩的瘦高个男人。那人一定就是特朗斯特罗姆,我想,便兴奋地朝他走去,像一条雾中船朝灯塔驶去。

他快步迎上来,和我握手:"欢迎到清净的小世界来!"

我喜欢这句话,它让我放松。我坐着他陈旧的灰色沃尔沃车,朝他的住处开去。

我们穿过市中心的一个广场,那里,有几块石板如今刻着他的一些俳句,其中的一首,22年后,即2009年我在参加特朗斯特罗姆专场朗诵会时,在夕阳里熠熠生辉:

看,我坐成了
一只岸上的小船。
我欢快无比。

莫妮卡已准备好了午餐:烤三文鱼、煮土豆、蔬菜沙拉。这是瑞典人招待客人的传统菜。我们三人坐在他家的花园里,边吃边聊。我们谈到翻译(我当时译了特朗斯特罗姆十多首诗,打算再译一些,出个选集)。我问《风暴》一诗里花楸树的果子(秋天,这里街上到处可以看到一束束如心脏或拳头大小的红果子),能否把它译成"橘子"。"中国读者绝大多数恐怕都不知道这种植物。"我解释。托马斯听了说:"可以。翻译是再创造!译者应享受他的自由。"他说他的朋友美国诗人罗伯特·布莱把他"耕犁是一只坠地的鸟"翻成了"耕犁是一只飞起的鸟"。说完,哈哈大笑起来。"《半完成的天空》里说:每个人都是一扇半开着的门/通往一间共有的房间。这句诗是否受到汉字'我们'的'们'启发,即人+门?"我问。托马斯沉吟片刻:"这种神秘的经验,西方的基督教里也有。"他像自己的诗的结尾那样果断地回答了一句。

话题转到我翻译过的一个瑞典诗人、小说家L。我问:"你觉得他的诗怎样?"托马斯用禅师回答弟子的方式说:"他去中国三个礼拜,回来写了一部长篇,假如我去中国三年,我会写一首短诗!"

不言而喻，一首用三年写的短诗，一定比一部用三个礼拜写的长篇要好。这便是特朗斯特罗姆的写作信条：写得少，但写得好，让每首诗都通过词语的炼金术成为一流产品。也正是这信条，50年他才写了200首诗，并最终让诺贝尔文学奖给他戴上"用凝练、透彻的意象，为我们打开了一条通往真实的新径"的桂冠。

我们保持着联系。1988年，我到瑞典留学，第二年出版了我的第一本用瑞典文写的名叫《水中的目光》的诗集，并引起瑞典诗界的好评。这一年，我认识了托马斯的大女儿艾玛，她和我同龄，当时在学声乐。她建议我出第二部诗集的时候，一定让他爸爸先过一下目。她的意思是：作一下润饰。1990年10月，出第二本诗集《时间的重量》前一个月，我给托马斯打了个电话。两天后，他专程从韦斯特罗斯开车到我居住的斯德哥尔摩大学的学生宿舍。他帮我看清样，修改句子，更换词语，为了节奏的美，把单数改成复数，把不定冠词改成定冠词，把定冠词改为不定冠词……

整整一下午，我俩坐在12平方米的小屋里。当沟通遇到障碍时（当时我的口语还不允许探讨问题），托马斯就在纸上涂画起来："这句'我路过一棵倒下的松树'，你用的是fallet，但fallet是自己倒下的意思。诗中的那棵树是砍伐后倒下的，这时，就应该用fällt（被砍倒）。"他说着，用笔勾出一棵躺着的松树，然后在上面加了把锯子。显然，我的瑞典文受到汉语思维的影响。汉语中，"倒下"可以是主动也可以是被动，就像"鸟"可以是一只鸟，也可以是一群鸟。

天黑了下来。我留他吃饭，但他说他必须赶回韦斯特罗斯，有个美国诗人将拜访他。他拿起那件米色风衣，走出了我那显得有点低矮的学生宿舍房门……

一转眼，17年过去了。

2007年5月，我把我写母亲的第六本瑞典文诗集《源》给他看，他的

目光停在那首叫《无名》的诗上:

> 我登上去纽约的飞机
> 你躺着,纹丝不动
> 世界抽成苍蝇的嗡嗡声
> 我乘船去克雷特岛,去西西里
> 你坐在窗前
> 望着风中的柳树
> 汹涌的绿浪推着你向前
> 我在卢浮宫迷路
> 你含笑走来　一只闪光的瓷器

托马斯看了以后,左手指着诗的最后一句,摇头说"不"。我困惑地看着他。坐在一边的莫妮卡说:"托马斯是想让你把最后那句——'一只闪光的瓷器'——删掉。"

我没删。我认为少了那几个字,就少了母亲这个象征含义:文化、根、母语,等等。

但今天,2011年,我会接受大师的意见——拿掉那一句,整首诗才会变得更加空灵,给读者留下更多的想象余地。

托马斯是一个随和宽容、率直热心的人。

2001年,西蒙(我儿子)一岁,在教堂举行洗礼。托马斯也坐着轮椅来了。他抱着西蒙,像抱着朗诵会别人给他的花束。我忙于照顾客人,没顾得上拍照。这一瞬比抱基督的圣母美多了。它出人意料,就像特朗斯特罗姆诗里的意象。老人静静地坐着,脸上洋溢着他《冰雪消融》那首诗的喜悦。

2008 年,市图书馆为我安排了一场"李笠作品朗诵会"。我到时,发现托马斯和莫妮卡正坐在第一排的观众席位里,向我微笑。

2010 年,我随在中国任职的妻子移居北京。2011 年 1 月 20 日,我 50 岁生日那天,莫妮卡突然打了电话,她祝我生日快乐,问了我北京生活的情况后,说:"我把电话给托马斯。"

一阵沉默,然后一阵婴儿学语的嗯嗯声,其中有一两个字我能听出是什么意思。然后又是沉默,又是孩子学语的声音。像一首诗在寻找自己最佳的表达方式。

特朗斯特罗姆与东方

特朗斯特罗姆是营造意境的大师。意境是一首诗达到的一种能令人感受领悟、玩味无穷却又难以明确言传、具体把握的艺术境界。它是形神情理的统一、虚实有无的协调,既生于象外,又蕴蓄于象内。意境(有时也称为"境界"),用特朗斯特罗姆的话说:"我常常从一个物体或状态着手,为诗建立一个'基础'。这基础有时是一个地点。诗从一个意象中渐渐诞生……我用清晰的方法描述我感受到的神秘的现实世界。"

意境概念到了中国清代诗论家叶燮那里则得到了精彩的阐述,晚清学者王国维在集其大成的《人间词话》中也反复论述了意境——"境界"。他指出:"文章之妙,亦一言以蔽之,曰:有境界而已。"请看特朗斯特罗姆的这首诗:

足迹
夜里两点:月光。火车停在

平原中心。远处,城市之光

冷冷地在地平线上闪动

如同一个人深入梦境

返回房间时

无法记起曾到过的地方

如同某人生命垂危

往事化作几粒光点,视平线上

一抹冰冷的小旋涡

火车完全静止

两点:明亮的月光,三两颗星星

这里,直觉和理解、情感和思维、意识和无意识相互交融,恰如其分地传递了内心体验,巧妙地做到了心与物的协调统一而心驰物外,意与境的浑然一体而意溢于境,和李白的《静夜思》、崔颢的《黄鹤楼》等唐代优秀诗作有着异曲同工之妙。

此外,我们在特朗斯特罗姆的诗里找到与中国古诗有着惊人相似之处的表达,比如:"穿轰鸣之裙鞠躬的喷气式飞机/使大地的宁寂百倍地增长。"(《冰雪消融》),它让我们想到南北朝诗人王籍的"蝉噪林逾静,鸟鸣山更幽"的名句,"预感战争爆发而目瞪口呆浑身冒汗的花朵"让我们想到杜甫的名句"感时花溅泪,恨别鸟惊心"的移情绝唱,而"流淌的宝剑/正销毁着记忆/小号和佩带/在地底下生锈"(《短诗三章》),又何尝不是杜牧《赤壁》中的"折戟沉沙铁未销,自将磨洗认前朝"的回声或共鸣。而共鸣,则无疑体现了世界诗歌大师们抵达的精神境界。

俳句是凝练的典范,是现代口语诗滚滚洪流的中流砥柱。这一短短17音(5、7、5三行组成)的日本诗体,成了凝练大师特朗斯特罗姆运用自如的诗歌形式(译者在翻译时保留了这一形式)。特朗斯特罗姆的俳句和"蝴蝶翩翩舞,落花疑返枝"或"树下肉丝、菜汤上,飘落樱花瓣"之类的作品不同,他更具有日耳曼民族的精神气息和北欧的硬朗强健。他的俳句就好像一个小巧玲珑的江南女子变成了北方的汉子。"太阳已低垂/影子像巨人。很快/一切是影子。"这首让人联想到歌德《群峰之上》的俳句,完好地体现了他的俳句风格。

特朗斯特罗姆一共发表了65首俳句。但俳句里的禅意到处显现:即一个瞬间的场景——一两个意象——打开宇宙之谜。如《十月即景》:"回家路上,我看见钻出草坪的黑墨蘑菇/这是黑暗的地底/一个抽泣已久的求救者的手指。"或《1968年——写于冰雪消融》:"我紧抓住桥栏/桥:一只驶过死亡的巨大的铁鸟。"敏感、敏锐,对事物观察的独到细微,并能由此上升到形而上的高度,创造一种类似"今人不见古时月,今月曾经照古人"的空灵境界,显然是这位瑞典诗人的天才品性。

"缓慢的飓风/从大海图书馆来。/我可以休息。"读到这里,我们不由得震撼了一下。不是被诗中的语言(它简单得不能再简单了),而是被诗中的姿态,一种"采菊东篱下,悠然见南山"的姿态。和所有俳句大师的优秀作品一样,这首诗似乎什么也没有言说。它只用淡淡的一笔勾勒了一种状态,一种人人都有的寻常的经历。但诗已完成,它像大海一般向读者敞开⋯⋯

译　文
夜晚的书页

五月的夜晚,我借着
冰冷的月光登陆

花草灰暗
但芳息绿翠

我沿着色盲的夜
朝山坡上摸去
白色的石头
向月亮传递信号

一段宽五十八年
长几分钟的
时间

我的背后
远离铅色水域的地方
是另一个岸
和统治者

那些用未来
替代面孔的人像做孩子
像做孩子,一个巨大的羞辱
如麻袋套住脑袋
袋子的眼孔闪耀着阳光
你听见樱桃树的哼吟
但无济于事,那巨大的羞辱
裹住你的脑袋,胸部,膝盖

你的身体偶尔活动
但并不因春天而欢悦
闪光的帽子,就让它蒙住你面孔
并从里面向外张望
海湾处涟漪在无声地拥挤
绿叶让大地变暗
——李笠译托马斯·特朗斯特罗姆《夜晚的书页》

寻找气质的吻合：
在翻译《格拉斯医生》的日子里（瑞典语）

王 晔

第一次翻阅《格拉斯医生》时，我的瑞典文才学了一个半学期，就在这谈不上读懂一行完整的瑞典文句子和段落的情况下，我却觉得这书里的文字鲜活、自然、锐利、充满激情——这是惊艳。

后来，在瑞典的日子里，不经意间能看见报纸广告栏里经典话剧《格拉斯医生》再度上演的消息。转换电视频道，也能看见这抑郁的医生格拉斯在晦暗的小屋里徘徊、独白，面对一束红得发黑的玫瑰花。书店当然有这书，车站也有口袋本。广播节目里，谈斯德哥尔摩自然是要谈格拉斯在这座城市的散步的；若是谈毒药，少不了提格拉斯的小药丸，那原本是他为自己准备的，最终却谋害了牧师。

我无法忘记这本书，于是重阅。到这时，我已在瑞典生活了几个年头，也应《万象》杂志稿约，写了些关于瑞典作家的书评，因而翻译了一些瑞典语小说片段和部分诗歌。虽然我个人的兴趣主要在散文和小说的创作，但就是这样一个本无意于翻译的我，决定翻译《格拉斯医生》，因为我喜欢这本书，这本瑞典文学的经典早被译成多种语言，偏还没有中文版，它就在我走过的路上，我无法绕过它。

翻译和阅读自然完全不同，我自以为，首先要逐字逐句地梳理，然

王晔

后要尽量逼真地还原。后来,诺贝尔文学奖评委马悦然教授在给译书写序前阅读译稿,觉得我不可思议地传达出了书的神韵,问我怎么能在相对短暂的时间里领略和传达瑞典文,我只能老老实实地说我的体会,我觉得,自己就像是个演员,手上有一个脚本,我要把脚本好好地读出来。

既然脚本是原有的,就不能有一点点我作为译者的添加和改造。但在忠实原文的前提下,我确实要进入角色,体会主人公格拉斯或原作者瑟德尔贝里的呼吸。

这是很投入的工作,随着翻译的推进,我慢慢有了一种错觉,似乎《格拉斯医生》根本就是我写的,瑟德尔贝里写出了那么多我的心声。在翻译的日子里,我会对自己和家人说,他和牧师太太今天在教堂外的斜坡上见面了;他就要动手了;他已经把牧师杀了。也许,一个我这样的非职业"演员",还没学会把自己的工作职业化,好让自己私人的生活和情绪不受职业影响。但回首看去,这是一个很难得的体验。

翻译和阅读不同,不能绕过任何细小的问题,比如,旧时代的菜单、家具、灯饰、职业名称,等等。翻译小说对知识面有不小的要求,《格拉斯医生》就牵涉到欧洲的音乐、绘画、文学、哲学、宗教、当时的新闻,等等,这对我来说,也是个学习过程。至今,还没有一本能起到翻译参考作用的瑞中辞典,另外,还有些是辞典尚不能解决的问题。我动用了我认知的"知识库",包括隆德大教堂的牧师、瑟德尔贝里协会的主席。比如,有这么个名词"generalkonsul",字面意思是英文的"consul general",但我读上下文,总觉得意思古怪,询问了隆德大学的几个语言博士、教授,他们也语焉不详,说,就是英文的"consul general",找来英文译本核对,确实是这么用的。但英文和瑞典文共有一个拉丁文母亲,英文可直接转用、一笔带过的字眼,中文却没法简单地绕过。最终是瑟德尔贝里协会主席,瑟德尔贝里研究专家舍斯特兰德教授帮我解答了疑惑。这里的"generalkonsul"并不是通常人们领会的"总领事",而是一些和瑞典有来往的国家,给个别在生意圈有影响力的瑞典人的、名誉性的、没有薪水的职位,让他们帮助在瑞典开展贸易活动。这样,上下文才合乎逻辑。

对人名和地名,到底用音译还是意译,很费推敲。我主张音译为主、意译并用的灵活方法。除个别地名有约定俗成的汉语意译,或用意译更贴近情境,多数人名和地名我都采取了音译方式,那是考虑到不如此,从中文反过来译成瑞典文时,不一定能推断出这地名到底是指哪里。书中一家饭店名,师长有个绝妙提议,"弼马温店",但我考虑到这饭店名里和养马有关的内容对上下文并无寓意,只是说明它是当时斯德哥尔摩城里的一家饭店,"弼马温"毕竟是中文语境中的特定词汇,只能割爱,还是用音译。除人名和地名,标点也费考量,瑞典文的标点体系和中文有一定距离,不能完全直接搬用,又不能不尊重原文,只有细细体会原文标点的作用,上下文的语气,在个别地方,采用相应的、更符合中文习惯的中文标点。

翻译,就像是织布,一天天,一句句地,慢慢地变长,变成有形的织物,是一份需要纪律和坚持的工作。这种纪律和坚持,不单用在翻译小说文本,也用在给文本加注释。这本小说注释的工作量并不小,因为它牵涉到欧洲文化背景下的音乐、政治、宗教等,不少对欧洲人不需要过多说明的,对中文读者还是要有一定补充。对一些有象征意味的内容,也还是要在注释中点到。

翻译是项辛苦的工作,若译文好,自然是作者写得好,若译文差,译者难逃批评。翻译也是如履薄冰的工作,读者不会因为其中大部分内容的出色翻译而放弃对个别失误的追究,译者也无法用"错误在所难免"这样的套话来推卸责任。作为译者,除外文能力,所使用的译文能力也许格外重要,惟其如此,才能最好地复现原文吧。

总的说来,翻译《格拉斯医生》是顺畅的。以前,我在大阪大学的导师厚东洋辅先生曾告诫我,作研究时,选择作研究对象的书,要选和自己气质吻合的。说这意思,日文里用到一个"肌"字,从字面看,简直是说要和自己的肌肤吻合呢。我在翻译《格拉斯医生》时,常常记起这句话,很以为然。我也曾翻译瑞典作家莫贝里的小说片段,很喜欢莫贝里的小说,但相比之下,莫贝里的文字更有斯莫兰农村的土地之子的阳刚,而瑟德尔贝里的《格拉斯医生》是很阴柔的,瑟德尔贝里克制而抒情的叙述风格也和我自己的更接近。那是一个罕见的多雪的冬天,但我坐在温暖的室内,用翻译送走了一个又一个北国天色阴郁的日子。

译稿完成,3月的白色的雪滴花也从草地里探出头来,让人的呼吸格外舒畅。我的初衷是能让国内的读者分享译文,后来经由种种因缘,终于出了书。看到印刷精致的书籍,封面还真有那么点格拉斯屋子里黑色玫瑰的效果。——觉得,一切都是那么美,那么有意义。书是8月推出的,样书从中国旅行到瑞典我的家里,已是10月,是格拉斯的故事落幕的季节。我的窗前,枫树叶由黄转红,在摇曳的风中轻轻摆动,每一日都有越来越多的叶子随树枝颤动后,婆娑抖落,虽然秋色很美,格拉斯说得对,"秋在蹂躏着我的树"。

看到中文版《格拉斯医生》,我的熟人、退休记者史蒂格也去读这本让他耳熟、却不曾通读过的经典。不出所料,没几日,史蒂格打来电话,恭良仁厚的他无法欣赏这本书,说:"多么可怕的事。"他怀疑作家本人的心理晦暗。瑟德尔贝里很可能有北国的忧郁,但我以为,无论是格拉斯医生还是瑟德尔贝里,他们是有着最温柔的心的。就像小说里的麦克尔把文人分成三类:思想家、小文人和畜生,他对格拉斯说:"有那么些思想家……他们精巧地将自己伪装在畜生里。他们是最温柔的一种,我一直把你归于其类。"

《格拉斯医生》这部小说,可当侦探故事读,当心理小说看,但对我而言,其中的情爱纠葛和杀人情节,都不过是表面载体,承载的是一颗孤独的、被损害但依然纯洁的、充满向往的心。这颗心因不能忘却的梦和欲望饱受折磨,它的独白,就成了一部格拉斯日记,一份对自我的犀利而感伤的剖白与审判。医生杀牧师的事件是偶然的,但这样的内心孤独和向往,人都不难体会。令人宽慰的是,这苍凉的心的絮语常常和风景一起自然地呈现。它是那么自然,就像这书里写到的日出和月落,河、湖、海,风,雨,雪,生老病死,都让人无法回避,让人看到人力之有限,自然和命运之强大,但人的内心的渴望比自然和命运更强大,以致这颗心可以对世界说:"很快,雪就会来。人在空气中感觉得到它。它是受欢迎的。让它来,让它落。"

译 文

9月9日

我从没见到她。

我常出去一会,跑到船岛,只因为那是我最后一次和她说话的地方。今天晚上,我站在教堂边的高坡上,看太阳西沉。这打动了我——斯德哥尔摩是如此的美。以前我没怎么多想过。你总能看见报纸上写斯德哥尔摩是美丽的,所以人不太注意这个。

9月20日

今天在P太太家的晚餐,让我明白雷奇逼近的订婚已是尽人皆知的事了。

……我越来越不可能与人做伴。当别人跟我说话,我会忘记回答。我常常是根本没听见。我不明白,是我的听力下降了吗?

然后,这些面罩!他们都戴着面罩。并且那是他们最大的长处。我绝不会喜欢他们没面罩的样子。不,也不想展示我自己,不会对他们!

那么,对谁呢?

我尽可能早地离开了那里。我朝家走,渐渐地有些冰冷。夜突然变凉了。我猜,这会是一个寒冬。

我边走边想着她。我回想起第一次她来找我,求我帮忙。她是如何暴露了自己,说出了她的秘密,虽说那是毫不必要的。她的脸颊在那天是如何地热腾腾地泛着红光!我记得我说:这样的事情要保密。而她说:我想说出来。我想让你知道我是谁。——假如现在我走到她那里,说出我的需要,像她曾到我这里来一样。走到她那里说,我实在受不了了,只有自己知道我是谁,戴着假面,总戴着假面,对每一个人!我得向某一个人暴露我自己,得有那么一个人知道我是谁……

啊,我们俩都将只会发疯。

我胡乱地在街巷里走着。我走到了她住的房子。她的一扇窗户点着灯。卷式窗帘没有放下,她不需要。因为街的另一边只是堆了木头的没建造什么的空地,没人会朝里看。我也看不见什么,没有黑色的人形,没有手臂的移动,只有黄色灯光在薄纱窗帘上。我想,她在干什么呢,什么在占用她的时间呢,她在看书吗,还是将头枕在手上,想心事,抑或为夜整理她的头发……哦,如果我在那里,如果我可以和她在一起……躺在那儿,看着她,等待着,当她站在镜前梳理头发,然后慢慢解开她的衣服……但不是像一个开头,第一次,而是一个长久的好习惯里的一部分。一切有开头的,就有结束。而这应该是既没有开头,也没有结束。

　　我不知道我在那里石雕般到底站了多久。一个波动的多云的天空,带着月亮的淡淡光芒,在我脑后慢慢移动,像一个遥远的风景。我冻坏了。街道空空的。我看见一个流莺从黑暗中冒出来,迫近我。半走过我时,她停下步子,转过身,用饥渴的眼睛看着我。我摇摇头,她走开了,融化在黑色里。

　　突然,我听见门锁那儿有钥匙的响动。门开了,一个暗影悄悄冒了出来……那真是她吗……在午夜里出来,没把灯关上……这算什么?我以为心脏在我体内停止了。我想看她是要走到哪里。我慢慢地跟着。

　　她只不过走到街角的邮筒,将一封信递进去,然后迅急地返回。我看见了她在路灯下的脸,蜡一样苍白。

　　我不知道她是否看见了我。

　　她永远也不会是我的,永不。我从没给她的脸颊带来红晕,也不是我,现在让这脸颊如此苍白。她永不会穿过午夜的街灯,带着心头的焦虑,递一封信给我。

　　生活从我身边走过。

　　　　　　　　——王晔译瑟德尔贝里《格拉斯医生》

施辉业：

中荷文学翻译要有针对性（荷兰语）

施辉业　王　杨

荷兰作为主宾国，在第18届北京国际图书博览会上为中国读者奉上了一场全面多元的文化展示，特别是荷兰文学方面的展示和中荷作家的对话令人印象深刻。日前，记者就荷兰文学翻译及小语种翻译等相关话题，采访了我国知名荷兰语译者施辉业先生。

记者（王杨）： 在中国的外国文学图书市场上，为大众所熟知的荷兰作家和作品似乎并不多，这种现象是否与荷兰本身的文学状况和我国荷兰语翻译方面都有关系？请您简要介绍一下我国荷兰文学翻译的历史和现状。

施辉业： 荷兰是世界上第一个资产阶级共和国，是现代资本主义的摇篮，在政治、经济、科学、文化、社会等方面，都对世界做出了重大贡献，后来成为世界的老牌帝国主义国家。虽然其帝国现在没落了，但它仍然是世界上最发达最现代化的国家之一，这一切都在其文学作品中有所反映。

16世纪中期的《荷兰独立宣言》是后来美国独立宣言的榜样。当时，许多文学或半文学作品，包括爱拉斯谟、斯宾诺莎、笛卡尔、克劳修斯、冯德尔、惠更斯等的作品，不仅为资本主义社会和现代市场经济制度的创建和发展做了思想准备,还记录了那个时代荷兰人的思想和生活变化,对于当今的许多发展中国家仍有一定的参考价值。

19世纪中期发表的批判殖民主义制度的《马格斯·哈弗拉尔》是荷兰文学的里程碑,也是当时世界上影响最大的3本书之一。它至今仍然被认为是荷兰最重要的文学作品。此外,《马格斯·哈弗拉尔》是用"白话文"写的,它启动了荷兰的语言改革。

20世纪的荷兰文学一直很活跃,

施辉业

但真正的高潮是在第二次世界大战前后。最著名的书当然是犹太姑娘安妮·弗兰克的《安妮日记》、共产党作家图恩·德弗里斯的《红发姑娘》、穆利斯的《暗杀》等反法西斯题材的作品。值得一提的是"忙碌的蜜蜂出版社",它的前身是一个只有两三个人的小地下抗德出版社,现在已发展成为荷兰的主要出版社之一。它出版的第一部作品是配图诗歌《十八个死者》,是为纪念在"二月大罢工"中牺牲的18位烈士和谴责德国法西斯而创作的。

"二战"后的荷兰不乏关于后现代主义社会里人与社会的关系、人与自然的关系、人们内心世界等问题的文学作品。其中不少作品表现进步或"左"倾的倾向,有的对欧洲的前途深感悲观,也试图从各个方面寻求出路。除此之外,荷兰的非虚构作品非常丰富,质量比较高,一般写得通俗易懂,常有一些独特的观点和主张。其中包括政治类、社会科学类、道德伦理类、自然科学类、科普类等作品。荷兰当然还有非常多既富有想象力又富于深刻教育意义的儿童文学作品,还有连环画作品、图画小说、散文、小品、剧本,等等。在"消遣性"和"娱乐性"作品中,有大量的"医生小说"(类似琼瑶小说的作品,因为小说里的女孩子都追求医生而得名)、游记、传记、侦探小说等。其中汉学家、外交官、作家高罗佩创作的《大唐狄公案》十分著名。应该说,荷兰的文学作品极其丰富,质量也很高,不仅有很高的知识含量,而且很多也具有文学之美。

但是,荷兰文学在世界上的地位和影响远远比不上英、法、德、美、俄等国的文学。从来没有荷兰文学家获得过诺贝尔文学奖,这是事实。原因是荷兰文化和荷兰语的影响有限;荷兰小说讲述的问题往往"很荷兰",很难吸引外国读者的兴趣;荷兰并没有形成具有独特风格、持有独特哲学或思想的作家;荷兰是典型的重商主义国家,以前不重视自己文化在国外的宣传和传播等。

荷兰与中国的直接交往有400多年了,但双方的文学交流是很晚才启动的。荷兰人较早开始研究和翻译中国的一些作品,而中国人研究和翻译荷兰作品是20世纪的事情。据说,鲁迅和茅盾曾经转译过荷兰的短篇作品。20世纪80年代中期《马格斯·哈弗拉尔》的翻译是个起点。但在90年代中期这项工作停滞了。原因是从那时起,中国出版社必须考虑花钱买版权和图书利润了,而荷兰书很难带来利润。当然还有政治和文化因素,例如两国政府都不过问,文化差距也很大,我国长期不培养荷文翻译。

荷兰倒是注意了上述问题。为了促进荷兰文学作品的翻译、出版和销售,荷兰成立了荷兰文学创作和翻译基金会。该基金会主要是在欧洲范围内活动。资金来自政府、企业和欧盟。几经努力,打开了局面,荷兰作家和作品在欧洲其他国家很受欢迎。有的作家在外国比在荷兰本土还出名和受欢迎。

2005年,中国的崛起引起了荷兰的注意,基金会决定加强与中国的联系。通过参加北京书展,广泛联系出版社和翻译家,中国出版社已购置了数百本荷兰书籍的版权,翻译了约100本书(当然,与每年翻译300本荷兰书的德国相比还差得很远),绝大多数书是从英文或其他语种转译的。我自己目前已经翻译了基金会提供的30本书。荷兰今年担任北京图博会主宾国后,这个事业将得到进一步的推动,但大的进步还需要假以时日。

记者:您一直从事荷兰语译介工作,翻译过社科、文学、文化类的不同作品,比如儿童文学图书《乙乙和丫丫》、传记作品《大汉学家高罗佩传》等,翻译工作是一项比较清苦的工作,需要译者的细心、耐心和恒心,您为什么选择长期从事翻译工作,做翻译都有哪些感触可以和我们分享?

施辉业:我是在几代侨居国外的华侨家庭出生的,小学、中学、大学都是用外语读的,1961年19岁回国时才开始使用中文,后来懂得中文是在上大学和工作时自学的,水平一直很低。所以我翻译荷兰书籍首先是为了提高中文。其次,我想通过翻译有价值的荷兰书籍丰富我对荷兰社会乃至西方社会的认识,提高研究工作水平。再者,我想以高质量的翻译作品对改革开放的中国社会做点贡献。实践证明我的想法很有效,荷兰政府和文化界非常肯定我的努力,中国出版界、媒体和广大读者的反应也很积极。做翻译工作还有其他的收获,例如培养毅力品德,结交很多新朋友,也是很大的享受。

记者:您觉得文学、文化翻译和其他类型的图书翻译有哪些不同,或者说,两种文学、两种文化之间的相互翻译有哪些独特的魅力?

施辉业:文学、文化翻译注重的是文字上的美。译者必须有很高的中文修养。在这点上我很欠缺,所以想在翻译中虚心向编辑和读者学习来提高水平。非虚构作品(科学、科普、技术、游记等方面)的翻译往往是以知识含量高为主要特点,注重的是准确性。如果译者知识面较窄,翻译这类书籍就很困难,而且会出错和出洋相。当然,前者的稿酬常常大大低于后者。

记者:在您看来,对于文学翻译工作者而言,哪些素质是必须具备的?

施辉业:首先是要具有选择题材的素质。要多出对国家文化发展有益和对我国读者的文化素质提高有益的产品。

其次是业务水平要好。这包括外语(最好是几种外语)、中文、对外国和中国社会的认知和理解,都要有一定水平。翻译是不断学习的过程。不要认为自己外语较好,就是个好翻译,因为没有丰富的知识和经验,还是出不了高质量的译品。

第三是要胆大心细,但也要谦虚谨慎。要敢于翻译,但要随时准备接受意见和修改作品。对文学作品美与不美的评判是有主观性的,要经常听读者的评价。要实事求是,另外还要诚实,要对作者、对读者负责,不懂就是不懂,千万不能不懂装懂。所有的译文都必须经得起推敲。

第四是要有毅力,要敢于克服困难。不认识的外语词或者一时想不出来的中译文,要反复深入查阅,甚至向专家和他人询问。有时要为了一两个词辛苦几天!

记者:我了解到,除了荷兰语之外,您还精通英语、德语等语言,您是如何看待转译的?比如有很多作品都不是直接从原文翻译的,而是通过英译本、德译本等,这样转译成中文,会对中国读者接受产生什么样的影响?

施辉业:荷兰书籍很多都翻译成英文、德文、法文等语言,翻译质量一般比较好。但是,因为英国、德国、法国等毕竟与荷兰还是有许多差别的,译本一般也会有一些东西与原著是不一样的。读者肯定希望看到根据原著翻译的作品。所以我认为,翻译荷兰书籍,应该尽可能翻译荷兰文原著,但可以参考其他语言的译本。这也是我常用的方法(正因此我知道转译是会出错的)。但是,因为外国没有几个能够翻译荷兰书籍的人,出版社选择转译的方式,也是可以接受的。

记者:目前,很多小语种专业都面临着人才青黄不接的现象,特别是翻译人才,有人认为这会影响我们与小语种国家的文化交流;也有人认为世界一体化,我们可以通过通用语言比如英语等来沟通和相互了解,您怎么看待小语种翻译人才所面临的种种问题,有何建议呢?

施辉业:如何才能让外国文学的翻译事业繁荣起来?如何不断丰富与世界的文化交流?我觉得问题很复杂。首先是出版社面临很多新问题。如何调动它们的积极性?出荷兰书籍不能赚钱,我们不能强迫出版社出。荷兰文学基金会做的事情够吗?起作用吗?很有限!至于译者队伍的组织和培养问题,其实近几年来大学培养了大量的荷兰文人才,但质量如何呢?培养一批合格的翻译是很大的工程。谁来抓?还有读者的组织和培养问题。大众不如以前爱看书,而更爱看电视看电脑。我们如何让读者喜欢荷兰文学,这也需要做很多工作。当然,关心荷兰文化和文学的人也会慢慢多起来,但除此之外还需要更有针对性的工作。目前做这种工作的人还太少太少。如果问我有什么建议,我觉得要抓以上几方面的工作,政府、学校、研究机构、媒体、社会团体、文化机构、书店、出版社等都可以动员起来。

另外我觉得,世界的全球化和一体化并不意味着将用一种文化取代各国文化。虽然英文的地位越来越高,但不会完全取代各国的语言。相反,大家越来越重视人类文化的多样性,生活的多样性和文学的丰富性。我国应该而且也会重视小语种的翻译。

译 文

1910年8月9日,在荷兰的祖特芬市出生了一个男孩,他的名字叫罗伯特·汉斯·范古里克(Robert Van Gulik),他就是后来享誉中国的《大唐狄公案》作者高罗佩。他父亲在这里负责重组皇家荷属东印度(现为印度尼西亚——译注)军队在荷兰的医院。

高罗佩在自传稿里写道,他祖父威廉·雅各布斯·范古里克(1834—1910)是家族中第一个对东方感兴趣的人。祖父说,这是因为自己坚信来生都能够转世。那个年代电工技术是相对新的一门科学,祖父坚持自学,当上了乌特勒支市中心邮局一名熟练的技术员。他祖父的一生完全由宗教信仰主导,痴迷招魂论,据说由于他不停地忙于无线电通信,对"与看不见的世界建立联络"深感兴趣。他成立了维里塔斯(Veritas,拉丁文,意即"真理"——译注)招魂论同盟,举办报告会,撰写大量关于该主题的文章,将自己大部分业余时间都用于现在称为心灵学的实验。在别人的描绘中,祖父的面貌给人以深刻印象:不苟言笑,身材魁梧,且能预言未来。祖父常常住在古老而美丽的拉维斯坦教区他姐夫即知名神学家夸克牧师的家里,在那儿他们经常彻夜讨论超自然现象。

高罗佩的祖父酷爱东方艺术,尤其是日本和中国的漆器。这种对东方文化的兴趣,影响了他的两个儿子和两个孙子即高罗佩的哥哥和高罗佩本人。高罗佩父亲与祖父同名,也叫威廉·雅各布斯,父亲在乌特勒支市攻读医学,对动物学和生物学课程着迷,但在他性格中也有明显的军人特点。因此,在通过了医学院毕业考试后,他进入了皇家荷属东印度军队医疗服务机构工作。在那个时期他遇到了贝尔塔·德吕伊特尔,她后来成为他的妻子。贝尔塔的父亲是阿内姆市商人，母亲出身于一个培养过天才音乐家和画家的德国家族。

1897年，父亲威廉作为皇家荷属东印度军队医疗团上尉被派到了荷属东印度，他和妻子在那里居住直到1909年，在那里他们生育了四个子女。回到荷兰后，他们在祖特芬市库霍伦路58号安了家，高罗佩就在这里出生。当高罗佩三岁时，全家搬到了奈梅根市，因为殖民军最大的医院设置在这里。

孩提时代的高罗佩从他哥哥们那儿听到许多荷属东印度的丰富多彩扣人心弦的故事，那是他们在荷兰不准做也不能做的事情，以致对他来说，"荷属东印度"这个词就有了一层神秘的色彩。他父母亲也向往回到那遥远的国度，他们爱上了那里，尽管最初母亲在那儿的生活并不容易。

那里天气潮湿而闷热，社会交往很繁忙，有陌生的仆人和语言，还有千奇百怪的她不习惯的事情，例如，起初母亲穿的印尼式围裙老是往下滑落，发髻也很难保持整齐。在母亲几乎还没有适应异国新生活的动荡日子里，全家就又要搬迁，而且不止一次，她先后生下了三个儿子和一个女儿：威廉·雅各布斯，1897年6月15日在巴塔维亚（现为雅加达——译注）出生。彼特·约翰内斯，1898年6月15日在巴图查查尔出生。本·阿道尔夫，1899年7月31日在巴塔维亚出生。贝尔塔·里娜，1905年5月18日在望加锡（现为乌戎潘当——译注）出生。

除此之外，高罗佩的母亲不得不常常独自面对困难。丈夫在苏拉威西岛南部波尼地区参加征伐，后来还参加了亚齐战争。因为他英勇善战，留着大胡子，外貌颇似一位壮士，他被人称为"哥萨克人威廉"。在整个军旅生涯中，他一直保留了这个绰号。

——施辉业译 C. D. 巴克曼、H. 德弗里斯《大汉学家高罗佩传》

译路坎坷通天方（阿拉伯语）

仲跻昆

自1956年上大学算起，我与阿拉伯语言、文学打交道，至今也有半个多世纪了。其间，除了教学、科研，也零零星星地翻译过一些阿拉伯古今的诗歌、散文、小说……

读过阿拉伯历史或是阿拉伯文学史的人都知道，当年，中古时期，特别是地跨亚非欧三大洲的阿拉伯阿拔斯王朝初期的文化、文学是何等风光，何等辉煌！它可与我国盛唐时期的文化、文学媲美。阿拉伯文化、文学源远流长，它承前启后：上承古埃及文明、两河流域文明、迦南－腓尼基文明，下启欧洲文艺复兴。它贯穿东西：融印度文化、波斯文化、希腊－罗马文化及其本身的阿拉伯－伊斯兰文化于一炉，通过丝绸之路、香料之路，东接中国；通过西西里岛、安达卢西亚，西达欧洲。那时的阿拉伯语颇似今日的英语，是国际交流的通用语；求贤问业的学子也往往负笈云集于巴格达等地。中古时期的阿拉伯文化、文学曾让西方的东方学者们为之倾倒赞叹。近现代的阿拉伯文学在传承经典、借鉴西方的基础上，渐与世界文学潮流同步发展。一些诗坛巨匠、文坛巨擘，在我看来，并不比西方的一些著名诗人、作家逊色。但长期以来，阿拉伯文学在我国的翻译、介绍，无论在数量上，还是在质量上，却都远不够理想。

我常常为阿拉伯文学在中国的境况、地位感到不安、不平：长期以来，受"西方－欧洲中心论"的影响，人们提起世界文学、外国文学，似乎指的就是西方文学；许多冠以"世界"、"外国"的文学工具书、文学史中，东方文学不是只字不提，就是只是点缀；书店里琳琅满目的也大都是欧美文学作品。东方文学在我们这个东方大国没有得到应有的重视，对东方文学的译介远不及对西方文学的译介。而在东方文学中，对阿拉伯文学的译介又远不及对日本、印度文学的译介。

仲跻昆

从阿拉伯文译成中文的工作虽早在19世纪就已开始，但只是翻译了《古兰经》部分章节和蒲绥里的《天方诗经》等。1949年中华人民共和国成立前，绝大多数的中国读者对阿拉伯文学的了解仅限于《一千零一夜》（《天方夜谭》）的片段故事，那是部分学者在20世纪初从英文或日文译本转译过来的。茅盾先生于1923年从英文译的纪伯伦的几篇散文诗，冰心先生于1932年译的纪伯伦的《先知》（原著为英文），是我国对阿拉伯现代文学最早的译介。多半是据英国学者约翰·德林克沃特的《文学纲要》编译而成的郑振铎（西谛）先生的《文学大纲》（1927年），在上下两册共约2200页篇幅里，对阿拉伯文学的介绍只占25页，算是当时我国对阿拉伯文学最全面、系统的介绍了。

解放后，特别是20世纪50年代末、60年代初，阿拉伯各国人民的反帝国主义、反殖民主义的民族解放运动风起云涌。为了配合当时中东政治形势的发展,为了表示对兄弟阿拉伯人民正义斗争的支持,当时在我国出现了介绍阿拉伯文学的第一次高潮,翻译出版了诸如《埃及短篇小说集》《黎巴嫩短篇小说集》《阿拉伯人民的呼声》《约旦和平战士诗歌选》《流亡诗集》等阿拉伯文学作品。但这些译作多半是从俄文转译的,直接从阿拉伯文译成中文的文学作品则是凤毛麟角。

还有一点要说的是,当年做教师的搞翻译似乎被认为是"不务正业",是"追名逐利,搞个人名山事业,妄图成名成家的个人主义行为",每逢政治运动一来,必定要受敲打,要深刻检讨,把自己臭骂一番才行。所以,我除了1961年毕业那年翻译了叙利亚一位女作家的短篇小说在《世界文学》发表后,直至"文革",没再敢自找麻烦,自讨苦吃。

"文革"后,长时间的文化封锁禁锢使读者对文化、文学的需求如饥似渴,对外国(当然包括阿拉伯世界)文学的译著尤甚。因而,20世纪80年代初开始的改革开放,带来了阿拉伯文学译介在我国的新兴。

为了打破"西方－欧洲中心论",自20世纪80年代初开始,在我国的高等院校,特别是师范院校的中文系开设了东方文学史课,1983年还成立了"东方文学研究会"。众所周知,阿拉伯文学是东方文学的重要组成部分,东方文学史课的开设,引起教的人和学的人对阿拉伯文学的浓厚兴趣,这无疑也在一定程度上促进了我国对阿拉伯文学的译介。

我正是在20世纪80年代初,从埃及开罗大学进修回国后,开始由教阿拉伯语言课转为教阿拉伯文学的。1987年中国外国文学学会阿拉伯文学研究会成立后,我被推选为主要负责人之一,并任阿拉伯文学研究生的导师。在这种情况下,译介阿拉伯文学无论如何已经成为我一件责无旁贷、义不容辞的事了。

我常想起古代楚国那个为献玉璞被人讥笑、又被砍去双脚的卞和。他的悲剧主要在于所献的是璞,未经雕琢,难免被人误认为是石头。后经雕琢,成了璧,不就价值连城,为那个蔺相如成为英雄创造了条件吗?在我看来,阿拉伯文学也不啻是世界文学宝库中的一块瑰宝,我们要想方设法把这块璞玉雕琢成璧,献给中国人民。这种雕琢过程就是翻译。

歌德说过:"翻译家好比是热心热肠的媒婆,他们极口称赞那个半遮半掩的美人,赞赏她的姿色,以便引起人们对原著的不可抑止的思慕。"

这句话说得太对了。其实我早就想做一个热心热肠的媒人,将自己眼中最美心中最爱的两种文学竭力撮合,联姻成亲;竭尽全力,把璞玉雕琢成璧。

我最初是或独自或与同仁合作,译了一些小说,如黎巴嫩的《努埃曼短篇小说选》、沙特阿拉伯赛义德·萨拉赫的《沙漠——我的天堂》、埃及伊·阿·库杜斯的《难中英杰》《库杜斯短篇小说选》、纳吉布·马哈福兹的《米拉玛尔公寓》《埃及现代短篇小说选》等;还译了纪伯伦的《泪与笑》《大地的神祇》等散文和《一千零一夜》的一些故事。

但阿拉伯是一个诗歌的民族。诗歌被认为是阿拉伯人的史册与文献。它像一面镜子,真实而生动地反映了阿拉伯民族的历史与社会现实。诗歌始终是阿拉伯文学的骄子:佳作珠联,美不胜收;诗人辈出,灿若星汉。在中世纪的世界,如同只有中华民族的文化可与阿拉伯-伊斯兰文化相媲美一样,也只有中国的诗歌可与阿拉伯诗歌相媲美:两个民族的文学都以诗歌为主体;诗歌又基本上是抒情诗,都讲究严谨的格律、韵脚;诗歌的内容、题旨也很近似。当年阿拉伯诗歌在阿拉伯文学史上的地位及其对周边国家、地区以及对西欧的影响,与唐诗、宋词在中国文学史上的地位及其对周边国家、地区(如日本、朝鲜、越南等)的影响极为相似。

我先是参与季羡林先生主编的《东方文学史》工作,负责撰写阿拉伯文学史部分,后又先后独自编撰《阿拉伯现代文学史》与《阿拉伯文学通史》,这就免不了要介绍阿拉伯的诗人、诗歌,但如果只是笼统地、抽象地说那些诗人、那些诗歌是如何如何好,却毫不引述人家的作品作例证,或是引述时将人家的原诗译得一塌糊涂,那岂不忽悠了读者也难以自圆其说?所以,我开始尝试阿拉伯诗歌的翻译。

译事难,译诗尤难,犹如戴着枷锁跳舞。阿拉伯语与汉语是世人公认的两种最难学的语言,故而,如果我说翻译阿拉伯诗是难上加难,这大概不能算是危言耸听,过甚其词。诗究竟是可译还是不可译,译界历来有争议。我认为大部分诗还是可译的,只是觉得不好译,译不好。但如前所述,对于我来说,这却是推脱不了的事。我只能硬着头皮去译,且要本着自己在翻译时的一贯主张——"既要对得起作者,也要对得起读者",即译出的诗句既要基本忠实原意,还要中国读者读起来像诗,有诗的味道。

诗歌讲究"三美":意美、音美、形美,古体诗尤甚,中阿诗歌皆然。译出的诗歌既然想要让中国读者读起来也像诗,那就得按这个标准去努力,去衡量。据此,我译出了《阿拉伯古代诗选》,其中选译了阿拉伯古代130多位诗人的400余首诗。此外,还在上述的《东方文学史》《阿拉伯现代文学史》《阿拉伯文学通史》中译出不少引述的诗。我自信在翻译过程中还是下了一番功夫的,因此结果也颇令我感到安慰。

如译艾布·努瓦斯玩世不恭的咏酒诗:"酒袋摆一边,/经书共一起。/美酒饮三杯,/经文读几句。/读经是善举,/饮酒是劣迹。/真主若宽恕,/好坏两相抵。""玻璃薄薄酒清湛,/两者相似难分辨。/好似有酒没有杯,/又似无酒在杯盏。"译艾布·阿塔希叶的劝世诗:"安在角落里,/乐把大饼啃;/一罐清凉水,/权当琼浆饮。/陋室虽狭窄,/幽然独栖身;/世外小寺院,/正好避世人。/依柱坐下来,/潜心做学问;/往事须反思,/亦可引为训。/胜似宫院中,/奢靡度光阴;/死后受惩罚,/身遭烈火焚。/此为我叮嘱,/谆谆且殷殷;/谁若遵奉此,/幸福享不尽。/劝君听良言,/悯世乃我心。""人生在世皆会亡,/不分市井与君王。/纵然富有亦无益,/即使贫穷又何妨?"又如译伊本·鲁米描述一个清晨炸馓子老人的诗:"他坐那里颇疲惫,/不忍看他太劳累。/他炸馓子晨光里,/皮薄中空像芦苇,/锅中滚油何相似?/恰如传说炼金水。/面团如银手中出,/变成金网何其美!"这些译诗颇似我们传统的"五言诗"或"七言诗"。

但我在译诗时,绝不想削足适履,单纯为了追求"五言"、"七言"而以辞害意。因为有时诗句过短,意思表达不清楚,那就不如诗句长一些。如我译穆斯林·本·瓦立德的怨世诗:"他们既不清廉又不高尚,/纵然居于我上又有何妨?/烈火上面总是冒有黑烟,/尘土也常落在骑士盔上。"穆太奈比的矜夸诗:"活,不能碌碌无为苟活在世,/死,不能窝窝囊囊不为人知。/纵然在地狱也要去追求荣誉,/即使在天堂也不能忍辱受屈!"艾布·泰马姆的哲理诗:"真主若想宣扬不为人知的美德,/就为它安排好了忌妒者的口舌。若不是火能焚烧它近旁的东西,/沉香木的芬芳岂能为人们晓得?!"

当然,也不必每首译诗都要每句字数一样,长短一齐。如我译乌姆鲁勒·盖斯和祖海尔的《悬诗》,每首都长达 100 多联句,译成一韵到底已属不易,实在不能做到每句长短一致。

现当代的自由体新诗,外表看起来似乎长短不一,也不太押韵,但实际上还是很讲究音步、节奏,且有宽松的韵脚。阿拉伯好的新诗诗人往往都有深厚的传统古诗的功底,因此,译起来也要倍加斟酌,马虎不得。如译尼扎尔·格巴尼的情诗:"你数吧!用你两手的十指:/第一,我爱的是你,/第二,我爱的是你,/第三,我爱的是你,/第四,第五,/第六,第七,/第八,第九,/第十,我爱的还是你。"阿多尼斯的咏志诗:"先生,我知道断头台/在等待着我,/但我是诗人,我喜欢髑髅地,/我崇拜火……"

虽是硬着头皮,我还是喜欢译诗的。译后总要反复读几遍,尽力让它琅琅上口。纪伯伦的《泪与笑》,原文是无韵的散文,我尽力把每篇译成有宽松韵律的散文诗,读起来更上口,更美一些。这大概与我自己自幼喜欢诗,并在中学时喜好朗诵有关。

译　文

诗　人

是联结现实与未来的一环;是干渴的灵魂掬而饮之的甘泉;是硕果累累的大树,长在美的河岸边,供饥饿的心灵饱餐;是夜莺,在语言的枝叶间鸣啭,令人击节称叹;是云霞,朝出天边,继而扩至满天,降下甘霖,滋润人生的田野,使百花争艳;是天使,被上帝派遣下凡,教人们懂得神的灵感;是油灯,光辉灿烂,黑暗不能同它较量,器物也无法将它遮掩,是爱神阿施塔特为它添油,是乐神阿波罗将它点燃。

他孑然一身,形单影只,以淳朴为衣,以温柔为食;他坐在大自然的怀抱,学习如何创造;人静更深,他却彻夜不眠,期待着灵感的降临;他是一位农夫,把心灵的种子撒在情感的园圃,于是五谷丰登,供人类收成、享用。

这就是诗人:他在世时,人们对他不闻不问;而当他辞别这个世界,返回天界故乡时,人们才懂得他的价值,知道他的身份。这就是诗人:他的气息好似云蒸霞蔚,使整个天际充满了蜃楼美景,栩栩如生、壮观、绚丽;而人们竟对他吝啬到使他得不到一块面包糊口,找不到一席地方安睡。

世人啊！要到何时，你们能用荣誉筑起宫殿，让那些用自己的心血去浇灌大地的人们住在里面？要到何时，那些牺牲自己最美好的一切，献给你们安宁与柔情的人们，能不再遭你们冷眼相看？世界啊！那些杀人凶手，奴役人民的暴君，受你尊敬，被你捧上了天；而对另一些人，你却视而不见，丢在一边——这些人让你在黑夜中睁开慧眼，教你如何观赏绚烂的白天；他们为了让你享受幸福，尝到甘甜，自己一生受尽了苦难，尝尽了辛酸。这种黑白颠倒还要持续到哪一天？

　　诗人们，你们是生活的灵魂。岁月虽然坎坷，充满艰辛，但你们却永葆青春，与世长存；虚情假意的荆棘没有刺伤你们，你们终于赢得了桂冠，永远永远地占有了人们的心！啊，诗人们！

　　　　　　　　　　　　　　——仲跻昆译纪伯伦《泪与笑》

译诗感悟(阿尔巴尼亚语)

郑恩波

　　7年前就已经译好、定稿的德里特洛·阿果里诗选《母亲阿尔巴尼亚》,近日问世了。这是我46年用血汗凝成的结晶,在近半个世纪的辛勤劳作中,我深深地体会到,翻译阿尔巴尼亚诗歌,的确是一件十分艰难、需要付出全部精力、只有愚人才肯干并有可能获得成功的事情。

　　阿果里是阿尔巴尼亚文坛上成就最为卓著、影响最为深广的大诗人、大作家,阿尔巴尼亚文学评论界权威人士称他的文学成果至少能代表阿尔巴尼亚当代文学成就的一半。为了精选、翻译一本足以反映这位诗坛大家半个多世纪诗歌成就的诗集,我反复认真地赏读了他多年来赠送给我的15本诗集,从他的几千首短诗和几十部长诗中仔细筛选出从内容到形式都很有代表性的精品,以求反映阿果里诗歌创作的全貌。

　　阿尔巴尼亚诗歌具有以叙事抒情的特色,尤其是阿果里那部3000余行的《母亲阿尔巴尼亚》,更是一部风光独具的叙事－抒情长诗。阿尔巴尼亚这个历史悠久的古老国家千百年来的许多重大事件和著名人物的光辉业绩,在这部令人着迷的杰作里,几乎都有绘声绘色的描绘,为了译好阿果里的诗歌,我又重温了阿尔巴尼亚历史、阿尔巴尼亚劳动党历史、英雄人物小传、全部游击队歌曲和各个突击旅的进行曲,因此,在翻译过程中,没有因为不懂历史、传说、典故而闹出笑话,相反,顺畅无阻的笔端,总是自然地迸发出不可遏止的激情。写到此处,我情不自禁地想起几年前读过的一部从英文转译的当代阿尔巴尼亚小说,译者因为不懂阿文,居然把Kanun(法典之意)一词音译成"卡农"。还有,Kullë一词意为"石楼",译者不懂这个意思,更没见过这

郑恩波

种极具民族特色的阿尔巴尼亚民间的农民住宅,便照英文音译成"库勒",造成又一大笑话,让读者仿佛坠入云里雾里。总之,文学与历史是一对孪生兄弟,要译好一个国家的文学作品,非了解该国的历史以及与此相关的世俗典故、风土人情不可。

在各种形式的文学作品中,诗最难译。我觉得译诗的人理应也是诗人,若不是,至少也应当懂得写诗作歌的要领和章法,正如高莽先生在为《母亲阿尔巴尼亚》所写的序言中说:"文学翻译不易,诗歌翻译尤其难。它要求译者要具备较高的汉语与被译语种的语言文学修养,最好自己是个诗人。如果不是诗人,但起码也要懂得写诗作歌的常识,其中诗歌的音乐感尤为重要。诗歌,诗歌,凡是诗皆能歌。我国的古典诗词是这样,各种地方戏的唱词更是如此,无韵无律的唱词是难以吟咏的,难以引起听者共鸣的。"我国古典诗词,无论是公元前的《诗经》,南北朝乐府,还是诗艺鼎盛的唐诗、宋词,都能够吟咏歌唱,至于后来千姿百态、争妍媲美的元杂剧和各种戏曲的唱词,更是无一不能吟唱。要能吟唱,就必须合辙押韵,否则是唱不出口的。诗词、戏曲吟唱的特质,决定了它们具有一种朗朗上口、悦耳动听的音乐性。我自少年时代就喜欢说快板、表演

双簧,后来又对诗词产生了浓厚的兴趣。46年前在阿尔巴尼亚读书时,带到那里的文学书籍甚少,但床头柜里始终有郭小川的《昆仑行》、贺敬之的《雷锋之歌》、严阵的《竹矛》陪伴着我,慢慢的诗歌的13道辙韵便钻进我的脑海中。阿尔巴尼亚古典诗歌和绝大多数现代诗歌,也很讲究押韵,读起来铿锵悦耳、起伏流畅,犹如唱歌一样。出色地继承并发扬阿尔巴尼亚诗歌优秀传统的阿果里诗作无一首不押韵,于是我便根据他每首诗的内容选择不同的"宽韵"和"窄韵"进行翻译,短诗每首一韵到底,长诗每一节或几节一韵,诗人的成名作,也是代表作之一长诗《德沃利,德沃利》充满圣洁、奔放的恋土爱国的情感,因此,我选用了"人辰"宽韵,而且一韵到底,使全诗从头到尾音调高亢,情绪激昂,具有雄壮豪迈的气势。其他几首长诗,我也都是运用了"江阳"、"中东"、"发花"等宽韵,与这些诗健康向上、积极奋进的基调相吻合。"灰堆"、"一七"、"姑苏"等闭口窄韵有利于表现深沉悲愤的感情,在本诗集中我也力争稳妥、得体地加以运用。例如,为了准确表现诗人在《小马驹》一诗中流露出的哀恸、婉娓的感情,我选用了收音不响亮的"一七韵",比较恰当地体现了诗人宽厚、善良的人性。

  阿尔巴尼亚语是只有七八百万人讲的小语种,尽管它很优美,很形象,讲起来也很好听,但同汉、俄、英等大语种相此,词汇量相对少一些,一词多义的现象相当普遍。例如,最常用的动词"Bëj",在阿语词典上共有39个意思,另外还有与它组成的上百个固定词组。再如形容词"(i, e)bardhë",初学阿语的人,只知道它的一个意思"白色的",其实它还有10个意思,其中一个是"温和的,幸福的"。上个世纪70年代中期,北京外文书店里只出售阿尔巴尼亚文学书籍,其中有著名小说家雅科夫佐泽的长篇小说 *juga e bardhë*,正确的译法应该是《幸福之风》或《温和的风》。外文书店系统无一个阿语翻译,有位自学了一点阿文的人不知道

"(i,e)bardhë"还有"温和的,幸福的"一讲,另外还把"juga"(温和的风,从南方刮来的湿润的风)误认为"jug"(南方),于是便将这本在阿尔巴尼亚家喻户晓的名著错译成《白色的南方》,不能不说是一大憾事。

阿语中多义词很多,译者必须对此下大功夫。把一个词的多种意思全背下来,很难做到。但是,不想当然地信手定稿,遇到困难之处多翻翻词典,总是可以做到的。青年时代在阿尔巴尼亚读书时,连阿语词典都没有,只能是老师教给你多少,自己记下多少,学得的语言知识局限性很大。近20年来,情况大为改观,上、下两册比砖头还要厚得多的阿语词典总共约41000个词,对我的文学翻译着实帮了大忙,再加上一本稀有词汇词典,更是让我在翻译过程中遇难不惑,喜上眉梢。

一个好的文学翻译,必须时时注意提高对母语和本国文学的修养。我虽然自中学时代起就酷爱文学并常有习作见诸报刊,但毕竟不是中文系毕业,若干年过后,自己的文字表达能力比中学时代的一些文友落后了很多。为了译好外国文学作品,提高语言表达能力,几十年来,我一直关注和跟踪中国文学。前面提到的那些大诗人的精品佳作,孙犁、赵树理、刘绍棠、刘白羽、魏巍、袁鹰等名家的小说和散文,都是我从事写作与翻译的必读书。这些文学大家的经典之作,不仅丰富了我的词汇量,也开导我如何遣词造句。在他们朴素、准确、生动、活泼、形象并富有音乐感的语言影响熏陶下,我对词汇的驾驭、诗韵和声调的把握,有了明显的长进。

"信、达、雅"一直是我从事文学翻译的最高准则,其中"信"这一点是必须做到的。我在翻译中努力做到不漏一个词,也不随意增加一个词,有时因为内容的表达非增加一或两个词不可,但总的内容不许改变。根据韵辙的需要,有的诗行可以上下有所变动;一行诗中的词序,也可以前后有所更改,但整个内容不能有半点儿变异,这是铁的原则。我觉得文学翻译如同体操运动员在平衡木上表演,运动员体态再轻盈、再秀美,表演的动作再干净、再敏捷,但必须是在窄窄的长度有严格限制的平衡木上进行,一不小心掉下来,便会前功尽弃,即使美如天仙,也休想得到满分。文学翻译亦然,译者的文字再华丽、再精彩,但如果脱离了原著,自己不负责任地大段删节人家原有的诗行、段落,或随心所欲地添枝加叶,都只能是赝品,为译界所不取。

"达和雅"是对译文更高的要求,也是我几十年来在翻译工作中孜孜追求的目标。对自己的译文不要匆匆发表,要反复琢磨、推敲自己译出的每个词、每个句子、每一行诗,然后读给有足够文化修养的朋友听一听,得到他们的认可才算合格。学习、欣赏译坛大家曹靖华、戈宝权、草婴、高莽、卞之琳等人的译文,多年来一直是我的必修课。我用心地学习他们用词的雅气、风采和神韵,从而甩掉自己习惯了的僵滞呆板、毫无生气的陈词滥调的羁绊。

一个译者不是什么作品都能译好的,译者要对原著及其作者有较深入的了解和深刻的理解,选择的作品的风格、艺术特色,尽量要与自己的气质、修养相吻合,这样,翻译时,自己的心灵才能与原作的感情互动、共鸣,进而笔下生花。否则便会伸不开手脚,总有一种隔靴搔痒之感。

记得当年在北大俄语系读书时,老系主任曹靖华先生在一次学术讲座中曾很有感触地说,要译好一部书,译者到原著作者所在的国家生活、工作一段时间大有必要;如果亲自到作品所描写的地方翻译,那是再好也不过了。那样,原作中的人物形象、山水景物和风土人情,便会在译者的笔下显得格外真切、生动,给人一种亲临其境的真实感。当时对曹老的话体会不深,后来,在翻译《母亲阿尔巴尼亚》以及其他作品时,我才对曹老的教诲有了较深的体味。有的朋友读了《母亲阿尔巴尼亚》,大动感情地说我的译文字字句句总关情,我想这大概与我多年生活在阿尔巴尼亚,跑遍了她的四面八方,并与勤劳、诚朴的阿尔巴尼亚人民群众以及这个美好的国家的一山一水、一草一木建立了血肉相连的感情很有关系吧。

译　文

醒来后的森林美景

森林醒来了,它拥有的和养育的一切齐忙活。

啄木鸟来了,用嘴给树木注射。

蜂子醒来了,飞出蜡造的房舍。

蚂蚁醒来了,架起天线无数个。

在草丛里和树叶上把早晨第一次新闻广播。

五月沙锥鸟醒来了,脊背上亮出蓝盈盈的颜色。

蝴蝶醒来了,开始迅速地交换书信,彼此联络。

信件全靠翅膀传递到各个角落,

信上面光辉闪闪,字迹奇特。

只有它们晓得信中的意思是什么。

蜥蜴醒来了,拖着长长的尾巴在石头上趴卧。

松鸦醒来了,用哭咧咧的声音唱着歌。

蜗牛醒来了,宛如降落伞在风中飘落。

万物都醒来了,连每个苍蝇和每个黄蜂也都快活。

全都醒来了,全都醒来了,生来就是为了唤醒他者。

夜莺醒来了,就在草地上面的小河近侧。

它们开始欢唱叫人痴迷入神的歌……

啊,这小鸟整个就像一把提琴震撼魂魄。

仿佛它是有目的而生,专门是为了人的快乐。

这鸟把树林的梦想提高到最高境界,

我也被裹挟到这伟大的梦想的队列。

只有非常康泰的绿色世界洗浴着金色的光泽。
它一跃而起,竭力周旋,生气勃勃,
而且还在我的耳边说:"你知道在做啥,有何感觉?……"
　　　　　　　　——郑恩波译阿果里《母亲阿尔巴尼亚》